사회과학 명저
재발견
4

사회과학 명저 재발견 4

초판 1쇄 발행 2013년 5월 25일
초판 3쇄 발행 2019년 2월 15일

기 획 서울대학교 사회과학연구원
엮은이 오명석
지은이 윤영관 외 6인
펴낸이 오세정
펴낸곳 서울대학교출판문화원

출판등록 제15-3호

주소 (08826) 서울시 관악구 관악로 1
대표전화 02-880-5252 | 팩스 02-888-4148
홍보마케팅팀(주문 상담) 02-889-4424, 02-880-7995
이메일 snubook@snu.ac.kr
홈페이지 www.snupress.com

ISBN 978-89-521-1391-7 04300

사회과학 명저 재발견

서울대학교 사회과학연구원 기획 | 오명석 엮음 | 윤영관 외 6인 지음

4

서울대학교출판문화원

머리말

서울대학교 사회과학연구원은 2008년부터 기획집담회 '현대 사회과학 명저의 재발견'을 개최하고 있다. 학과와 전공을 달리하는 교수가 자신이 추천한 현대 사회과학 명저 한 권의 내용과 의의를 설명하고, 이에 대해 청중과 토론하는 시간이다. 이 책은 2011년 동 집담회에서 발표된 7편의 글을 필자들이 직접 수정·보완하여 엮은 것이다.

이 책에서는 진화심리학, 진화경제학, 구조주의적 사회관계망 이론, 에쓰노그래피적(ethnographic) 연구 방법 등 사회과학계에서 주목받는 새로운 이론들을 소개하고, 금융자본주의, 복지자본주의, 공유자원 관리와 같은 현대사회에서의 실천적 쟁점을 다루고 있다. 이러한 이론적 논쟁에서 큰 흐름을 형성하였던 대표적인 학자들의 논의를 이 책을 통해 보다 구체적으로 접할 수 있을 것으로 기대된다. 독자의 이해를 돕기 위해 이 책에 소개된 명저들의 핵심적인 내용과 의의를 간략하게 제시하도록 하겠다.

길핀의 『미국의 권력과 다국적 기업』은 국제질서에서 패권국의 성장과 쇠퇴를 반복하는 권력주기 현상의 배후에 작용하는 정치경제적 메커니즘이 무엇인가라는 질문을 던지고 있다. 길핀은 자유주의 경제이론이나 마르크스주의 이론과는 구분되는 중상주의적 관점의 전통을 이어받아, 국제적인 정치경제적 체계의 형성과 유지에 있어서 국가를 가장 중요한 행위자로 간주한다. 근대 이후 세계경제의 안정과 위기의 반복은 패권적 국가권력의 존재와 매우 밀접한 연관이 있다고 해석하며, 이러한 역사적 관점에서 1970년대의 국제적인 상황과 미국의 역할에 대해 분석한다. 특히 이 시기에 미국의 다국적 기업에 의한 해외투자 증대는 미국의 기술적, 산업적 비교우위를 잠식함으로써 패권적 국가로서의 위상을 장기적으로 훼손할 것으로 진단하고 있다. 필자인 윤영관은 2008년의 세계 금융위기는 길핀이 우려했던 미국의 패권 말기적 현상으로, 금융 부문의 비대화, 산업 부문의 상대적 위축, 돈놀이 경제(rentier economy)의 위험이 현실화된 것으로 본다.

넬슨과 윈터의『진화경제학』은 시장 메커니즘의 작동과 변화과정을 다윈의 진화론적 관점에서 설명하는 진화경제학이라는 새로운 분야를 개척한 기념비적 저서로, 신기술·신제품 개발을 통한 기업들 간의 시장 경쟁으로 특징지어지는 슘페터 경쟁 체계를 적자생존의 법칙을 통해 설명하고 있다. 시장 경쟁에서의 자연선택은 혁신이나 모방을 통해 소비자 욕구에 부응하는 제품·기술을 제공하는 기업이 그렇지 못한 기업을 도태시키는 방식으로 작동한다. 넬슨과 윈터는 이러한 동태적 시장 시스템의 진화 메커니즘을 계산과학적 방법론을 활용하여 수리적 모형으로 제시하였다. 이들의 연구는 특히 하이테크 산업의 기술 경쟁의 분석에 집중하였는데, 필자인 이제호는 삼성전자의 사례를 통해 반도체 산업의 경쟁 체계에 대한 진화경제학적 모델의 적용 가능성을 제시하고 있다.

오스트롬의『공유의 비극을 넘어』는 공유자원의 관리에 대한 기존의 관점을 뒤집는 혁명적 연구라는 평가를 받으며 노벨상 수상의 계기가 된 저서이다. '공유지의 비극'을 해결하기 위해서는 사유화나 정부에 의한 통제의 길밖에 없다는 기존의 관점을 반박하고, 수많은 경험적 사례를 바탕으로 공유자원에 대한 주민의 자치적 관리의 가능성과 조건을 제시하였다. 그녀는 자치적 관리의 성공적인 사례들로부터 '조건부 협동의 전략', '공유된 믿음', '저비용의 감시체제', '점증적인 제재 조치' 등이 집합행동의 문제를 극복하는 데 결정적인 중요성을 가지고 있음을 밝혀냈다. 그녀의 주요 관심사는 장기 존속하는 공유자원 체계의 제도적 특징인데, 국가와 시장을 넘어선 제도적 가능성을 소규모의 주민 자치제도에서 찾고 있으며, 그러한 제도가 주어진 것이 아니라, 행위자들의 실천을 통해 만들어지고 유지되는 역동적 과정의 결과라는 점에 주목하고 있다. 최근에는 기후변화와 같은 지구적 환경 위기에 관심을 갖고, 이를 해결하기 위해 가정과 지역 차원에서 소규모의 집합행동을 효과적으로 조직하고 이를 지구적 차원으로 결집하는 상향식의 집합행동 모델을 제안하였다.

에스핑-안데르센의 『복지자본주의의 세 가지 세계』는 현대의 복지국가를 '자유주의 복지체제', '보수주의 복지체제', '사민주의 복지체제'의 세 가지 유형으로 분류하였으며, 이는 이후 복지국가 연구에 핵심적인 이론적 모델로 채용되어왔다. 에스핑-안데르센은 사회지출 총량으로 복지체제를 분석하는 기존의 방법론이나 선형적 복지발전론을 비판하고, 국가, 시장, 가족이라는 사회제도의 삼각축을 중심으로 복지제도의 경로의존적 발전과정을 제도주의적 입장에서 분석함으로써 이러한 세 가지 유형을 제시하였다. 특히, 탈상품화와 사회계층화를 복지체제 분석의 중요한 변수로 도입함으로써 사회지출 총량만으로는 포착할 수 없는 복지정책의 사회적 효과와 제약의 문제를 본격적으로 다루었다. 필자인 안상훈은 이러한 새로운 문제 틀이 현재 한국에서 논의되는 한국형 복지국가 전략과 관련해서 매우 중요한 시사점을 던져준다고 평가한다.

핀커의 『마음은 어떻게 작동하는가』는 대중을 위한 진화심리학 해설서이다. 진화심리학의 핵심적 개념과 관점을 설명하고, 비판적 진영에 대해 진화심리학을 적극적으로 옹호할 뿐 아니라, 이들을 공격하는 논지를 담고 있다. 진화심리학은 인간 심리의 본성은 백지와 같다는 전제를 반박하고, 일상적 삶에서 부딪치는 무수한 적응의 문제를 해결하기 위해 진화적으로 형성된 복잡한 마음의 기제를 갖고 있다고 주장하며, 그러한 심리적 기제를 밝히는 작업에 주력한다. 즉, 마음은 어떤 문제도 다 다룰 수 있는 범용기계가 아니라 특수한 목적을 가진 전문화된 기계들 혹은 마음 기관의 집합이라는 것이다. 인간의 합리성은 논리적 합리성이 아니라, 환경 적응에 필요한 능력인 생태적 합리성이며, 이는 사물 인식, 도구 제작, 언어 습득, 짝 찾기, 동물의 이동 예측, 길 찾기와 같은 문제를 해결하는 선천적인 직관 능력과 깊은 관련이 있다. 이들은 문화현상도 무한히 다양한 형태를 취할 수 있는 것이 아니라, 이러한 인간의 진화된 심리적 기제에 의해 제약받는 것으로 인식하여야 한다고 주장함으로써, 소위 표준사회과학 모형이 전제하는 문화 또는 사회의 독자적 자율성을 반박하고 있다.

화이트의 『아이덴티티와 컨트롤』은 구조주의적 관점에 기초한 사회연결망 분석이라는 새로운 패러다임을 제시한 저서이다. 계량분석의 한 방법론 정도로 인식되던 네트워크 분석을 구조주의적 시각과 접목시킴으로써 관계론적 사회이론이라는 대안적인 이론 틀을 제시하였으며, 최근 사회학계의 네트워크 분석이 부활하는 데 중요한 기폭제가 되었다. 그는 개인에 초점을 맞춘 합리적 선택이론의 한계를 넘어서기 위해 사회구성의 근원적인 형태소로서 '접속', '각축', '협의'라는 세 가지 기제(discipline)를 설정하고, 이들 기제들의 고유한 운동과정을 밝히고 있다. 그의 이론은 사회과학, 자연과학, 인문학의 관점과 방법론을 통합적으로 활용한 방대한 지식에 기초하고 있으며, 사회성(the social)이 무엇인가에 대한 질문에 대해 새로운 대답을 모색하고 있다. 필자인 한신갑은 이 저서를 어떻게 읽을 것인가에 초점을 맞추어 이 저서가 탄생하게 된 배경과 화이트의 지적 탐색 과정을 문제 틀의 형성이라는 관점에서 소개하고 있다.

말리노브스키의 『서태평양의 항해자』는 서태평양에 위치한 트로브리앤드 섬의 의례적 선물교환인 쿨라(kula)를 기술한 인류학적 에쓰노그래피(ethnography)이다. 이 저서는 20세기 초엽 이후 근대 인류학의 특징이 된 에쓰노그래피적 연구 방법을 촉발시킨 기념비적 저서로 평가받고 있다. 필자인 전경수는 이 저서의 내용을 요약·소개하기보다는, 서구의 유럽 중심적인 진보주의적 역사관에 대한 문명비판으로서 이 저서가 갖고 있는 함축적 제안, 그리고 인간 사회에 대한 연구 방법으로서 에쓰노그래피의 방법론적 혁명의 의미를 제시하고 있다. 소규모 인간 집단에 대한 장기적이고 집중적인 현지조사, 참여관찰, 현지인의 관점에 기초한 해석의 방식 등을 특징으로 하는 에쓰노그래피적 방법론은 인류학뿐 아니라 다른 사회과학 분야에도 폭넓은 영향을 미쳤다. 말리노브스키가 어떤 상황에서, 어떤 의도로, 그리고 어떤 방식으로 이러한 방법론을 개발하게 되었는가에 대한 세밀한 분석은 현재의 상황에서 이 방법론을 성찰적으로 재고하는 데에도 중요한 시사점을 던져주고 있다.

이 책은 위에서 제시한 일곱 권의 명저를 소개하는 총 7장으로 구성되어 있다. 각 장은 저자소개, 저서의 구성과 주요 내용, 저서의 현대적 의의와 평가 및 참고문헌을 담고 있다. 저서의 단순한 내용요약을 넘어서서 이론적, 실천적 함의를 분석하고 있으며, 그것을 오늘날의 시점에서 어떻게 평가하고 발전시켜야 하는가 하는 문제를 다룬다. 원서를 직접 읽어야만 그 책의 내용을 진정 자기의 것으로 만들 수 있는 것이지만, 이 책은 이를 위한 소중한 길잡이가 되어줄 수 있을 것으로 기대한다.

끝으로, 바쁜 와중에도 집담회에서 발표해주시고, 좋은 글을 작성해주신 모든 필자께 감사드린다.『사회과학 명저 재발견』1-3권에 이어서 이 책의 발간에도 기꺼이 응해주신 서울대학교출판문화원 관계자와 집담회 개최 실무를 맡은 사회과학연구원 송혜련 조교, 편집작업을 도와준 구기연 조교에게도 감사의 인사를 전한다.

2013년 5월

서울대학교 사회과학연구원

전 원장 오명석

차례

로버트 길핀,
『미국의 권력과 다국적 기업: 해외직접투자의 정치경제』

Robert Gilpin, *U.S. Power and the Multinational Corporation: The Political Economy of Foreign Direct Investment* (1975)

강대국 흥망성쇠의 정치경제학

윤영관
서울대학교 정치외교학부 외교학전공 교수

2008년 세계 금융위기는 이차대전 이후 국제정치에서 중요한 분기점으로 기록될 것이다. 1991년 소련의 붕괴와 냉전구조의 해체로 미국이 세계 패권국의 지위에 다시 우뚝 서게 되었다면, 이 사건은 그러한 미국을 패권국의 지위에서 끌어내리기 시작한 계기로 보이기 때문이다. 물론 군사력 차원에서 미국은 아직도 압도적인 우위를 차지하고 있다. 그러나 군사력의 기반이 되는 경제력이 약화되고 있다는 것은 미국의 힘이 서서히 하강곡선에 진입하고 있는 것 아닌가 의심하게 만든다.

이 같은 미국의 상대적 쇠퇴 경향과는 대조적으로 중국의 경제력은 2008년 세계 경제위기를 경험하면서 미국을 바짝 뒤쫓고 있으며 이제 정치적으로도 잠재적 도전국으로 간주되고 있다. 예를 들어 중국은 2011년 11월 현재 3조 2000억 달러에 달하는 외환을 보유하고 있고 1조 1300억 달러에 달하는 미국 정부 채권을 보유하고 있다. 다시 말해 미국은 중국에서 빌린 빚으로 경제를 꾸

려나가고 있는 셈이다. 이러한 가운데 엄청난 재정적자에 시달리고 있는 미국의 대외 정책이 옛날처럼 적극적이지 못할 것이라는 예측이 나오는 반면, 중국의 발언권은 점차 강화되고 있다.

이처럼 세계정치에서 패권국 위치에 있는 대국들의 권력은 끊임없이 성장과 쇠퇴를 반복한다. 16세기의 패권국은 지금의 영국이나 미국이 아니라 스페인, 포르투갈이었고, 17세기에는 네덜란드였으며, 19세기 영국의 패권은 이차대전 종전을 계기로 미국으로 넘어왔다. 이처럼 패권국의 성장과 쇠퇴를 반복하는 권력주기 현상의 배후에서 작용하는 정치경제적 메커니즘은 무엇일까? 로버트 길핀Robert Gilpin의 저작 『미국의 권력과 다국적 기업: 해외직접투자의 정치경제U.S. Power and the Multinational Corporation: Political Economy of Foreign Direct Investment』(1975)는 바로 이러한 질문에 답하고 있다.

모든 책이 그렇듯이 이 책도 당시 저자가 활동하던 시대적 상황과 문제의식을 반영한다. 이 책이 출간된 1970년대 중엽은 미국과 서유럽을 중심으로 하는 세계경제사에 분기점이 되었던 시기였다. 이차대전 이후 유럽과 일본의 급속성장 속에서 안정적인 경제성장과 서구적 복지국가모델을 구사하던 서방경제는 1960년대 후반부터 한계에 부딪쳤다. 성장률은 떨어지고 재정수입이 감소하자 케인스주의Keynsianism에 근거한 서구의 복지국가 모델도 작동하기 힘들어졌다. 1971년 8월에는 브레튼우즈Bretton Woods 고정환율체제가 무너졌고, 그해 말 스미소니안Smithonian 협정으로 다시 복원되었지만 결국 1973년에 들어서서 실질적인 변동환율제로 진입하게 되었다. 또한 1973년에는 1차 석유파동으로 세계경제가 충격을 받았고 그 여파로 경기침체와 인플레가 동시에 진행되는 스태

그플레이션 현상을 경험하게 되었다. 이제 세계경제가 새로운 모델이 필요한 시기로 진입하고 있었다.

길핀이 목도한 그러한 시대적인 상황은 정치와 경제, 국제정치와 국제경제의 영역을 엄격히 구분하는 당시의 사회과학적 접근법으로는 설명이 안 되는 현상이었다. 정치와 경제, 국제정치와 국제경제는 따로 노는 것이 아니라 사실 긴밀하게 얽혀 상호작용하면서 돌아가는 것이었다. 예를 들어 브레튼우즈 고정환율체제의 붕괴는 사실 그것을 밑에서 받쳐주고 있는 미국의 패권적 권력기반이 상대적으로 약화되었기 때문에 벌어진 일이었다. 서유럽과 일본에 비해 상대적 우위에 있던 미국의 산업 경쟁력이 약화되고, 해외투자 증대, 베트남 전쟁과 같은 미국 정부의 대외군사전략 추구를 위한 재정지출의 증가 등으로 연방준비제도이사회의 금 보유고는 갈수록 감소되는 반면, 더욱 많은 달러가 해외로 유출되고 있었다. 그러한 상황에서 달러의 실질적 가치하락을 우려한 해외 경제주체들의 금태환 요구에 응할 수가 없었기에 금과 달러 간의 연동이라는 고정환율제의 핵심 원칙을 포기할 수밖에 없었다. 또한 1973년의 1차 석유파동도 미국의 대중동 정책에 반발하는 중동의 자원생산국들이 최초로 집단행동을 하고 유가를 4배 인상한 정치적 행동에서 비롯된 것이었다.

정치와 경제는 이처럼 상호 영향을 미친다. 정치는 경제적 행위가 이루어지는 프레임워크를 결정하고, 주도그룹이나 지배그룹의 이익을 반영하는 방향으로 경제행위를 유도한다. 예를 들어 이차대전 종전을 계기로 정착한 브레튼우즈 세계경제체제는 미국의 경제적 이익을 지원하는 방향으로 만들어졌다. 그런가 하면 경제 과정은 행위자들이 의도하지 않게 정치권력의 기반이 되는 부wealth를 장기적으로 재배분하고 분산시키는 결과를 초래한다. 예를 들어 1980년대 이래 세계화의 흐름 속에서 진행된 세계경제는 중국 경제력의 상승과 미국 경제력의 하강을 가져온 과정이라고 말할 수 있다. 아마도 중국이 확실하게 미국을 대체하는 패권국이 된다고 가정한다면 (그렇게 될지 여부는 아직도 예측하기 힘들지만) 이는 국제정치 시스템의 변화를 의미하고, 미국이 그랬던 것처럼 중국도 자국의 경제적 이익을 반영하는 새로운 정치경제질서를 만들어낼 것이다.

1. 정치경제의 세 가지 시각과 중상주의적 관점

이처럼 오늘날의 국제관계는 정치와 경제 간의 상호작용의 결과이고, 이 같은 상호작용을 전제하고 이들 간의 관계를 규명하는 것이 정치경제학이라고 말할 수 있다. 그런데 정치영역에서 행위자들이 추구하는 것은 권력(權力, power)이고 경제영역에서 행위자들이 추구하는 것은 부(富, wealth)이기 때문에 정치경제는 권력의 추구와 부의 추구 간 상호관계를 규명하는 것이라고 말할 수도 있다. 또한 행위자들의 행위를 조직하는 원리를 중심으로 본다면 정치영역에서는 국가이고 경제영역에서는 시장이다. 그 경우 정치경제학은 국가와 시장이라는 메커니즘 간 상호관계를 규명하는 학문이 된다. 이와 같은 학문적 문제의식을 최초로 개발하여 한 분야로 정립한 사람이 바로 길핀이고, 『미국의 권력과 다국적 기업』이 대표적인 책이라고 할 수 있다.

이 책에 의하면 정치경제를 바라보는 데는 세 가지 전통적 시각이 존재한다. 첫째로 자유주의自由主義의 전통인데, 자유주의자들은 아담 스미스Adam Smith의 전통을 따라 개인과 기업에 초점을 맞춘다. 이들은 자유시장의 작동을 강조하고 국가의 역할을 최소한에 그치도록 해야 한다고 주장한다. 시장의 자기조절작용에 맡기면 보이지 않는 손에 의해 모든 행위자들이 이득을 보게 되어 있고, 국가 간에도 시장원리에 입각한 자유무역을 하는 것이 진정한 국가의 부를 추구하는 길이라는 것이다. 자유무역의 증진은 국가 간 상호의존을 심화시키고 이를 통해 모든 참여국이 이득을 보기 때문에 그러한 상호의존관계를 끊는 갈등과 분쟁의 소지는 줄어든다는 것이다. 이러한 전통의 관점에서 보면 개인 간의 관계나 국가 간의 관계는 분업질서에 의해 조화가 이루어지고 서로가 함께 이득을 보는 포지티브 섬positive sum 관계이다.

두 번째는 중상주의重商主義 전통인데, 대표 주자는 19세기 중엽 독일의 역사학파 경제학자 리스트Friedrich List라고 말할 수 있다. 그의 관심은 개인이 아니고 국가다. 그는 아담 스미스가 보편원리로 주장했던 자유무역론은 사실은 가장 선진국으로 앞서 달리던 영국의 특수 이익을 반영한 논리일 뿐이고, 역사적 발전 단계가 다른 모든 국가들은 그 단계에 걸맞는 중상주의적 정책을 추구할 수 있다고 주장한다. 국가의 생산력을 키우기 위해서는 일시적이라도 유치산업幼稚産業 보호를 위해 국가가 시장에 개입해서 보호무역을 할 수 있다는 것이다. 이처럼 국가의 시장에 대한 개입이 합리화되고, 국가와 국가 간의 관계는 부의 배분을 둘러싼 갈등관계이며 네거티브 섬negative sum 관계라고 볼 수 있다.

세 번째는 마르크스주의Marxist 전통이다. 이의 시조인 칼 마르크스Karl Marx는 아담 스미스가 주장한 자유방임적 자본주의가 구조적인 모순에 처해 있기 때문에 그의 분석의 초점인 계급관계, 즉 유산계급과 무산계급 간의 관계는 갈등과 투쟁의 관계라는 것이다. 그에 의하면 정치영역이라는 상부구조는 경제영역이라는 하부구조의 반영물에 불과하고, 국가는 시장을 지배하고 있는 자본가 계급의 이익을 반영하는 도구일 뿐이다. 자본주의는 자체적 모순, 즉 자본의 집중, 수요와 공급 간의 불균형, 이윤율의 저하라는 세 가지 법칙 때문에 대공황을 맞을 수밖에 없고, 결국 계급혁명을 통해 붕괴될 수밖에 없다고 주장한다. 이러한 갈등적 계급관계의 논리를 국제적인 차원으로까지 확장시킨 사람이 바로 레닌Lenin이었다.

정치경제학에서의 이 같은 세 가지 전통은 제각기 다른 가정에서 출발하고 설명하고자 하는 주요 행위자가 다르며 다른 논리적 체계를 가지고 있기 때문에 서로 통할 수 없는 평행선을 그린다. 결국 어떠한 이론적 전통에 서느냐에 따라 연구자의 결론과 처방이 다르게 나올 수밖에 없는 것이다. 이러한 세 가지 전통 중에서 길핀은 스스로 중상주의적 시각을 채택하고 있음을 밝힌다. 특히 이 책의 전체를 관통하는 시각은 경제현상의 배후에서 작용하는 정치, 즉 국가 권력의 역할에 초점을 모은다는 점에서 그렇다.

특히 그의 관점에서 볼 때 자유주의자들의 시각은 순진하다. 자유주의자들, 특히 아담 스미스류의 경제학자들의 관점에서는 경제행위자들이 상대방이 얼마나 이득을 보느냐에 상관없이 자기가 확보하는 이득에만 집착해서 행동하기 때문에 국가 간 협력이 용이하다고 보는 경향이 있다는 것이다. 그러나 길핀이 보기에 국가는 그렇게 단순한 행동주체가 아니다. 정치의 세계에서는 내가 얼마를 얻느냐 하는 절대적인 이득absolute gain이 문제가 아니라 상대방에 비해서 내가 얼마나 얻느냐 하는 상대적인 이득relative gain이 중요하다는 것이다. 즉 내가 남보다, 우리 국가가 다른 국가보다 얼마나 더 강하고 약하냐 하는 상대적 권력이 가장 중요하다. 국가는 속성상 스스로의 생존을 위해 자신의 상대적 권력을 증대시켜야 되고, 이를 위해 끊임없이 투쟁해야 하는 존재이다. 그것은 국가들끼리의 관계가 '만인의 만인에 대한 투쟁'식의 무정부적 상태에 있기 때문이라는 것이다.

부의 추구와 권력의 추구 간의 관계에 대한 길핀과 같은 중상주의적인 관점은 마르크스주의자와 다르다. 마르크스주의자들은 자본주의 국가들의 대외 정책이 자본가 계급의 이윤 추구의 욕망을 반영하는 것으로 자본가들의 이해에 의해 좌우된다고 본다. 그러나 중상주의자들은 국가의 대외 정책은 자본가들이 아닌 다른 계급, 집단들의 이해까지 포괄하되 독자적인 유기체로서의 국가가 상정하는 이익, 즉 국가이익을 추구하는 것이 대외 정책이라고 본다. 예를 들어 미국의 베트남 전쟁이나 중동 정책은 미국의 자본가 이익과는 관계가 없는 당시 상황에서 국가가 정의한 국가이익 추구의 결과일 뿐이었다는 것이다.

이처럼 중상주의자들에게 있어서 국제체제에서 일차적인 주요 행위자는 국가이고, 국가는 국가이익을 추구하는 존재이다. 이는 물론 국가가 유일한 행위자라는 것은 아니고 다른 비국가행위자들보다 중요한 존재라는 것이다. 예를 들어 비국가행위자들의 역할과 활동범위를 결정하는 일차적 요인도 바로 국가들 간의 권력배분관계가 어떻게 되어 있느냐라는 것이다.

2. 패권국의 존재와 개방적 세계경제질서

그러한 맥락에서 1960-1970년대에 심화된 상호의존적 국제경제관계도 설명할 수 있다. 자유주의자들은 마치 시장이 자발적으로 공간적 확대를 지속하여 경제적 상호의존이 심화되고 자유무역이 활발한 개방적 세계경제질서가 이루어진다고 보지만 그렇지 않다. 여기에서도 국가의 역할과 권력변수가 크게 작용한다는 것이다. 개별 국가들은 상대 국가를 희생시키고 자국만의 이익을 극대화하기 위해 언제나 이기적인 행동을 취할 수 있는 존재들이다. 따라서 이러한 특정 국가의 개별적 이탈 행동을 제어하기 위해서는, 즉 경제체제를 안정시켜 자유주의적 국제경제질서를 유지하기 위해서는 여기에 필요한 공공재(公共財, public good)를 제공할 능력과 의지가 있는 패권적 국가권력이 필요하다.

예를 들어 킨들버거Charles Kindleberger는 1929년 월가의 주식가격 폭락사태가 왜 그처럼 심각한 세계대공황으로 발전하고 그 여파가 그렇게 깊었는지를 설명했다.[1]

그는 1920-1930년대 상황에서 19세기 패권국이었던 영국

---

1 Charles P. Kindleberger, *The World in Depression: 1929-1939* (Berkeley: University of California Press, 1973).

은 더 이상 리더십을 발휘할 능력이 없었고, 20세기 후반 패권국으로 등장할 미국은 아직 리더십을 발휘할 의지가 없었기에 리더십의 공백이 생겼고, 그 때문에 대공황이 발생했다고 설명했다. 예를 들어 과잉 공급된 상품을 흡수해줄 수요 흡수자, 자본이 역주기적counter-cyclical으로 투자되는 것을 주도할 수 있는 주도국, 급박한 상황에서 중앙은행이 국내 민간은행에게 하는 것처럼 급전을 빌려줄 수 있는 최후의 대부자와 같은 공공재 제공국가가 리더십 공백으로 존재하지 않았다는 것이다.

킨들버거와 마찬가지로 길핀도 이 책에서 근대 세계경제는 연속적으로 지배적인 대국 경제(패권국)의 등장을 통해 진전되어왔다고 주장한다. 국제적 행동과 영향력 면에서 주도하는 패권국이 존재해왔는데, 19세기 영국과 20세기 미국이 그러한 국가였다. 킨들버거와 길핀처럼 자유주의적 세계경제질서의 유지에 있어서 특정 패권국가의 존재의 중요성을 강조한 이론이 이른바 패권안정이론hegemonic stability theory이다.

이처럼 길핀의 관점에서 볼 때 하나의 경제체제는 아담 스미스나 자유주의자들이 말하는 것처럼 보이지 않는 손에 의해 정치적 공백 속에서 저절로 생겨나는 것이 아니다. 어떤 경제체제도 모두 당시를 지배하는 특정한 정치질서에 근거해 있는 것이다. 바꿔 말하면 정치적 컨텍스트를 무시하는 경우 경제적 현상의 본질을 제대로 볼 수 없게 된다. 예를 들어 2008년의 세계 경제위기도 그동안 신자유주의적 질서를 주도해온 미국의 권력이 취약해짐에 따라 생겨나게 된 것으로 볼 수 있다. 미국의 상대적 권력은 쇠퇴하고 있는데 그것을 대체할 중국은 아직 준비가 되지 않은 전환기적 시점이 오늘날의 상황이라고 말할 수 있을 것이다. 중국은 스스로 G2로 불리는 것을 거부하는 데서 알 수 있듯이 아직은 새로운 질서를 주도하고 공공재를 제공할만한 여력과 의지가 없는 것이다. 이것이 현 국제경제질서가 가진의 취약성의 본질이라고 말할 수 있다.

3. 권력의 집중과 확산 메커니즘으로서의 해외투자

길핀이 이 책을 출간했던 시대적인 상황은 세계적 차원의 상호의존성을 미국의 다국적 기업들이 주도해가고 있었다. 그래서 자연스럽게 미국의 다국적 기업에 의한 해외직접투자를 어떻게 보아야 할 것인가가 이 책의 핵심 주제이다. 한마디로 길핀은 다국적 기업의 융성과 상호의존은 자유주의 경제의 상징인데, 이것은 미국의 패권적 권력 기반 위에 가능했고, 동시에 미국의 정치적 이해와 합치되었던 것이라고 주장한다. 즉, 자유주의적 경제질서를 받쳐주는 것이 미국의 패권 권력이었다는 것이다.

그런데 중요한 것은 그가 여기서 그치지 않고 미국 권력에 기반을 둔 자유주의적 상호의존의 세계질서에서 미국 경제력의 상징인 다국적 기업의 전 세계로의 확산을 통해 경제성장과 산업화가 세계로 확산되었음을 밝힌다는 점이다. 즉, 역설적이게도 다국적 기업의 확산을 통해 산업과 기술이 중심에서 주변으로 확산되면서 미국과 같은 중심부의 상대적 세력 기반을 약화시키고 궁극적으로 국제정치질서의 변화로까지 연결된다는 것이다. 길핀은

19세기 패권국 영국도 미국과 유사하게 해외간접투자(해외 포트폴리오 투자)에 몰두하면서 이러한 권력의 분산효과를 경험했다고 주장한다.

예를 들어 영국이 곡물법Corn Law 폐지를 이뤄낸 1846년 이후의 세계경제질서에서, 그리고 미국이 이차대전 이후에 확립한 브레튼우즈 체제 이후의 상호의존적 세계경제에서, 초기 단계에는 집중화polarization 경향의 효과가 확산spread 효과를 압도했다. 그러나 시간이 흐르면서 중심부에서의 비경제diseconomies와 주변부에서의 성장 때문에 확산 효과가 집중 효과를 따라잡고 결국 압도하기 시작했다. 그러면서 주변부는 중심부보다 훨씬 빠르게 성장과 산업화를 이뤄나가기 시작했고, 결국 주변부가 중심부로부터 종속적인 관계를 서서히 청산하고 독립하게 되었다는 것이다.

주변부 경제는 스스로의 산업 부문이 성장하기 시작하면서 중심부로부터 오는 해외투자에 의존할 필요가 점점 감소하게 되고, 그러면서 주변부 스스로 투자 자본, 기술 발전, 그리고 경영 전문성을 확보하게 된다. 주변부에 속했던 유럽과 일본이 그 예인데, 이들 국가들은 미국으로부터 유입된 해외투자에 덜 의존하면서 스스로의 투자 자본을 축적하고, 기술을 발전시키며, 경영 전문성을 확보하면서 서서히 그 스스로가 해외투자국이 되어갔다는 것이다. 이처럼 부와 권력이 재분배되면 주변부보다는 중심부, 특히 중심부의 해외투자가들을 이롭게 해주었던 초기의 경제적·정치적 질서를 약화시키게 된다. 그러면서 주변부 국가들이 권력을 증대시키고 세계경제를 자기들 스스로의 경제적·정치적 이익을 증진시키는 방향으로 재조직하게 된다는 것이다. 그러면서 국제체제는 전환의 과정을 겪는다.

길핀은 영국과 미국이 경험했던 이러한 과정을 보다 상세하게 분석하면서 하나의 패턴을 발견한다. 처음 한 국제체제의 집중 단계에서 중심부 패권국은 세계의 중심은행가 역할을 담당한다. 세계경제에 국제통화와 유동성을 공급하여 국제통화체제를 건설하고 관리하는 역할을 한다. 그리고 국제무역체제를 구축하고 조직하는 데에도 핵심적 역할을 한다. 1846년 영국의 곡물법 폐지나 1944년 미국의 주도로 탄생한 브레튼우즈 체제의 경우처럼 자유무역체제를 구축하는 데 영향력과 권력을 행사하는 것이다. 그러면서 민간투자나 해외원조를 통해 투자 자본을 공급하고 전체 시스템의 발전을 가능하게 해준다. 요약하면, 중심부는 경제적 교환과 발전의 규칙을 만들고 집행하는 역할을 감당하는 것이다.

이처럼 부와 권력과 산업이 중심부에 집중된 초기 단계에서, 그리고 해외투자를 통한 특정한 분업질서가 형성되는 과정에서, 주변부는 갈등과 분노의 감정을 갖게 되고, 이는 경제적 민족주의의 힘을 강화시킨다. 물론 주변부는 중심부에 의존하고 종속하는 구조가 형성된다. 그러나 그러한 종속을 받아들이는 것은 중심부의 권력에 의한 강제 때문이 아니라, 주변부가 중심부와의 통합 과정에서 취하는 이득이 있고 스스로의 성장을 촉진하기 때문이다. 특히 원자재 공급국으로 전락하지만 않는다면 이러한 통합을 통해 독립적인 산업 및 기술 발전의 기지를 확보·강화할 수 있다.

이 같은 상호의존적 국제경제의 초기 단계에서 해외투자는 중심부의 힘의 상징이다. 기술적 우위와 산업 부문의 효율성 때문에 중심부 기업들의 수익이 급속 상승하고 저축이 증대되는데, 이것이 국내에서 소비되거나 투자로 완전히 흡수되지 못한다. 그래서 이것이 해외로 투자된다. 그러나 점차 중심과 주변에서 구조적 변화가 일어나면서 해외투자는 점점 경제 및 산업 활동의 위치가 중심에서 주변으로 이동하는 것을 반영하게 된다. 비록 중심이 스스로의 금융상의, 그리고 미국의 경우에는 기술적 경영적 우위를 아직 가지고 있다 하더라도 1차 채굴extractive 산업과 제조업이 점차 주변부로 옮겨가게 된다.

그러다가 두 번째 단계에서 해외투자는 점차 중심부 국가, 즉 지배적 산업국가의 상대적 쇠퇴에 대한 반응이자 대응으로서의 성격이 강해진다. 해외투자는 중심부 내에서의 두 가지 구조적 변화를 반영하게 되는데, 첫째로, 중심부의 국내투자 기회가 점진적으로 쇠퇴한다. 예를 들어 19세기 말 영국 해외간접투자의 경우가 그러했다. 둘째로, 불완전한 자본시장과 기업구조가 본국에의 투자보다는 해외에의 투자를 선호하게 만든다. 일반적으로 20세기 미국의 경우가 여기에 해당한다. 이 두 가지 경우 모두 중심부의 금융가든 상업가든 자신들의 자원의 수익성이 떨어지는 것을 막기 위해 해외에 투자하게 된다.

이제 마지막으로 상호의존적 세계경제 덕택에 자본, 노동, 기술, 심지어 토지까지도 이동가능mobile해지면서 분산 과정이 진행된다. 훈련된 노동자가 해외로 이전하고, 무역이 확산되고, 해외투자가 확산되면서 산업이 주변부로 확산·이전된다. 과학과 기술의 이전으로 주변부에서의 산업화가 가능해지게 되는 것이다. 이제 서서히 주변부의 몇몇 거점지역nodal point들이 새로운 경제력과 부의 중심으로 등장하게 된다.

그렇게 되는 과정에서 중심부에서는 많은 변화가 일어난

다. 오랜 성장의 결과로 임금이 상승하고, 규모의 비경제diseconomies of scale가 생겨나며, 자원이 고갈되거나 비용이 상승하고, 서비스경제로 이전하게 되며, 자본 축적의 결과 수익률이 감소하게 된다. 그 결과 산업과 경제활동이 해외로 이전하게 된다. 다시 말해 주변부에서의 수익률이 높아지면서 중심의 자본과 산업이 주변부로 이동하는 것이다. 이것은 중심부 쇠퇴기의 현상이다. 그렇게 되면서 중심부는 점차 해외투자에서 오는 수익으로 먹고사는 돈놀이 경제rentier economy가 되어가는 것이다.

4. 해외투자는 바람직한가?

그런데 이 과정에서 한 가지 주목할 점이 있다. 이러한 해외투자를 집중적으로 가능하게 해준 데는 자유주의라고 하는 독특한 당시의 시대적 이념이 자리하고 있다는 것이다. 경제적 교류를 통해 이익의 조화가 이뤄지고, 모든 국가가 자유시장의 논리를 강조하는 자유주의 국제경제질서의 창출을 통해 이득을 본다는 이념이 힘을 발휘하게 된다. 그리고 그러한 이념을 옹호하는 권력 엘리트들이 정부로 하여금 대규모 해외투자를 장려하는 정책과 이념을 채택하게 만든다는 것이다. 그러나 결과적으로는 그것이 그러한 해외투자 전략이 근거하고 있었던 국내 및 국제적 정치질서 기반을 약화시키게 된다.

19세기 영국의 경우는 금융투자가rentier 계급이 융성하고 이들이 국가의 부의 상당 부분을 차지하였다. 20세기 후반 미국의 경우 대기업이 국가 부의 상당 부분을 점유하고 이들이 해외투자의 축을 이루는데, 이러한 소득의 불균등 분배구조가 해외투자를 낳게 된다. 그리고 금융 및 산업자본가들의 해외투자를 지원하는 방향으로 조세 정책이나 국내 공공 정책이 만들어진다. 그러나 이러한 수익의 불균등 분배는 마르크스주의자들이 이야기하는 것처럼 자본주의의 태생적 구조 때문이 아니고 국내정치나 공공 정책의 결과이기 때문에 이것을 바꾸면 시정될 수 있다는 것이 길핀의 주장이다.

결국 산업의 중심이 주변부로 옮겨지는 후기 단계에서야 비로소 해외투자가 과연 바람직한 것이냐 하는 논쟁이 벌어지기 시작한다. 영국의 1890년대와 미국의 케네디 행정부 때가 대표적인 시기이다. 이러한 과정을 거쳐 진행되는 중심부 국가의 쇠퇴를 막는 방안은 해외투자 대신 국내 연구 개발에 투자해서 새로운 기술 및 산업들을 발전시키고 그동안 소홀했던 산업 부문에 투자하는 것이다.

이처럼 단기적으로 보면 해외투자를 통해 경제적 이득을 보는 것이 금융투자가의 측면에서는 의미가 있을지 모른다. 그러나 장기적·거시적으로 보면 그렇지 못하다는 것이 길핀의 주장이다. 특히 해외투자로 국내의 자본이 해외로 빠져나가면서 국내의 노동계급은 손해를 보게 된다.

5. 블럭 경제의 등장

한편 중심부가 쇠퇴하고 주변부가 따라잡으면서 구중심부와 신중심부(구주변부) 간에는 분쟁 가능성이 높아진다. 이는 자본주의 국가들 간의 불균등 발전 법칙을 통해 자본주의 구중심과 신중심 간에 경쟁이 벌어질 수밖에 없다는 레닌의 설명과 유사하다. 레닌은 이것이 잉여자본의 투자처이자 저렴한 원자재 확보처로서의 식민지 확보를 위한 자본주의 국가들 간의 제국주의 전쟁으로 연결될 수밖에 없는 것이고, 제1차 세계대전이 바로 이러한 제국주의 전쟁의 사례라고 주장했다.

그러나 길핀과 같은 중상주의적 시각에서 레닌의 이러한 주장은 역사적 사실과 맞지 않다. 첫째, 영국의 해외투자는 영국의 식민지로 향하기보다는 대부분이 이른바 미국이나 남미 등의 신정착지로 향했다. 둘째, 길핀이 보기에 일차대전은 식민지 쟁탈전이 아니었다. 일차대전이 시작되기 수년 전에 이미 모든 식민지 갈등은 보어Boer 전쟁을 빼고는 외교적으로 다 해결되었다. 셋째, 영국의 강력한 제국주의 경쟁자라 말할 수 있었던 미국과 프랑스가 한편이 되어 일차대전에서 함께 싸웠다는 것도 레닌의 일차대전에 대한 제국주의론적 해석이 틀렸다는 것을 보여준다는 것이다.

그보다는 중심부의 쇠퇴와 주변부의 상승이 세계를 블록으로 나누는 블록경제 형태로 변화시킬 것이라고 주장한다. 1920-1930년대의 세계경제 상황이 그러했는데, 길핀이 이 책을 저술했던 1970년대의 세계경제가 다시 그러한 모습을 띠고 있었던 것은 사실이다. 그러나 사실 1970년대보다는 2010년대가 오히려 그러한 모습을 더 확연하게 드러내고 있다. 유럽은 유럽연합으로 1970년대보다 더욱 통합을 강화했고, 미국을 중심으로 하는 북미자유무역지대NAFTA도 미국, 캐나다, 멕시코 간의 통합을 강화했다. 1997년 동아시아 경제위기 이후에는 그동안 지역경제협력이 미약했던 동아시아마저 다양한 형태의 경제협력을 심화하고 있다.

6. 영국의 경우

19세기의 패권국 영국과 이차대전 이후 패권국 미국의 사례를 위와 같은 점들을 고려해서 비교해보자. 먼저 영국은 유럽 국가들 중에서 가장 먼저 산업혁명을 완수했고, 이로써 가장 우위의 산업 경쟁력을 확보했다. 선진 경제력과 함께 영국은 우월한 해군력을 보유하고 있었고, 해상권을 장악함으로써 자유무역질서를 정치군사적으로 뒷받침할 패권적 권력을 가졌다. 영국의 막강한 경제력을 반영하는 파운드화는 국제적인 신뢰를 얻어 국제통화로 통용되었고 런던 시City of London는 세계금융의 중심지로서 세계의 은행 역할을 담당했다. 이러한 경제질서를 이념적으로 뒷받침한 것이 아담 스미스와 그 후예들에 의해 발전되어온 자유무역이론이었다. 과거 중상주의 시대와는 달리, 이제 자유무역에 근거한 제국을 건설했던 것이다. 이는 다분히 선진국 영국과 그 안의 주도적 정치세력인 부르주아지의 이익을 반영한 질서이기도 했다.

중심부 영국과 주변부의 해외지역 국가들 간에는 상호보완적인 경제관계가 창조되었고, 이러한 상호의존 질서 속에서 주변부 국가들도 이득을 보았다. 그러한 가운데 경제적 번영과 평화를 누렸던 팍스 브리타니카Pax Britannica, 즉 영국 주도하의 평화가 가능해졌다. 여기서 각 국가의 경제행위에 있어 규칙을 지키도록 주도했던 것이 영국의 권력이었다. 그러나 후기 단계에 들어서면서 이러한 질서의 규칙을 바꾸고자 주변부가 도전하기 시작한다. 특히 1871년 통일 이후 신흥강대국으로 급성장하기 시작한 독일이 대표적인 도전국이었다.

영국의 해외투자에서 1870년은 중요한 분기점이다. 1870년 이전까지 영국 저축의 대부분은 영국 국내경제와 기술 인프라(철도나 도시) 구축에 사용되었고 해외투자는 소규모였으며 주로 해외의 정부 채권에 투자되었다. 그러나 1870년 이후 영국의 해외투자는 규모도 급속 증가하고 그 구성도 중남미, 인도, 호주, 남아프리카, 캐나다로 확대되어간다. 1870년에서 1913년까지 영국의 해외투자는 250% 증가했는데 그 이유는 식량과 원자재 수요가 증대되었기 때문이었다. 이로써 영국의 해외투자 수익이 국내투자 수익보다 커지게 되었다. 당시 런던 금융가의 자본은 국내 산업 부문, 특히 새로운 분야의 국내투자로 향하기보다는 국제적 금융네트워크를 활용하여 해외투자로 향했다.

1870년 이전에는 영국은 기본적으로 무역 중심 전략을 추구했던 경제였고, 무역을 통해 해외시장에 진출했다. 그러나 미국, 독일 등이 산업화하면서 자국 시장을 닫기 시작했고, 이들 주변부 국가들이 제3세계 시장과 영국 국내 시장에서 경쟁자가 되었다. 그 결과 영국의 산업 부문 수익률이 떨어지고 영국의 자본이 국내 수출 산업에서 해외투자 부문으로 이동하게 된 것이다.

이런 맥락에서 볼 때 1870년 이전의 영국의 투자는 영국의 우위를 반영했다. 1870년 제조업 분야 무역에서 영국의 무역이 차지하는 비중은 40%나 되었다. 그러나 1870년 이후의 영국의 투자는 영국의 경쟁력 쇠퇴를 반영한 것이었고 1913년 영국의 무역 비중은 전체의 27%에 그쳤다. 이는 영국이 옛 시장에서 새로운 수출상품을 개발하기보다는 새 시장으로 옛날 수출상품을 수출하고 해외투자에 치중하는 경제가 되었음을 보여준다. 즉, 점차 무역국가에서 돈놀이 경제rentier economy로 성격이 변화했음을 의미한다. 영국경제는 서비스 경제화되었는데 서비스 경제의 생산성 성장이 제조업보다 낮았기 때문에 영국 경제는 정체하기 시작한다. 그 사이에 주변부 독일과 미국은 새로운 산업 분야에 투자하고 이노베이션에 몰두하면서 산업력과 국력을 성장시켜나갔다.

이 같은 영국 경제의 상대적 쇠퇴 징후가 분명해지자 여러 인사들이 국내투자를 강조하고 해외투자를 줄여야한다고 주장하기 시작한다. 특히 매킨더Halford MacKinder, 웹스the Webbs, 체임벌린Joseph Chamberlain 등 당대 영국 사회 지도층 인사들이 그러한 주장을 펼치고 나왔다. 그러나 그러한 주장이 받아들여지기에는 영국 정치경제의 제도적 경직성이 너무나 강했다.

7. 미국의 경우

미국의 경우도 유사한 패턴을 보여주었다. 이차대전 직후, 미국은 유일하게 핵무기를 보유하고 있었고 외환보유고나 석유 재원을 거의 독점하고 있었다. 미국은 핵무기뿐 아니라 19세기 영국처럼 막강한 해군력과 해상권을 장악하고 있었다. 즉, 패권적 국력을 확보하고 있었던 것이다. 미국의 달러는 이차대전 직후 최대 금보유고를 반영하듯 국제적 신뢰를 얻어 국제통화로 통용되기 시작했고, 그 결과 달러와 금을 연동시키는 고정환율제에 기반한 가트GATT체제가 기능하기 시작했다. 이는 다국적 기업이 활동하기에 가장 적절한 정치경제적 환경을 조성해주었고 미국은 이를 통해 세계경제를 자유주의 경제질서로 통합시켜갔다.

길핀이 이 책을 집필할 당시, 자유주의 학파의 시각에서 미국 다국적 기업의 해외직접투자에 대한 설명은 여러 가지가 있었다. 독과점적 기업들이 갖는 우위를 활용하는 측면에 초점을 맞추거나 자본이 풍부한 곳에서 희귀한 곳으로 높은 이윤을 찾아나서는 측면에 초점을 맞추는 설명, 그리고 상품이 개발되어 성장과 쇠퇴 과정을 거치면서 그 과정에서 해외투자가 이루어진다는 설명 등이 제시되었다. 이런 모든 이론은 대기업의 해외투자 팽창이 기업 성장의 극대화와 해외 및 국내 경쟁을 제압하기 위한 노력의 결과라는 시각에서 나온 것이었다. 그러나 길핀은 무엇보다도 미국의 패권이 다국적 기업 팽창과 중요한 관계가 있다고 주장했다.

달러의 국제적 위상, 핵무기 우위와 함께 다국적 기업은 미국 헤게모니의 한 축軸이었다. 다국적 기업은 자유주의적 국제경제 및 정치질서 창조에 중요한 역할을 했으며 세계경제 발전의 도구로 군림하게 되었고 기술과 자유기업 전통을 세계 도처에 전파하여 미국식 자유주의 기반을 확산시켰다. 다국적 기업 중 특히 국제 석유회사들은 서구와 일본의 급속한 성장을 가능하게 해줌과 동시에 이들에 대한 미국의 레버리지로 활용되기도 했다. 또한 다국적 기업이 거두어들이는 해외수익은 해외군사 및 외교적 개입을 재정적으로 뒷받침하는 원천이 되었다. 정책결정자들은 미국의 무역 경쟁력이 서서히 약화되는 무역수지 적자상황에서 해외투자 수입을 중요한 재원으로 간주하게 되었다.

그러나 다국적 기업은 점차 미국의 기술적 우위, 경영 전문성, 그리고 노하우 등을 해외로 이전시키는 분산 메커니즘이 되었다. 결국 미국은 미래의 해외수익을 얻기 위해 미국의 비교우위(기술, 노하우, 경영)와 이에 기반하는 생산성 향상 가능성을 포기하고 있는 셈이라고 길핀은 주장한다. 과거 영국이 그랬던 것처럼 이는 점차 미국을 돈놀이 경제로 만들어버릴 것이라고 그는 우려한다.

이처럼 해외투자에 의존함으로써 미국 경제는 생산 능력의 성장이 축소되고, 타국, 즉 주변부의 성장에 의존하게 되는 문제점을 안고 있었다. 국내정치적으로도 다국적 기업에 의한 해외투자는 자본가에게 유리하고 블루컬러 노동자에게 불리하게 작용하여 빈부 격차를 더욱 심화시키는, 즉 국내 복지와 수익 재분배에도 부정적인 함의를 던져주었다. 무엇보다도 국내 투자기회를 소홀하게 다루어 생산기반을 약화시키고 공동화空洞化시키는 것이 중요한 문제였다.

길핀은 이에 대한 해법으로 국내 산업구조, 자본시장, 세금제도를 개혁하여 과소 투자된 부문에 대한 투자를 늘리고 생산력 향상을 기해야 한다고 주장한다. 특히 조세 정책도 해외투자에 유리하게 하지 말고 국내투자와 해외투자 사이에서 중립적으로 만들어야 한다고 주장한다. 또한 국내에서 새로운 상품을 개발하고 산업기술을 개발하여 이 분야에 투자가 강화되도록 하는 것이 중요하다고 강조한다.

8. 21세기 세계정치경제에의 시사점

1970년대와 2010년대의 시대적인 상황은 다르다. 1970년대에 세계경제는 전환기를 맞고 케인스주의의 한계에 직면하여 새로운 패러다임으로 1980년대에 신자유주의를 채택하게 된다. 케인스Keynes 시대가 가고 시장 자유를 강조하는 하이에크Hayek 시대로 진입한 것이다. 1980년대 초부터 미국의 레이건 대통령과 영국의 대처 수상이 손잡고 규제완화와 금융자유화 및 통합을 적극적으로 밀고 나갔고, 이른바 경제세계화의 바람을 일으키기 시작했다. 이러한 세계화의 바람은 동구권의 사회주의 몰락으로 더욱 거세졌다. 그러나 이러한 신자유주의와 세계화의 바람은 2008년 세계 금융위기로 한계에 부딪치게 되었다. 하이에크 류의 자본주의가 아닌 제3의 자본주의가 모색되고 있다.

그런 의미에서 1970년대와 2010년대는 다른 상황이면서도 공통점이 있다. 두 시기 모두 경제철학이 바뀌기 시작하는 전환기적 시점이라는 것이다. 이러한 전환기적 시점에서 길핀의 이 책이 던져주는 시사점은 무엇일까?

첫째, 강대국 쇠퇴의 경제적 메커니즘을 과도한 해외투자에만 한정시켜 설명한다는 것은 무리가 있다. 더구나 1970년대 이후 해외투자는 더 이상 미국적 현상이라고만 부를 수 없을 정도로 세계화되기 시작했다. 경제적으로 성장한 유럽과 일본도 적극적인 해외투자를 실시하기 시작했고, 심지어 한국 등 신흥경제국들도 해외투자에 나섰다. 이제 미국의 관점에서 볼 때 해외투자가 나간 것만큼이나 들어오는 상황이 벌어진 것이고, 유입되는 해외직접투자를 통해 미국의 생산기반이 보완되었던 것이 사실일 것이다. 그런 관점에서 볼 때 해외직접투자라는 단일 변수로만 미국 경제의 쇠퇴를 설명하기는 힘들다.

그러나 미국 경제의 성격이 초기 성장 단계에서의 무역 중심 경제에서 서서히 해외투자 경제형으로 바뀌게 되었고, 그러한 과정을 거치면서 길핀이 지적한 것처럼 돈놀이 경제체제로 변질된 것은 사실이다. 특히 1970년대를 전후하여 과거 이차대전 전후에 비해 미국 제조업의 상대적 경쟁력이 일본이나 독일 등 유럽에 뒤지게 되면서 무역수지 흑자를 거둘 수 없게 되었다. 그러자 미국은 영국과 함께 그들의 금융 부문의 비교 우위를 활용하여 무역수지 적자를 보완하기 위해 1980년대부터 신자유주의 정책과 함께 금융 부문의 세계통합을 추구하는 정책 전환을 시도했다. 1980년대 이후의 세계화는 단순히 교통·통신의 발달과 그에 따른 시장기능의 확대만으로는 설명될 수 없는 것이고, 이처럼 의도적인 정책적 결정이 큰 작용을 했던 것이다. 그 후부터 미국 경제는 돌이킬 수 없이 금융화의 길을 걸었고 금융 부문의 비대와 산업 부문의 상대적 위축으로 인해 경제력의 상대적 쇠퇴라는 길로 진입하게 되었다. 이는 결국 2000년대 들어 월가를 중심으로 버블이 끼는 상황으로 돌입하여 2008년 세계 금융위기가 터지게 만드는 구조적 여건을 조성한 셈이다. 즉, 길핀이 우려했던 패권 말기적 현상으로서의 금융 부문의 비대화, 산업 부문의 상대적 위축, 그리고 돈놀이 경제화의 위험이 사실로 입증된 것이다.

이와는 대조적으로 새로운 경제대국으로 등장하기 시작한 중국은 세계의 공장 역할을 하면서 제조업과 산업 발전에 치중해왔다. 그리고 서방의 해외투자를 적극 유치하여 자본과 기술, 그리고 경영기법 등을 이전받아 고속성장의 기초를 닦아왔다. 이 또한 길핀이 지적한 중심부에서 주변부로 경제력의 중심이 분산되는 과정이라고 볼 수 있다. 다만 해외투자가 중요한 역할을 했다 하더라도 이러한 경제력 분산의 메커니즘을 해외투자라는 단일 변수로만 설명하기는 힘든 것이 사실이다.

중국은 마치 19세기 후반 통일 이후의 독일이 해외로 투자를 하기보다는 해외투자의 유입을 받아들여 인프라를 구축하고 신상품과 생산방식에 투자하여 산업 기반을 강화하며 기존의 패권국 영국에 도전하고 나섰던 것과 비슷한 양상을 보여주고 있다. 어떤 의미에서 19세기 말의 역사는 반복되고 있다고 볼 수도 있다. 물론 이것은 앞으로의 미중관계가 20세기 초의 영독관계처럼 대결과 파국의 길로 접어들 것이라는 것을 의미하지는 않는다. 앞으로의 양국 관계는 양국 정치가들의 리더십 여부에 따라 다양한 길이 열려 있다고 본다.

한 가지 주목할 점은 미국의 경제적 퇴조를 바라보는 시각에 있어서 길핀의 시각은 마르크스주의자들과는 확연하게 다른 입장을 취한다는 것이다. 선진 자본주의의 발전 과정에서 마르크스주의자들은 일종의 필연적인 법칙성과 불가피성을 주장한다. 예를 들어 선진 자본주의 국가의 경우 해외투자는 잉여자본의 해외탈출구로 불가피한 것이고, 이것이 선진 자본주의 국가와 후발 자본주의 국가 간의 필연적인 대결로 이어질 것이라고 본다. 그러나 길핀은 이것이 필연적인 구조적 법칙의 문제가 아니라 정책의 문제라고 본다. 이 책에서 주장했듯이 조세 정책 등 다양한 정책의 개혁을 통해 해외투자를 국내투자로 환류시킬 수 있고, 그래서 생산기반을 강화시킬 수 있으며, 해외투자로 인한 폐해를 해소해갈 수 있다고 본다. 그는 레닌주의자가 아니라 홉슨John Hobson주의자에 가깝다고 말할 수 있다.

이처럼 40년 전 쓰인 길핀의 책에 나타난 주장은 오늘날의 세계경제의 흐름을 파악하는 데 있어서 상당히 유용한 관점을 제시한다. 특히 정치와 경제현상 간의 상호관계를 체계적으로 분석하고, 세계정치의 동학dynamic을 보다 입체적으로 포괄적으로 설명해준다는 점에서 새로운 인식의 지평을 넓혔다. 이로써 길핀은 국제정치경제학이 국제정치학의 한 분야로 뿌리를 내리게 만든 선구자의 역할을 담당했다.

또한 길핀은 위에서 지적한 것처럼 강대국 간의 권력이전의 역동적 메커니즘을 밝혀 오늘날 세계정치경제 동학의 골격을 짚어주었을 뿐 아니라 2010년대 세계정치경제 위기의 본질을 밝혀주고 있다. 2008년 세계 금융위기의 발생 이후 전개된 상황은 미국과 중국 간의 거시경제적 협력이 쉽지 않음을 보여주었다. 이와 더불어 G20이라는 국제거버넌스 체제도 제대로 성과를 내지 못했다. 그러한 와중에 유럽연합은 그리스 등 정부부채 위기로 어려움에 봉착했고 아직도 세계경제는 위기의 여파를 완전히 벗어나지 못하고 있다. 이는 근본적으로 리더십의 공백에서 비롯된다고 볼 수 있다. 길핀이 주장하는 패권안정론적인 관점에서 볼 때, 오늘날의 위기는 과거 패권국 미국의 경우 리더십을 발휘할 수 있는 경제적 역량이 약화되고 있고, 상승 도전국 중국의 경우에는 경제력의 상승에도 불구하고 국내정치경제 상황 때문에 리더십을 발휘할 수 있는 의지가 부족한 데서 비롯된다고 볼 수 있다. 즉 킨들버거가 주장한 1930년의 상황과 상당히 유사하다는 것이고, 이는 현 세계정치경제 시스템이 사실은 얼마나 취약한 기반 위에 서 있는가를 보여주는 것이다. 물론 1930년대의 상황과 달리, 오늘날의 경우 다양한 국제제도와 레짐들이 작동하고 있고 그동안의 경제위기 극복 노하우와 경험들이 쌓여 있기에 1930년대처럼 대공황 쪽으로 사태가 진전될 것이라고 예측할 필요는 없다. 그럼에도 불구하고 권력의 대이동 과정에서 벌어질 수 있는 리더십 공백과, 이것이 초래할 수 있는 위험성에 대해 경고하고 있다는 점에서 길핀의 책은 중요한 공헌을 했다고 볼 수 있다.

마지막으로 길핀의 시각은 한국의 경우에도 시사점이 크다. 2012년 한국 정치경제는 커다란 도전에 직면해 있다. 신자유주의의 흐름을 무비판적으로 수용한 정부 정책이 경제소득 격차라는 결과로 인해 한계에 부딪혔다. 기업법인 전체의 0.7%에 해당하는 법인이 전체 수익의 47%를 차지하고 있다는 발표가 나올 정도로 부의 집중이 심화되었다. 경제수치로는 위기를 나름대로 잘 극복한 것이 되고 대기업들은 한국의 기업이 아니라 세계기업으로서 발전했다고 하는데 대부분의 국민은 그것이 자신들의 삶에 전혀 도움을 주지 못한다고 느낀다. 그러면서 정치적 변화를 강력하게 바라고 있다.

이는 신자유주의의 시장만능주의 논리 속에 내포되어 있는 허점이 한국에서도 예외 없이 문제를 야기하고 있다는 것을 보여준다. 길핀은 19세기 말의 영국, 이차대전 이후 미국이 해외투자로 자본을 유출할 때 국내 산업기반이 취약해지고, 자본투자가는 이득을 보되 블루칼라 노동자 계층은 더욱 궁핍해진 예를 이 책에서 지적했다. 한국도 본질적으로 동일한 딜레마에 처해 있다. 문제는 앞으로 들어설 정부가 그러한 문제점에 대해 조세 정책 등 경제개혁을 통해 어떤 해결책을 내놓을 수 있을 것이냐 하는 점이다. 재벌들의 해외투자 현상에 대해, 그리고 한국경제의 지나친 금융화와 중소기업을 비롯한 산업기반 육성의 문제 등에 대해 맹목적 시장 자유 논리가 아니라 정치경제적인 포괄적 맥락에서 분석하고 대책을 내놓을 것을 이 책은 요구하고 있다. 패권국 후기 증세를 패권국도 아닌 한국 경제가 경험하고 있는 것이다. 이 책은 최소한 그러한 문제점을 거시적이고 역사적인 맥락에서 볼 수 있도록 새로운 인식의 틀을 제공하고 있다는 점에서 한국 정치경제에도 중요한 시사점을 던지고 있다.

참고문헌

Gilpin, R. 1975. *US Power and the Multinational Corporation*. New York: Basic Books.

______. 1981. *War and Change in World Politics*. Cambridge: Cambridge University Press.

______. 1987. *The Political Economy of International Relations*. Princeton: Princeton University Press.

______. 2000. *The Challenge of Global Capitalism: The World Economy in the 21st Century*. Princeton: Princeton University Press.

______. 2001. *Global Political Economy–Understanding the International Economic Order*. Princeton: Princeton University Press.

Kindleberger, C. P. 1973. *The World in Depression: 1929-1939*. Berkeley: University of California Press.

리처드 넬슨·시드니 윈터, 『진화경제학』

Richard R. Nelson and Sidney G. Winter,
An Evolutionary Theory of Economic Change (1982)

진화경제학의 재발견[1]

이제호
서울대학교 경영학과 교수

넬슨과 윈터가『진화경제학An Evolutionary Theory of Economic Change』(1982)을 출간한 지 어언 30년이 흘렀다. 이 책에서 넬슨과 윈터는 진화경제학의 체계적 틀을 구축하여 경제·경영 현상을 이해하는 새로운 패러다임을 제시하였다. 이 책은 진화경제학의 고전이 되었고, 이 책에서 정리된 그들의 이론은 현재까지도 지속적으로 다양한 분야에서 인용되고 있다. 그들이 남긴 핵심 논점은 시간이 지날수록 기술 경쟁이 치열한 하이테크 산업에서 빛을 발하고 있다.

넬슨과 윈터가 발전시킨 진화경제학의 주요 내용은 다윈의 적자생존 법칙을 하이테크 산업의 기술 경쟁과 접목시킨 것이다. 신기술·신제품 개발 경쟁체제에서, 초기에 기업들이 동일한 조건에서 경쟁을 시작해도 기술 경쟁의 불확실성으로 인해 신기술 개발에 성공한 기업과 실패한 기업의 엇갈린 운명이 나타난다. 성

1 본 연구는 서울대학교 경영대학 경영연구소의 연구비 지원으로 수행되었음.

공한 기업은 투자를 통해 더욱 경쟁우위를 확보하여 유리해지는 반면, 실패한 기업은 투자 여력의 악화로 신기술·신제품 개발 경쟁에 밀리고, 결국 도태될 가능성이 커진다. 이렇게 발현된 승자의 선순환 구도는 시장 집중화를 심화시키고, 적자適者의 위상을 더욱 강화하는 방향으로 진화한다.

이러한 적자생존의 법칙이 시장 경쟁에서 실제로 어떻게 발현되는지에 대한 한 가지 단면을 관찰할 수 있는 사례는 D램ram 반도체 시장이다. 이 시장은 90년대까지 일본, 유럽, 미국 기업 및 국내 기업들이 난립하였다. 지난 20년간 삼성전자의 시장 점유율은 지속적으로 늘었으나, 경쟁에 밀린 지멘스, IBM, NEC, 히다찌 등은 21세기가 시작할 무렵 이 시장에서 철수하였고, 시장에 남아 있는 2등 이하의 다른 경쟁사들도 흑자를 내기 어려운 구조를 보여주었다. 그리고 2006년부터 경쟁사 간 반도체 설비 경쟁이 심화되면서 처절한 적자생존의 법칙이 재현再現되었다. 독일의 키몬다가 이 경쟁에서 도태되었고, 대만의 한계기업들이 대만 정부의 지원으로 가까스로 생명을 연장하는 상황에 이르렀다. 반면에 1위 업체인 삼성전자는 불황을 오히려 시장점유율을 대폭 늘릴 수 있는 기회로 활용하였다.

이러한 승자의 선순환 구도가 발현되는 메커니즘은 과연 무엇인가? D램 시장에서 발현된 선순환 구도가 향후에도 지속될 수 있을 것인가? 이 문제는 'D램 시장에서 삼성전자가 향후 지속적으로 경쟁우위를 유지할 수 있을 것인가'의 문제와 밀접한 관련이 있다. 중국에서는 지난 10년간 반도체 수요가 가파르게 증가하였고, 중국 정부는 반도체 시장에서 자국 신규 진입 업체가 경쟁력을 갖출 수 있도록 많은 정책적 지원을 하고 있다. 20년 전 추격자였던 삼성전자가 일본 선두 기업을 추월하였듯이, 과연 이들이 삼성전자 추격에 성공할 수 있을 것인가? 삼성전자가 10년 후에도 이들의 추격을 따돌릴 수 있을 것인가? 이러한 문제의식을 가지고 넬슨과 윈터의 진화경제학 이론의 핵심을 재조명하고, 현대 경영·경제 현상을 이해하는 데 어떤 의미가 있는지 살펴보고자 한다.

이 장은 다음과 같이 구성된다. 두 번째 절에서는 넬슨과 윈터의 주요 연구 관심사 및 경력을 간략히 소개한다. 세 번째 절에서는 진화경제학의 기원을 고찰하고, 넬슨과 윈터의 책이 갖는 의의와 이론적 기여도를 진화경제학도의 시각에서 짚어본다. 네 번째 절에서는 진화경제학의 주요 내용인 슘페터 경쟁(신기술 개발을 통한 경쟁)을 설명하고, 다윈의 적자생존의 법칙을 슘페터 경쟁에 어떻게 접목시켰는지 살펴본다. 그리고 이러한 접목을 통해서 얻은 핵심 결과가 무엇인지를 조명한다. 다섯 번째 절에서는 이 핵심 결과의 의미를 음미하기 위해 2006년부터 D램 반도체 시장에서 진행된 치킨게임(반도체 설비 경쟁)에 대해서 살펴본다. 이 사례의 분석을 통해 다윈의 적자생존 법칙이 기술 경쟁에서 어떻게 실현되었는지, 그리고 이 결과가 시장 진화에 어떤 영향을 미치는지 진화경제학의 틀에서 조명해본다. 마지막으로 향후 연구 과제는 무엇인지를 살펴본다.

1. 진화경제학의 초석을 다지다

리처드 넬슨(Richard R. Nelson, 1930-)은 예일 대학교에서 1956년에 경제학 박사학위를 취득하였다. 그의 박사학위 논문에서 주 관심사는 경제 발전이었다. 특히, 그는 기술변화를 경제 발전의 원동력으로 간주하고 기술혁신에 대한 연구를 시작하였다. 그의 기술혁신에 대한 관심과 연구 방향은 향후 윈터와 공동연구를 통해 진화경제학 틀을 완성하는 초석이 되었다.

시드니 윈터(Sydney G. Winter, 1935-)는 예일 대학교에서 1964년에 경제학 박사학위를 취득하였다. 그의 주요 연구 관심사는 시장 및 기업 진화의 메커니즘이었고, 박사학위 논문에서 기존 경제분석 모형에 진화의 메커니즘을 접목시켜 수리모형을 만들었다. 다음 절에서 더 자세히 설명하겠지만, 이 논문이 진화경제학의 이론적 뼈대를 형성하는 역할을 하였다. 그는 향후 넬슨과의 공동연구를 통해 기술 경쟁과 진화의 메커니즘을 접목시켜 진화경제학 틀을 만들고 새로운 패러다임을 제시하였다.

두 저자는 랜드 코퍼레이션Rand Corporation에서 만난 것이 계기가 되어 공동연구를 시작하였다. 넬슨은 1963년부터 이 연구 기관에 소속되어 연구 활동을 하였다. 이후 1966년에 윈터도 랜드 코퍼레이션에 입사하여 넬슨을 만나게 된다. 당시 이 연구 기관은 싱크탱크 역할을 하였고, 노벨상 수상자 애로우Arrow와 같은 석학들이 소속되어 있었다. 1968년 넬슨은 예일 대학교 경제학과 교수로 임용되어 이직을 하게 되었고, 윈터는 미시간대 교수로 임용되었다. 두 저자가 이 책을 쓰기로 결정한 것은 바로 랜드 코퍼레이션을 떠나고 난 후라고 한다. 그 이후에도 두 저자는 지속적으로 공동연구를 진행하였는데, 공동연구의 효율성을 높이기 위해 윈터도 1976년 예일대로 직장을 옮기게 된다.

윈터가 예일대로 옮긴 후 두 저자는 진화경제학을 완성시키기 위해 노력을 집중하였다. 1982년에 출판된 『진화경제학』은 두 저자의 약 10여 년 이상의 공동연구를 종합하는 총정리로 볼 수 있다. 넬슨과 윈터의 공동연구 중 가장 중요한 연구 업적은 '슘페터 경쟁'을 이론화한 것인데, 이 장은 이 슘페터 경쟁에 초점을 맞추어 전체 내용을 구성하였다.

2. 진화경제학

진화경제학의 기원

경제가 진화를 한다는 생각을 넬슨과 윈터가 처음 제시한 것은 아니다. 오래전부터 이런 생각을 하는 경제학자들이 있었다. 예를 들면, 마샬은 '경제학의 메카는 생물학적 진화와 맥을 같이하고 있다'고 하였다.[2] 하지만 그가 실제 이런 방향으로 연구를 한 것은 아니고, 후학들이 이런 방향으로 학문을 발전시키기를 기대하는 마음으로 쓴 것이 아닌가 추정된다. 베블렌Veblen도 진화론적 사고의 중요성을 20세기 이전에 이미 감지하였고, '경제학이 왜 진화과학

2 A. Marshall, 1948, *Principles of Economics*, 8th Ed. (New York: Macmillan).

이 아닌가'라는 주제로 진화론적 사고의 접목을 주창하였다.[3] 20세기 초에 슘페터Schumpeter도 경제 변화를 연구하는 데 있어 진화론적 사고의 필연성을 언급하였다.[4]

초기 진화경제학에 대한 논의의 핵심은 진화론적 접근법의 중요성 및 필요성을 인식한 것이었다. 그러나 이 논의에서 미흡했던 부분은 이론적 체계에 대한 틀의 부재였고, 여기에 무엇을 담을 것인지에 대한 구체성도 부족하였다. 특히, 이런 진화론적 사고의 타당성을 어떻게 입증하고 발전시킬 것인지에 대한 과학적 방법론의 논의가 별로 없었다. 이러한 문제점으로 인해 진화론적 사고는 비판을 받았다. 예를 들어, 펜로즈는 진화론적 사고는 생물학적 비유 수준을 벗어나지 못했으며, 이것은 비과학적이고 이론적 기반이 약하다는 점을 지적하였다.[5]

초기 진화경제학자 중 이론적 틀을 형성하는 데 가장 근접한 학자는 알치안으로 평가된다. 그는 진화경제학을 발전시킬 수 있는 가능성에 대한 자신의 생각을 정리하였다.[6] 그의 주장은 경제 분석에서 일반적으로 수용된 가정인 '기업의 절대적 합리성'에 대한 문제점을 지적하면서 시작한다. 불확실성이 존재할 경우에 기

3 T. Veblen, 1898, "Why Is Economics not an Evolutionary Science?", *Quarterly Journal of Economics*, 12: pp. 373-397.

4 J. A. Schumpeter, 1934, *The Theory of Economic Development* (Cambridge, MA: Harvard University Press).

5 E. T. Penrose, 1952, "Biological Analogies in the Theory of the Firm", *American Economic Review*, 42: pp. 804-819.

6 A. A. Alchian, 1950, "Uncertainty, Evolution, and Economic Theory", *Journal of Political Economy*, 58: pp. 211-222.

업이 미래를 전지전능하게 다 꿰뚫어보고, 현재의 여러 대안 중에서 미래에 이윤 극대화가 실현될 선택을 할 수 있다는 가정은 매우 비현실적이라는 점을 지적하였다. 알치안은 이런 가정이 없어도 경제현상을 분석할 수 있다는 가능성을 제시했다. 특히, 다윈의 적자생존의 법칙을 받아들이면 이론적 틀을 구축할 수 있을 것이라고 그 가능성을 제시하였다.

그리고 진화경제학이라는 이론적 체계에 구체적으로 무엇을 담아야 할 것인가를 제시하였다. 그 내용은 바로 시장경제의 진화를 이해하는 데 핵심이 되는 진화 메커니즘이었다. 그는 생물의 진화에서 진화 메커니즘과 시장경제의 진화 메커니즘을 비교 분석하고 동질적 요소를 파악하였다. 크게 세 가지 메커니즘이 동질적인 것으로 정리되었다. 첫째, 생물의 진화에서 돌연변이를 일으키는 메커니즘은 시장경제의 진화에서는 혁신에 해당하는 것으로 보았다. 둘째, 우성 유전자를 유지·확산시키는 메커니즘genetic heredity은 시장경제의 진화에서는 모방으로 간주하였다. 그리고 마지막으로 자연선택natural selection에 해당하는 메커니즘은 기업의 이윤을 결정하는 메커니즘으로 정리하였다. 수익을 내는 기업은 바로 적자適者로 해석할 수 있고, 수익을 지속적으로 내지 못하는 기업은 도태될 것으로 해석한 것이다.

알치안의 논문은 많은 파장을 불러왔고, 진화경제학의 역사를 바꾸는 계기가 된다. 예일 대학교 박사 과정에 재학 중이던 시드니 윈터가 이 글을 읽고 깊은 감명을 받아 진화경제학의 초석을 세우는 논문을 쓰기로 결정을 하게 된 것이다. 그는 경제주체의 절대적 합리성 가정을 버리고, 대신 진화의 메커니즘을 활용하여 새로운 이론 체계를 구축하기로 결심하였다. 하지만 기존의 틀을 버리고 과연 새로운 이론을 만들 수는 있을 것인가? 대부분의 박사 과정 학생들은 이런 도전을 두려워한다. 이미 정교하게 구축된 패러다임을 벗어나 연구를 한다는 것은 미지의 세계에 도전을 하는 것인데, 미지의 세계에서 길을 잃고 영원히 의미 있는 결과를 도출할 수 없을 가능성이 더 크기 때문이다. 그렇게 되면 박사학위도 영원히 받을 수 없게 된다. 그러나 윈터는 이런 도전을 기꺼이 받아들였다.

윈터의 학위논문은 1971년 권위 있는 학술지에 게재되었는데, 핵심 포인트는 기업의 합리성에 대한 비현실적인 가정이 없어도 진화의 메커니즘을 활용하면 경제분석이 가능하다는 것을 입증한 것이다.[7] 그는 절대적 합리성 가정을 대체하는 탐색search이라는 기업의 행위 개념을 도입하여 수리모형을 만들었다. 이 개념은 기업이 절대적 합리성을 보유하지는 않았지만, 기존 사업 방식을 개선하는 노력을 할 수는 있다는 것이다. 하지만 이러한 개선 노력에 대한 선택은 반드시 투자를 수반하게 되고, 따라서 실패를 초래할 수 있다. 더욱이, 실패의 연속은 기업을 도태의 길로 몰고 갈 수 있다는 좀 더 현실적인 가정을 바탕으로 하고 있다. 반면 성공한 기업은 수익을 많이 내고, 수익을 내지 못하는 기업에 비해 공격적으로 투자를 하여, 차기에 더 빠르게 성장하면서 경쟁에 밀린 한계기업을 도태시킨다. 이것이 바로 시장 진화에서 자연선택

---

7 S. G. Winter, 1971, "Satisficing, Selection and the Innovating Remnant", *Quarterly Journal of Economics*, 85: pp. 237-261.

의 개념에 해당한다. 하지만 수리모형을 만드는 과정에서 전통적 방법론axiomatic approach을 사용하였고, 따라서 불가피하게 현실과 거리가 있는 가정들을 적용하였다. 윈터는 이러한 방법론의 비유연성으로 인해 시장경제의 진화를 분석하고 이해하는 데 많은 한계를 경험하였고, 좀 더 적절한 방법론에 대한 갈증을 느꼈다.

넬슨과 윈터의 기여 및 진화 메커니즘

넬슨과 윈터의 가장 큰 기여도는 진화경제학 연구에 적합한 방법론을 수용하여 이론적 틀을 체계적으로 구축한 것으로 볼 수 있다. 경제 시스템을 동태적 시스템Dynamical system으로 간주하고, 계산과학적 방법론Computational approach을 적용함으로써 경제 시스템의 진화를 연구하는 데 유연성을 확보하였다.

특히, 계산과학적 방법론은 진화의 메커니즘이 동태적으로 어떻게 작동하는지 그 원리를 파악하는 데 매우 효과적이다. 넬슨과 윈터는 이 방법론을 수용하여 현실과 밀접한 진화의 메커니즘을 연구하였다. 진화의 메커니즘은 크게 두 가지로 나눌 수 있다. 첫째는 기업의 관점에서 기존 사업의 틀을 개선· 발전시키는 적응 메커니즘이 있고, 둘째는 시장의 관점에서 적자를 가려내고, 비적자를 도태시키는 메커니즘이 있다.

넬슨과 윈터 모형에서 기업의 적응 메커니즘은 바로 R&D 활동을 통해 새로운 제품을 개발하거나 기존의 생산·사업 방식을 개선하는 것이다. 이는 윈터의 탐색 개념을 한 단계 진일보시킨 개념으로 볼 수 있다. 구체적으로 두 가지 개념을 도입하였는데, 이는 혁신적 탐색Innovative search과 모방적 탐색Imitative search이다. 혁신적 탐색은 투자를 통해 기존에 없는 새로운 기술·제품을 개발하는 노력을 말한다. 모방적 탐색은 투자를 통해 시장의 선두 기업을 벤치마킹하는 노력을 말한다. 혁신적 탐색이나 모방적 탐색 모두 전통적 이론 틀과 달리 기업의 절대적 합리성을 가정하지 않는다. 모방적 탐색 개념에서조차 기업이 선두 기업을 벤치마킹 하는 데 있어 투자가 필요하고, 이 투자가 실패로 귀결될 수 있다는 보다 현실적인 가정을 기초로 하고 있다.

적자를 가려내는 메커니즘의 작동은 탐색 노력의 성패成敗에 의해 시작된다. 기존 사업을 개선하기 위한 탐색 노력이 결실을 맺을 경우 기업은 시장점유율을 늘리고, 수익도 증가하며, 차세대 혁신 및 모방을 위해 공격적으로 투자할 수 있는 여력을 확보하게 된다. 반대로 이러한 탐색 노력이 실패할 경우 시장점유율이 감소하고, 수익도 악화되며, 차세대 혁신 및 모방을 위한 투자 여력에도 문제가 생긴다. 예를 들면, 최근 애플은 아이팟iPod, 아이폰iPhone, 아이패드iPad 등의 신제품을 출시하였고, 시장의 뜨거운 반응으로 가파르게 성장하면서 유례 없는 현금을 확보하게 되었다. 이러한 현금은 혁신 전쟁에서 실탄으로 작용한다.

넬슨과 윈터는 진화론의 자연선택Natural selection이 시장 경쟁에서 어떻게 작용하는지에 대해 명쾌한 그림을 제시하였다. 자연선택의 핵심은 혁신이나 모방을 통해 소비자 욕구에 부응하는 제품·기술을 제공하는 기업이 그렇지 못한 기업을 도태시키는 것으로 이해할 수 있다. 이러한 혁신과 모방을 통해 기업들이 경쟁을 하는 과정에서 적자와 비적자가 생겨나게 된다. 고객의 취향에 맞는 제품 혹은 경쟁사보다 저비용에 제품을 생산할 수 있는 기술을 개발한 기업은 적자適者가 되고, 이런 노력에서 실패한 기업은 비적자非適者가 된다. 적자는 경쟁사보다 빠르게 성장한다. 이 과정에서 비적자의 시장점유율은 축소되고, 비적자는 수익감소 혹은 손실로 인해 생산·연구 활동이 위축된다. 시장에서 자연선택 혹은 적자생존의 법칙은 바로 성공하는 기업이 빠르게 성장하면서 그렇지 못한 기업을 시장에서 몰아내는 것으로 이해할 수 있다.

이미 언급되었다시피 펜로즈는 초기 진화경제학에 대해 매우 비판적이었는데, 그가 지적한 문제점 중 하나는 이론적 틀에 유전인자에 해당하는 개념이 없다는 점이었다.[8] 넬슨과 윈터는 루틴Routine을 유전인자에 해당하는 개념으로 발전시켰다. 루틴은 경쟁우위를 창출하는 기업의 행위를 보존·유지retention하는 역할을 한다.[9] 기업이 R&D를 통해 경쟁우위 요소를 창출하여도 보존기능이 없는 경우 기업의 적응이나 발전을 기대하기 어렵다. 왜냐하면, 기업은 외생적 충격에 항상 노출되어 있기 때문이다. 예를 들면, 조직원이 새로 영입되기도 하고 떠나기도 한다. 이러는 과정에서 기업의 지식이나 실행력이 저하될 수 있다. 그러나 루틴을 잘 구축하고 유지하는 기업은 이러한 외생적 변화에도 안정적인 실행력을 유지할 수 있다는 관점에서 유전자에 해당되는 것으로 볼 수 있

8 E. T. Penrose, 1952, "Biological Analogies in the Theory of the Firm", *American Economic Review*, 42: pp. 804-819.

9 예를 들면, 맥도날드나 호텔 체인들은 세부 업무 절차를 일일이 매뉴얼로 만들어 업무의 표준화 및 효율화를 기하고 있다. 이런 매뉴얼을 잘 구축하고 보존하면, 회사의 조직원들이 이직을 하더라도 업무 실행의 안정성을 유지할 수 있다.

다. 실제로 기업들은 업무를 안정적으로 실행하기 위해 다양한 루틴을 유지하고 진화시킨다. 예를 들어, 도요타와 GE는 안정적인 업무 실행을 위한 매뉴얼 등을 만들거나 특수한 업무 프로세스business process를 구축하여 실행력 기반을 다져왔다. 또한 이를 상시적으로 개선하는 노력도 한다. 이러한 루틴은 경쟁력의 원천으로 인식되고 있다.

전통적 사고의 틀과 차이점

진화경제학이 전통적 사고의 틀과 큰 맥락에서 어떤 점이 다른지 살펴보자. 크게 세 가지 측면에서 진화경제학은 기존 사고의 틀에서 파격적으로 벗어났다고 볼 수 있다. 첫째, 경제주체의 절대적 합리성 가정을 좀 더 현실적 가정인 제한적 합리성bounded rationality으로 완화시켰다. 그리고 이 가정을 적용하여 수리모형을 만들었다. 기업이 미래에 일어날 모든 가능성을 미리 예지하고 최선의 선택을 하는 것이 아니라, 개선을 하기 위한 선택을 하는 과정에서 성공하는 기업에 의해 경제가 발전하는 것으로 이론을 정립하였다.

둘째, 균형에 대한 분석보다는 불균형으로 연구의 초점이 달라졌다. 스마트폰 시장에서와 같이 기업 간에 신기술 개발로 경쟁을 하는 시장에서는 창조적 파괴 현상이 발생한다. 다음 절에서 좀 더 깊이 논의가 되겠지만, 이 현상은 기존의 제품 및 경쟁우위를 안정적으로 가져가기 어려운 경쟁상황을 조장한다. '이런 불안정적인 상황에서 기업과 시장구조는 어떻게 진화를 할 것인가'는 실무자나 연구자 모두에게 중요한 문제이다. 넬슨과 윈터는 불균형 관점을 진화경제학 연구의 초점으로 정립시켰고, 이 부분이 균형 기반의 기존 문헌과 차별화되는 부분으로 정리할 수 있다.

이런 방향의 연구를 하기 위해서는 전통적 정태적 분석 방법으로는 한계가 있다. 동태적 시스템을 만들어 이 시스템이 어떻게 진화를 하는지 메커니즘을 심층 분석하지 않고서는 적절한 시사점을 도출하기 어렵다. 또한 이러한 메커니즘은 직접 관찰을 하는 것이 어렵기 때문에 연구자가 경험적 연구만을 축적하여 통찰력을 얻는 것도 용이하지 않다. 이 부분이 바로 진화경제학이 기존 사고의 틀에서 크게 벗어나는 세 번째 차이점이라 할 수 있다. 이미 전술한 바와 같이 진화경제학에서는 연구 방법론으로 계산과학적 방법론을 채택하였다. 이 방법론은 진화하는 시스템의 복잡성을 다루는 데 유연성을 주고, 연구자에게 다른 방법론에서 얻기 어려운 통찰력을 제공해줄 수 있다. 이와 관련하여 노벨경제학상 수상자인 사이먼은 "이 방법론은 이론을 만들고 검증하는 데 매우 유용한데, 특히 우리가 이해하고자 하는 현상의 복잡성이 커질수록 그 빛을 발한다"고 언급하였다.[10]

그러면, 이러한 사고의 틀과 방법론을 통해 어떤 것을 발견하였는가? 넬슨과 윈터의 책은 매우 방대한 내용을 다루기 때문에 할애된 지면에 모든 것을 논하기는 어려울 것 같다. 다음 절에서 진화경제학의 주요 내용인 슘페터 경쟁과 관련된 핵심 논점을

10 H. A. Simon, 1959, "Theories of Decision-Making in Economics and Behavioral Science", *American Economic Review*, 49: pp. 253-283.

소개하고, 현대 경영·경제 현상을 이해하는 데 주는 시사점을 논의하고자 한다.

3. 슘페터 경쟁

넬슨과 윈터가 발전시킨 진화경제학의 주요 내용은 전술한 다윈의 적자생존 법칙을 슘페터 경쟁과 접목시킨 것이다. 신기술·신제품 개발을 통해 경쟁하는 슘페터 경쟁체제에서, 초기에 동일한 조건에서 경쟁을 시작해도 신기술 개발에서 성공한 기업과 실패한 기업은 엇갈린 운명에 직면하게 된다. 성공한 기업은 투자를 통해 더욱 경쟁우위를 확보하여 유리해지는 반면, 실패한 기업은 투자 여력의 악화로 신기술·신제품 개발 경쟁에 밀리고, 결국 도태될 가능성이 커진다. 넬슨과 윈터는 계산과학적 방법론을 적용하여 승자의 선순환 구도가 발현되는 것을 발견하였다. 이러한 선순환 구도는 시장 집중화를 심화시키고, 적자適者의 위상을 더욱 강화하는 방향으로 진화한다.

창조적 파괴

넬슨과 윈터의 진화경제학의 주요 내용을 심층적으로 논의하기에 앞서 슘페터 경쟁이 무엇인지 살펴보자. 이는 슘페터가 20세기 초에 관찰한 새로운 경쟁 양상이다.[11] 기업들은 신기술·신제품 개발을 통해 경쟁하고, 수시로 신기술·신제품이 기존 기술·제품을 대체하는데, 이러한 현상을 창조적 파괴creative destruction라 한다. 이는 20세기 이전에 안정적이던 경쟁환경과 매우 다르다.

지속적인 창조적 파괴 효과는 컴퓨터 산업에서 쉽게 관찰할 수 있다. 지난 30년간 컴퓨터 가격은 지속적으로 하락하였지만, 컴퓨터의 성능은 오히려 기하급수적으로 향상되었다. 시간이 지남에 따라 가격이 떨어지고, 가격 대비 성능은 향상되는 현상을 컴퓨터 산업에서 쉽게 관찰할 수 있었다.

반도체 산업에는 무어의 법칙이 있다. 이는 반도체의 성능이 18개월마다 2배씩 증가한다는 것인데, 인텔의 창업자 고든 무어가 이 법칙을 말하고 난 후 지난 수십 년간 이 법칙이 깨지지 않았다. 우리가 현재 인터넷 및 IT 혁명을 통해 지식기반 사회로 진화할 수 있었던 것은 컴퓨터 산업의 눈부신 발전이 없었다면 불가능하였을 것이다. 이는 슘페터 경쟁이 가져온 산물이라 할 수 있다.

슘페터는 창조적 파괴로 기존 강자의 경쟁우위가 파괴되고, 경쟁환경이 급변할 수 있는 가능성을 목격하였고, 이를 회오리바람the gale of creative destruction에 비유하였다. 회오리바람이 기존 시장에 뿌리를 내린 기업들과 이들의 경쟁우위를 한 순간에 휩쓸어갈 수 있는 가능성을 본 것이다. 20세기 중반 이후 신기술로 승부수를

11 J. A. Schumpeter, 1934, *The Theory of Economic Development* (Cambridge, MA: Harvard University Press).

던지는 첨단산업에서 창조적 파괴는 일반적인 현상으로 이해된다. 예를 들면, 항공 산업, 제약 산업, 및 반도체 산업 등에서 이러한 특성이 잘 나타난다.[12]

공급자 관점에서 보면 창조적 파괴는 기업을 숨가쁘게 하고 스트레스를 받게 하는 현상이다. 이러한 경쟁에서는 미래에 대한 두려움을 가지고 끊임없이 준비하는 편집광만이 생존할 수 있다는 것이 인텔의 전임 최고경영자였던 앤디 그로브의 견해이다. 이 말은 도태에 대한 두려움과 생존에 대한 집착을 가진 편집광만이 지속적으로 이런 스트레스 상황을 견뎌낼 수 있다는 것이다.

마이크로소프트의 창업자인 빌 게이츠도 90년대에 다음과 같이 말하였다. "3년 내에 우리 회사에서 만드는 모든 제품들은 낙후될 것이다. 한 가지 중요한 질문은 '우리가 우리의 제품을 낙후시킬 것인가 아니면 경쟁사가 낙후시킬 것인가'이다." 만약에 경쟁사가 먼저 이런 일을 한다면 마이크로소프트의 미래는 불투명해지고, 도태의 길로 갈 것이다. 그의 측근의 말에 의하면 빌 게이츠는 90년대에 악몽—어느 날 갑자기 새로운 벤처기업이 신제품을 개발하여 마이크로소프트 시장을 참혹하게 파괴시키는—을 많이 꾸었다고 말한다. 이런 악몽을 꾼다는 것 자체가 바로 빌 게이츠가 편집광이라는 것을 보여주는 단서라고 생각할 수 있다. 그리고 도태에 대한 두려움이 컸기 때문에 미래에 대한 준비를 철저히 했다고 한다. 이것이 바로 창조적 파괴의 경쟁구도에서 생존하

---

12 필립스(Phillips, 1971)는 항공 산업에서, 헨더슨과 쿡번(Henderson & Cockburn, 1996), 이제호(Lee, 2003)는 미국 제약 산업에서 이런 경쟁양상을 관찰하였다.

는 기업의 단면이다.

슘페터 경쟁에서 경쟁우위와 관련하여 인텔의 전임 최고 경영자인 앤디 그로브는 90년대에 다음과 같이 말하였다. "인텔이 가진 유일한 경쟁우위는 남들보다 먼저 어딘가에 가 있다는 것이다." 90년대에 인텔은 시장에서 판매되는 기존 제품의 몇 세대 앞까지 미리 개발하였다. 이것은 경쟁사가 추격해올 가능성에 대비해 도망갈 곳을 미리 만들어 놓는 포석으로 이해할 수 있다.

이러한 경쟁체제에서 경쟁우위는 차세대 제품·기술 파이프라인을 얼마나 넓고 깊게 구축하였는가에 달려 있다. 차세대 신제품·신기술 파이프라인이 빈약하면 경쟁사가 추격해올 경우 도망갈 곳을 잃고, 결국 과당 경쟁에 노출되어 수익을 내기 어려운 사업구조로 변하여 경쟁우위를 상실하게 될 가능성이 높아진다. 단기적 수익에 집착하는 기업들은 장기적 투자를 회피하고, 넓고 깊은 파이프라인 구축에 한계를 보인다. 이것이 바로 대부분 기업이 세계적 수준의 초우량 기업이 되지 못하는 이유이다.

기술·지식의 깊이를 쌓아 초우량 기업이 된 코닝의 사례를 살펴보자. 이 회사는 160년 동안 유리와 세라믹 중심 사업으로 한 우물을 깊게 팠다. 160년이 지나도 초일류 기업의 위상을 유지할 수 있었던 비결은 코닝의 R&D에 대한 신념에 있었다. 코닝의 CEO였던 휴턴은 다음과 같이 말한다. "우리 형제는 어린 시절 아버지로부터 R&D에 대한 투자는 '종교'와도 같은 것이라고 배우면서 자랐다. R&D에 대한 투자는 경기가 좋을 때나 나쁠 때나, 비록 단기에 가시적 성과를 달성하기 어렵더라도 믿음을 가지고 해야 한다는 것이었다." 코닝은 대공황 시절에도 R&D에 대한 투자를 오히려 늘렸다고 한다. 코닝의 재료 지식에 대한 깊이는 얼마나 많은 방법으로 유리를 생산할 수 있는가에 있다. 코닝은 12만 5,000가지 유리 생산 포뮬러Formulas가 있으며 매년 1만 가지 새로운 방법을 추가적으로 실험하여 재료 지식의 깊이를 더한다고 한다. 이러한 지식의 일부는 지적재산권 확보로 이어지고, 이를 통해 경쟁사의 모방에 의한 이윤 잠식 가능성을 선제적으로 차단한다. 이러한 세계적인 수준의 핵심 기술과 지적재산권을 만들기 위해서는 20년이란 시간이 걸린다고 한다. 결국, 독실한 믿음이 없이는 이런 기술·지식의 깊이를 쌓는 것이 불가능하고, 먼 미래의 투자에 대한 믿음과 인내력이 바로 회사의 유전인자가 되었다. 그리고 바로 이것이 환경변화의 회오리바람으로 인해 주력사업이 파괴되어도 코닝을 오뚝이처럼 다시 우뚝 서게 하는 저력이 된다.

그러면 신제품 파이프라인을 넓게 갖추는 것이 기업의 생존전략에 왜 중요한지 사례를 살펴보자. 2005년 제약 산업의 최대 기업인 화이자에서 신제품 파이프라인에 문제가 생겼다. 5개 기존 제품이 전체 매출의 대략 50%를 차지하였는데, 이들 제품은 2010년 이전에 특허가 모두 만료될 상황에 놓여 있었고, 제네릭generic 제품의 경쟁에 노출되어 대부분의 수익이 잠식될 것으로 예측되었다. 만약 차세대 제품들이 이 5개 제품의 매출 감소를 만회할 수 있다면 전혀 문제가 없을 것이다. 그러나 화이자의 차세대 제품 매출 예측치는 5개 매출액의 1/5 정도로 미흡하였고, 화이자는 위기에 직면하게 되었다. 결국, 화이자는 구조조정을 통해서 연구원과 영업인력을 감축하였다. 그러나 이런 구조조정으로 가까운 미래에 급속도로 진행될 매출액 감소를 해소할 수는 없는 노릇이다. 결국, 화이자는 2009년에 차세대 파이프라인을 갖춘 와이어쓰를 인수함으로써 파이프라인 문제를 극복할 수 있었다.

슘페터 경쟁에 대한 이론적 틀

경제학자들은 슘페터 경쟁에 대해 수리모형을 만들고, 이론적 틀을 체계화하는 데 어려움을 느껴왔다. 신고전주의 이론처럼 정교한 수리모형을 만들어 이론적 체계를 구축하지 못하고, 슘페터 경쟁에 대한 이론적 논의도 전반적으로 피상적 수준에 머물렀다.

경제학에서 발전된 사고의 틀 및 방법론은 주로 정태적 가정을 바탕으로 한다. 예를 들어, 경제학에서 경쟁의 개념은 시장구조의 틀에서 암시적으로 이해되었다. 실제 경쟁을 직접 모형화하기보다는 독점, 복점 혹은 완전경쟁 등의 시장구조를 유형화하여 경쟁을 이해하였고, 이 유형에 맞추어 분석 틀을 발전시켰다.

반면에 슘페터 경쟁은 승자와 패자가 나타나는 개념이다. 신기술 혁신에 성공한 기업은 시장점유율이 증가하고, 반대로 실패한 기업은 시장점유율이 감소하게 된다. 이러한 동태적인 경쟁의 개념을 직접 모형화하는 데 있어서 전통적 분석 방법론은 분명 한계가 있었다. 경제주체의 절대적 합리성을 가정하고 실패라는 결과를 인정한다는 것은 기본 출발점부터 논리적 오류를 범하는 것이다.

슘페터 경쟁에 대한 이론적 발전에는 한계가 있었으나, 경험연구는 활발하였다. 80년대까지 산업조직 분야의 경험연구 중 두 번째로 많은 관심을 모았던 주제는 슘페터 가설의 경험적 검증이었다.[13] 경험연구에서 슘페터 가설은 산업구조가 혁신의 성과에 영향을 미친다는 단방향성의 관점에서 실증연구를 시도하였다. 이는 슘페터가 지적한 혁신을 위해서는 독점이 불가피하다는 논점을 실증 가능하게 단순화한 것으로 볼 수 있다.

진화경제학은 이러한 인과관계의 단방향성 및 정태적 사고의 틀에서 파격적으로 벗어나는 사고의 틀을 제시하였다. 전술한 바와 같이 진화경제학의 사고의 틀은 동태적이다. 동태적 모형에서 흔히 가정하는 인과관계의 양방향성을 인정한다. 산업구조가 혁신 성과에 영향을 미치기도 하지만, 혁신 성과가 향후 산업구조에도 영향을 미친다. 같은 맥락에서 기업 규모가 혁신 성과에 영향을 미치기도 하지만, 혁신 성과로 인해 기업 규모가 변화한다. 이러한 인과관계의 양방향성은 복잡계적 시각에 일반적으로 수용된 가정이다.[14]

넬슨과 윈터는 이러한 인과관계의 양방향 시각을 수용해서 시장 경쟁을 이해하는 데 매우 유용한 결론을 도출하였는데, 그것은 바로 승자의 선순환 구도라고 할 수 있다. 넬슨과 윈터는 이러한 경쟁에서 투자와 수익 간에 선순환 구도가 발현되는 것을 보였다. 기술혁신에 성공한 승자는 많은 수익을 창출하고, 이 수익이 축적되면 투자 여력이 높아진다. 그렇게 되면 신기술·신제품에 더

13 W. M. Cohen and R. C. Levin, 1989, *Empirical Studies of Innovation and Market Structure*, in R. Schmalensee and R. D. Willig (eds.), *Handbook of Industrial Organizations: Volume II* (New York: North-Holland).

14 H. O. Peitgen, H. Jürgens and D. Saupe, 1992, *Chaos and Fractals: New Frontiers of Science* (New York: Springer-Verlag).

욱 공격적으로 투자할 수 있게 된다. 이는 차세대 제품 개발의 성공 가능성을 높여주고, 이 가능성이 실현되면 차세대에 더 많은 투자를 할 수 있다.

반대로 기술개발에 실패한 패자는 시장에서 위축되고, 투자여력이 없어 투자를 줄일 수밖에 없다. 그러면 차세대에 대박을 터뜨릴 제품을 출시하기 어렵고, 따라서 투자 여력은 더욱 악화될 것이다. 비적자非適者는 이러한 악순환을 따라 도태되는 것이다.

이러한 선순환 구도의 발현은 이전 프랑스의 경제학자 지브라Gibrat가 모형화한, 소위 지브라의 법칙과 큰 차이를 보여준다. 지브라의 법칙은 기업의 성장을 전적으로 운에 의존하는 것으로 가정하였다. 이 경우, 기업의 성장 패턴에서 시계열 상관관계serial correlation가 나타날 수 없다. 하지만 경험연구를 통해 밝혀진 것은 기업의 성장패턴에 시계열 상관관계가 존재한다는 것이다.[15] 다시 말해, 어떤 시점에 성장한 기업이 다음 시점에서도 성장 확률이 높아지는 것이 경험연구의 일반적인 결과이다. 기존 문헌에서는 이 상관관계가 현실세계에서 왜 존재하는지를 명쾌하게 설명하지 못했다. 넬슨과 윈터의 이론적 기여는 바로 선순환 구도의 발현을 보임으로써 이러한 상관관계가 왜 생기는지에 대해 적절하고 현실적인 설명을 제시한 것으로 볼 수 있다.

---

15 지브라의 법칙은 경제학에서 반세기 이상 연구된 주제이다. 서턴(Sutton, 1997)은 지브라의 법칙과 관련된 방대한 문헌을 정리하였다.

핵심 논점 정리

넬슨과 윈터가 제시한 선순환 구도를 진화론적 관점에서 다시 정리하면 다음과 같다. 선두 기업은 돈을 벌면서 경쟁사로부터 멀리 도망치는 반면, 후발 기업은 돈을 잃으면서 추격하는 양상을 띠게 된다. 이것은 바로 적자適者는 시간이 지나면서 자신의 생존 공간을 넓히는 반면, 비적자非適者는 생존 공간이 좁아지는 도태의 원리로 볼 수 있다. 다시 말해 다윈의 적자생존의 법칙이 경제에 구현된 모습이다.

넬슨과 윈터가 제시한 선순환 구도는 동태적으로 발현되는 진입장벽으로 볼 수 있다. 삼성전자와 같은 시장 선두 업체가 돈을 벌면서 도망갈 수 있게 도와주고, 반면에 후발 업체는 돈을 잃으면서 선두 업체를 추격하도록 만드는 메커니즘이다. 추격자의 입장은 매우 암담할 것이다. 이 동태적 메커니즘을 주식 투자에 활용한다면 리스크를 적절히 관리하면서 투자 수익률을 올릴 수 있을 것이다. 이는 워렌 버핏의 투자 원칙과도 일맥상통한다. 그는 1등 혹은 초우량 기업에 주로 투자한다. 주가가 싸다고 경쟁력이 없는 기업에 절대 투자하지 않는다. 아마도 오랜 투자경험을 통해 초우량 기업의 선순환 구도를 파악한 것이 아닌가 싶다. 이러한 동태적 진입장벽을 좀 더 실감나게 이해하기 위해서는 실제 사례에 대한 고찰이 필요하다.

4. 현대사회에 주는 시사점

D램 시장의 치킨 게임

진화경제학의 핵심 논점이 실감나게 드러난 사례는 2006년부터 D램 반도체 시장에서 전개된 치킨게임이다. 후발 업체인 대만 반도체 기업들은 슘페터 경쟁을 간과하여, 신제품 개발보다는 TSMC와 같은 생산에 주력하는 순수 파운드리pure-play foundry 사업 모델을 채택하였다.[16] 2006년 반도체 호황과 함께 넘쳐나는 유동성에 힘입어 대만 후발 기업들은 설비확충을 위해 대규모 투자를 감행하였다. 그 이후 산업 전반에 설비 경쟁이 심화되었고, 2007년 이후 D램 업체들은 불황을 겪게 되었다. 그러나 불황이 1위 업체인 삼성전자에게는 오히려 시장점유율을 확대하는 기회가 되었고, 불황을 심화시키는 전략을 통해 한계 기업의 성장 가능성을 제압할 수 있었다. 그 결과 삼성전자는 유례 없는 시장점유율을 확보할 수 있었다. 반면, 한계 기업인 키몬다는 파산하였고, 대만의 D램 업체들도 생사의 갈림길에 서게 되었다.

어떻게 시장 경쟁이 이런 방향으로 진화하게 되었는지 좀 더 상세하게 살펴보기로 하자. 반도체 산업에서 경쟁사들은 삼성

---

16 TSMC는 1987년 순수 파운드리 사업에 대한 비전을 가지고 회사를 설립하여 세계적인 경쟁력을 갖추게 되었다. 파운드리 사업모델이란 자체 제품을 개발하거나 생산하지 않고, 고객이 설계한 반도체 제품만을 생산해주는 서비스 모델이다. 이 모델에서 경쟁우위는 생산 서비스 차별화에서 발생하고, 이는 제품 개발역량이 경쟁우위로 작용하는 D램 사업과 차이가 나는 부분이다.

전자와 대항하기 위해 합종연횡을 시도하였다. 규모의 경제가 중요한 반도체 시장에서 각개전투를 시도해서는 삼성전자와의 경쟁에서 승산이 없다는 데 인식을 같이하여 독일의 키몬다, 대만의 난야 및 윈드본드가 하나의 동맹을 만들었고, 일본의 엘피다와 대만의 파워칩이 또 하나의 전략적 동맹을 형성하였다. 그리고 하이닉스와 프로모스가 손잡고 삼성전자와 대항하는 구도를 만들었다.

2006년 D램 시장은 공급이 수요를 따라가지 못하는 호황을 맞이하였다. 그 동안 삼성전자의 물량공세 때문에 수익을 내기 어려웠던 경쟁사들은 호황을 통해 많은 수익을 내게 되었고, 따라서 투자 여력도 높아졌다. 경쟁사들은 생산시설을 확충하기 위해 공격적 투자를 감행하였다. 대만의 파워칩이 공격적 설비투자를 통해 치킨게임의 불을 지폈다. 이에 대응하기 위해 하이닉스도 시설확충 경쟁에 가세하였다. 엘피다는 삼성전자를 이번 기회에 따라잡겠다고 공언까지 하면서 전운을 감돌게 했다. 부분적으로 이러한 투자 노력의 결과로 삼성전자의 시장점유율은 축소되었다. 2004년 27%였던 점유율이 2006년 24%로 떨어지게 되었다.

이런 공격적 투자의 배경에는 윈도우 비스타 출시도 한 몫을 하였다. 새로운 운영체제는 그래픽을 많이 사용하기 때문에 메모리가 두 배 이상으로 늘어날 것으로 기대하였다. 산업 내에 이러한 기대가 생기게 된 것은 90년대 윈도우95Windows 95 출시와 함께 D램의 수요가 폭발적으로 늘어 호황을 경험했던 학습효과 때문이었다.

그러나 비스타는 여러 가지 호환성 문제점으로 인해 시장의 냉담한 반응을 초래하였고, 기대했던 D램 수요 증가는 미미하였다. 공급 측면에서는 이미 선제적으로 엄청난 설비투자가 진행되어 돌이킬 수 없는 상황에 직면했다. 2007년 과잉공급으로 인해 D램 가격이 폭락하였고, 기업들의 실적도 악화되었다. 삼성전자를 제외한 D램 업체들의 실적은 적자로 전환되었으나, 2007년 3사분기 삼성전자는 언제나처럼 흑자를 기록하였다. 삼성전자가 군계일학의 실적을 보인 것은 타 경쟁사 대비 탁월한 원가 경쟁력을 보유했기 때문이었다. 또한 삼성전자는 다양한 제품 포트폴리오를 갖추고 있기 때문에 범용제품의 가격이 폭락해도 이들이 수익성에 완충 역할을 해준다. 범용제품에 전념하는 경쟁사들이 가격충격으로 인해 고스란히 적자를 감수할 수밖에 없는 상황과 차별화되는 부분이다. 견고한 현금흐름을 유지한 삼성전자는 3사분기 실적 발표 이후 반도체 생산설비를 더 늘리겠다고 선언하였다. 일부 산업전문가들은 이를 삼성전자가 불황을 더 심화시켜 한계 기업을 도태시키려는 포석으로 해석하였다.

설상가상으로 2008년 하반기 금융위기의 발발과 함께 반도체 수요는 거의 실종된 수준으로 하락하였고, D램 업체들의 실적은 최악의 상황으로 치닫게 되었다. D램익스체인지DRAMeXchange에 따르면, D램 반도체의 가격은 2008년에 75% 하락했고, 1분기부터 3분기까지 산업 전체 누적적자는 미화로 80억 달러가 넘는 것으로 추정되었다. 667메가헤르츠급 1기가 비트 칩의 가격은 2.29달러에서 0.58달러까지 곤두박질쳤다. 삼성전자도 2008년 4사분기에 반도체 사업이 적자로 전환되었다. 2008년 금융위기 한파와 함께 한계 상황에 도달한 키몬다는 결국 파산을 선언하기에 이르렀다.

대만 메모리 반도체 업체들도 재무지표의 악화로 운전자

금까지 위협받게 되었고, 이에 따라 설비투자비가 대폭 감소될 수 밖에 없는 상황이 되었다. 2009년 유례 없는 국제 공조화로 시장 상황이 호전되자 2분기부터 삼성전자는 다시 흑자로 전환되었고, 이후 이건희 회장의 복귀와 함께 반도체 사업에 대규모 설비투자를 집행하여 다시 물량공세를 가동하였다.

치킨게임의 결과

대만 중하위 업체들로부터 촉발된 삼성전자 따라잡기 치킨게임은 결국 실패로 막을 내렸다. 2009년 이후 대만 정부의 지원으로 대부분 대만 업체들은 파산을 일단 모면하였으나, 이들의 신제품 개발 역량과 투자 여력은 이 시장에서 지속 가능한 수준이 아닌 것으로 산업전문가들은 판단하고 있다.

대만 반도체 업체들의 치명적인 전략적 실수는 D램 사업에서 슘페터 경쟁의 중요성을 간과하고 생산에 초점을 맞춘 순수 파운드리 사업모델로 승부를 건 것으로 판단된다. 2000년대 이후 미화 250억 달러 이상을 투자하고도 지속 가능한 경쟁력을 확보하지 못하고, 결국 몰락의 길을 가는 결과를 가져오게 된 것이다. 생산역량에만 집중하다 보니 자체 신제품·신기술 개발역량을 확보하지 못하였고, 지속적으로 외국 반도체 기업의 기술에 의존해야 하는 상황으로 진화하였다. 결국 슘페터 경쟁의 핵심을 이해하지 못한 대가가 얼마나 엄청난가를 쓰라린 경험을 통해서 학습하게 되었다. 그러나 학습을 통해 다시 일어서서 국면을 전환하기에는 너무 늦은 감이 있다.

삼성전자를 따라잡겠다고 공언했던 D램 업계 3위 엘피다도 생사의 기로에 서는 운명을 맞이하였다. 금융위기 직후 2009년 1분기 영업손실률 격차는 처절한 상황을 적나라하게 보여주었다. 삼성전자와 하이닉스의 1분기 영업손실률은 각각 12.8%와 39.2%에 그친 반면, 엘피다의 영업손실률은 106%에 달했다. 대만 업체와 마찬가지로 일본 정부의 지원으로 겨우 명맥을 유지하는 상황이 되었고, 2012년에 다시 차입금 상환을 자력으로 감당하기 어렵게 되자 결국 마이크론에 매각되었다.

선순환 구도와 시장 진화

필자는 이 산업의 진화를 관찰하면서 진화경제학에서 제시된 승자의 선순환 구도가 실제 시장 경쟁에서 발현된다는 것을 피부로 느낄 수 있었다. 이런 선순환 구도가 삼성전자를 더욱 유리하게 만들었고, 경쟁에 밀리는 기업을 더욱 불리하게 만든다는 것도 관찰할 수 있었다. 특히, 승자는 불황에 내성이 강하다는 것을 발견할 수 있었다. 삼성전자는 불황으로 오히려 시장점유율이 대폭 증가하였다. 한계 기업이 도태되고, 투자여력을 상실함에 따라 투자여력과 비용우위를 동시에 갖춘 삼성전자는 불황을 오히려 성장의 기회로 활용할 수 있었다. 이는 전술한 진화론에서 적자생존의 법칙이 시장 경쟁에서 실제로 어떻게 발현되는지에 대한 한 가지 단면을 관찰할 수 있는 사례였다.

삼성전자의 시장점유율이 유례 없이 높아지면서, 산업 집중화도 심화되었다. 과거 실리콘 사이클silicon cycle 때문에 이 시장에

넬슨·윈터, 『진화경제학』

서는 실적 변동성이 매우 큰 편이었는데, 산업 집중화는 경쟁을 완화시키고 실적 변동성을 감소시킬 가능성이 높다. 특히 과잉 설비 경쟁을 줄일 가능성이 높아지고, 따라서 시장참여자의 실적이 상향 안정화될 수 있는 여지가 많다. 결국 선순환 구도는 시장구조의 진화를 초래하고 산업의 수익성에도 영향을 미칠 가능성이 높다.

향후 연구 과제

선순환 구도의 발현과 같은 동적 메커니즘에 대한 연구는 아직 발전의 여지가 많은 영역이고, 따라서 이 부분을 더 발전시키는 것이 향후 연구 과제가 될 것이다. 특히 어떤 조건에서 승자의 선순환 구도가 발현되고, 어떤 조건에서 이런 구도의 발현이 억제되는지에 대한 좀 더 심층적 연구가 필요하다. 또한 어떤 경우 승자의 선순환 구도가 지속될 수 있고, 어떤 경우 지속성이 유지될 수 없는지 구체적 조건을 찾아내는 것도 시장경제의 진화를 이해하는 데 매우 유용할 것이다.

이것은 'D램 시장에서 삼성전자가 향후 지속적으로 경쟁우위를 유지할 수 있을 것인가'의 문제와 밀접하게 관련이 있다. 중국에서는 지난 10년간 내수시장의 반도체 수요가 가파르게 증가하였고, 향후 지속적으로 높은 수요 증가가 예측된다. 이러한 추세를 고려하여 중국 정부는 주도적으로 자국 기업들의 반도체 시장 진입을 용이하게 하고 경쟁력을 갖추기 위한 정책을 펼쳐왔다. 과연 중국 신규 진입자들이 삼성전자를 추격하는 데 성공할 수 있을 것인가? 현재까지는 신규 진입자들의 추격 가능성이 매우 낮아

보인다. 예를 들어 중국의 최대 반도체 기업인 SMIC는 수익을 제대로 내지 못하고 있고, 이는 자생적으로 투자 여력을 만들지 못하기 때문에 추격 가능성을 낮게 한다. SMIC는 현재로서는 TSMC처럼 타사 반도체 제품의 생산 서비스에 주력하기 때문에 자체 제품 개발역량을 갖추고 있지 않다.

전술한 선순환 구도의 발현은 그 동안 산업조직론과 전략 문헌에서 널리 알려진 진입장벽 개념과는 사고의 틀이 매우 다르다. 기존 문헌에서 논의되는 진입장벽은 주로 정태적 사고를 유발한다. 진입장벽을 구축한 선발 업체가 경쟁우위를 누리기 때문에 후발 업체의 진입이 어렵고, 따라서 경쟁이 약화되어 선발 업체가 초과이윤을 누릴 수 있다는 것이 일반적으로 수용된 정설이다. 이 패러다임에서는 진입장벽이 어떻게 만들어지는가에 대한 논의가 별로 없고, 따라서 선발 기업이 갑자기 몰락하는 현상에 대한 설명에 있어서 구조적인 한계에 부딪친다.

반면, 승자의 선순환 구도는 동태적 개념의 진입장벽이다. 투자 여력을 갖춘 선두 업체가 공격적으로 신기술·신제품 개발에 투자하고 선순환 리듬을 타게 되면 자신의 방어막을 강화하면서 난공불락의 경지로 진화할 수 있다. 여기서 진입장벽은 하늘이 부여한 선물이 아니고, 자신의 노력과 시장 변화에 대한 적응의 산물이다.

이러한 동태적 진입장벽은 균형관점에서 보는 안정적 상태가 아니고, 시장 변화에 의해 급격하게 뒤집힐 수 있는 가능성을 내포하고 있다. 초기에 기술혁신에 크게 성공한 기업이라도 시장 변화를 읽는 데 소홀할 경우 기술 변화에 잘못 대응할 수 있고,

순식간에 선순환에서 악순환으로 경로 전환이 가능하다. 실제 이런 사례를 찾는 것은 그리 어렵지 않다. 예를 들면, 애플이 최근 스마트폰 시장에 진입하여 지각변동을 일으키자, 시장의 절대강자로 군림하던 노키아는 가파르게 몰락하면서 악순환의 늪에 빠졌다. 이처럼 승자의 선순환 구도에서 패자의 악순환 구도로 돌변하는 현상도 기존 정태적 방법론으로는 다루기 어려운 주제이고, 연구가 미흡한 영역이다. 이 주제는 넬슨과 윈터가 제시한 계산과학적 방법으로 연구가 가능하고, 기존의 이론적 렌즈로 파헤치기 어려운 흥미로운 결과를 도출할 수 있을 것으로 기대한다.

참고문헌

Alchian, A. A. 1950. "Uncertainty, Evolution, and Economic Theory". *Journal of Political Economy*, 58: pp. 211-222.

Cohen, W. M. and R. C. Levin. 1989, "Empirical Studies of Innovation and Market Structure". In R. Schmalensee and R. D. Willig (eds.), *Handbook of Industrial Organizations: Volume II*. New York: North-Holland.

Henderson, R. and I. Cockburn. 1996. "Scale, Scope, and Spillovers: The Determinants of Research Productivity in Drug Discovery". *RAND Journal of Economics*, 27: pp. 32-59.

Lee, J. 2003. "Innovation and Strategic Divergence: An Empirical Study of the U.S. Pharmaceutical Industry from 1920 to 1960". *Management Science*, 49: pp. 143-159.

Marshall, A. 1948. *Principles of Economics*, 8th Ed. New York: Macmillan.

Nelson, R. R. and S. G. Winter. 1978. "Forces Generating and Limiting Concentration under Schumpeterian Competition". *Bell Journal of Economics*, 9: pp. 524-548.

______ and ______. 1982. *An Evolutionary Theory of Economic Change*. Cambridge, MA: The Belknap Press of Harvard University Press.

Peitgen, H. O., H. Jürgens and D. Saupe. 1992. *Chaos and Fractals: New Frontiers of Science*. New York: Springer-Verlag.

Penrose, E. T. 1952. "Biological Analogies in the Theory of the Firm". *American Economic Review*, 42: pp. 804-819.

Phillips, A. 1971. *Technology and Market Structure: A Study of the Aircraft Industry*. Lexington, MA: D. C. Heath.

Schumpeter, J. A. 1934. *The Theory of Economic Development*. Cambridge, MA: Harvard University Press.

Simon, H. A. 1959. "Theories of Decision-Making in Economics and Behavioral Science". *American Economic Review*, 49: pp. 253-283.

Sutton, J. 1997. "Gibrat's legacy". *Journal of Economic Literature*, 35: pp. 40-59.

Veblen, T. 1898. "Why Is Economics not an Evolutionary Science?". *Quarterly Journal of Economics*, 12: pp. 373-397.

Winter, S. G. 1971. "Satisficing, Selection and the Innovating Remnant". *Quarterly Journal of Economics*, 85: pp. 237-261.

엘리너 오스트롬,
『공유의 비극을 넘어: 공유자원 관리를 위한 제도의 진화』

Elinor Ostrom, *Governing the Commons: The Evolution of Institutions for Collective Action* (1990)

제도와 협동[1]

안도경
서울대학교 정치외교학부 정치학전공 교수

"제도를 어떻게 디자인해야 하나요?" 2009년 8월 한국에서의 강연 후 한 대학원생이 오스트롬에게 질문했다. "중요한 것은 어디에서 시작할 것인가의 문제입니다." 특유의 온화한 미소와 함께 온 대답이었다. 무엇을 연구하느냐는 질문을 받을 때마다 오스트롬은 "우리"는 "제도"를 연구한다고 답한다. 필자는 '어디에서 시작할 것인가'를 강조하는 오스트롬의 답은 그가 제도를 연구하는 방법 또는 정신을 보여주는 것이라 생각한다. 이론과 개념의 중요성을 강조하면서도 개념의 정의에 관한 논쟁에 매몰되지 않을 것, 만병통치의 제도 원리를 제시하거나 제도의 생성과 변화에 관한 일반 법칙을 제시하는 대신 사람들의 경험으로부터 배울 것, 성공적인 제도의 다양성에 주목하고 조심스러운 경험적 일반화를 시도

1 이 글은 번역본 『공유의 비극을 넘어』 역자 해제(pp. 385-412)와 『한국경제포럼』(2012년 가을)에 실린 필자의 서평(pp. 117-129)을 바탕으로 내용을 더하여 수정·보완하였다.

할 것, 그리고 무엇보다 제도는 연구의 대상일 뿐 아니라 그것을 만들고 유지하는 사람들, 연구하는 사람들이 함께하는 실천의 영역임을 잊지 않을 것을 강조하는 오스트롬의 철학이 그 짧은 답 속에 담겨 있는 것이다.

소개할 『공유의 비극을 넘어Governing the Commons』(1990)[2]는 오스트롬이 수행한 제도연구의 백미이며 2009년 오스트롬에게 여성 최초이자 현직 정치학자 최초로 노벨경제학상의 영광을 안긴 책이기도 하다. 독자가 이 책을 이해한 정도는 위의 대답, 즉 제도의 문제를 고민함에 있어서 성공적인 제도를 디자인하는 비밀에 대한 고민보다는 "어디에서 시작할 것인가"의 문제로부터 출발해야 한다는 것을 이해한 정도에 달려 있다고 해도 과언이 아니다.

노벨상 선정위원회는 오스트롬이 이 책을 통해 공유자원의 연구를 혁명화하였다고 표현하였다(Economic Science Prize Committee, 2009). 선정위원회의 말대로 이 책은 공유자원은 사용자들의 공동체를 통해서는 제대로 관리될 수 없고 사유화되거나 아니면 정부에 의해서 통제되어야 한다는 기존의 이론들을 수많은 경험적 사례를 바탕으로 반박하고, 자치적인 제도의 가능성과 조건을 보여주었다. 어느 법학 학술지의 특집호에 따르면 이 책은 전통적인 재화의 분류 방법을 변경시키는 역할을 하기도 하였다(Merrill, 2002). 즉 사유재산, 국가 소유 재산, 공동체 소유 재산의 전통적인 삼분법을

2 번역본의 제목을 "공유의 비극을 넘어"로 정한 이유 중 하나는 "governing" 이라는 단어를 적당한 우리말로 옮기기가 어려웠기 때문이다. 본문에서는 종종 '관리'라고 번역하기는 하였으나. 이는 만족스러운 번역은 아니다. 이후 이 책은 『공유의 비극을 넘어』로 부르고 이 책의 특정 부분을 언급하거나 인용할 때는 괄호 안에 번역본의 페이지를 밝히도록 하겠다.

사유재산, 공유재산communal property, 정부재산, 그리고 자유접근open-access 자원의 네 유형으로 구분하도록 한 계기가 되었다는 것이다.

『공유의 비극을 넘어』가 공유자원과 관련된 의미만을 지닌다면 사회과학 전반에 걸친 이 책의 지대한 영향력을[3] 설명할 수 없다. 오히려 사회과학의 각 영역에서 이 책이 그토록 빈번하게 인용되는 이유는 책이 제시하고 있는 제도연구의 새로운 방향 때문일 것이다. 제도는 문화라는 개념과 더불어 인간 사회를 이해하기 위해 사용되는 가장 거시적인 개념으로서, 한 사회 내에서 사람들의 행위의 규칙성과 예측 가능성을 설명하고 사회들 간의 차이를 묘사한다. 그러나 제도를 어떻게 정의해야 할 것인지, 제도라는 개념을 통해 드러내고자 하는 것이 무엇인지, 제도를 어떻게 관찰하고 연구해야 할 것인지 등의 문제는 오랜 시간 동안 끊이지 않는 논쟁의 대상이었다. 필자는 이 글에서 『공유의 비극을 넘어』를 요약하기보다는[4] 이 책의 방법과 정신을 이해하기 위한 몇 가지 주제들만을 다루고자 한다. 이를 통해 이 책이 제도를 실천하거나 연구하는 사람들의 고민을 해결해주지는 않지만, 그 고민의 올바른 방법을 어떻게 제시하고 있는가를 보이고자 한다. 먼저 오스트롬에 대한 소개를 한 후에, 책의 의의 및 구성을 간단하게 설명하고, 이후에 책의 주요 내용을 성공적인 제도가 집합행동의 문제를 해결하는 방식, 제도의 정의, 제도적 실천과 장인정신artisanship이라는 주제들을 중심으로 소개하겠다. 마지막으로 오스트롬이 이 책의

---

3 google.scholar.com에 의하면 이 책은 출간 이후 1만 5,000번 이상 인용되었다.

4 책에 대한 좀 더 자세한 요약은 번역본에 포함되어 있는 역자해제를 참조할 것을 권한다.

연구를 더욱 발전시킨 분석 틀인 사회생태체계론social-ecological system과 기후변화 문제라고 하는 대규모의 집합행동 문제에 대한 오스트롬의 최근 저작들을 통해 『공유의 비극을 넘어』에서의 연구가 어떻게 발전하고 있는지를 소개하고자 한다.

1. 다중심성의 여행

『공유의 비극을 넘어』는 쉽게 읽히는 책은 아니다. 하지만 대학원 세미나 수업에서 이 책을 읽은 어느 학생이 말했듯이 그 어려운 단계를 극복하고 나면 이 책은 마치 '동네 할머니가 들려주는 이야기'처럼 읽힐 수도 있다. 아마 그 동네는 도시보다는 시골의 동네가 아닐까 생각된다. 시골의 할머니는 경험이 많고, 인간에 대한 이상주의적인 환상을 가지고 있지는 않지만 따뜻한 시선을 가진 분일 것이다. 개인으로서의 오스트롬은 그 학생이 떠올린 동네 할머니처럼 사람들에 대한 깊은 애정을 지닌 현실주의자가 아닐까 생각한다. 대학에 진학하고, 정치학을 전공하고, 오랜 사회생활 끝에 다시 대학원을 진학하고, 강의를 시작하고, 교수가 되고, 또 마침내 자신의 학문을 인정받는 긴 여정 동안 오스트롬의 삶은 아무런 보장도 없는 불확실성의 길을 스스로 개척해나간 삶이었다.[5]

1933년 대공황의 시기에 태어난 오스트롬은 고등학교 때

5 학문에 대한 애정과 욕심이 작았던 적은 없었지만, 언제든지 남편과 함께 목수가 될 준비가 되어 있었고, 또 심각하게 그렇게 하기를 고려했던 적도 있었다고 한다.

말더듬을 고치기 위해 연설반과 논쟁반에 참여한 것이 정치학자가 된 출발점이었다고 말한다(Ostrom, 2010a). 어머니의 만류에도 불구하고 대학UCLA에 진학하기는 하였으나 여자가 직업을 가지려면 선생님이 되는 전공을 택해야 한다는 말을 듣고 교육학 전공으로 배정되었다. 그러나 정치학개론 수업에 매료되어 정치학을 전공하고 경제학을 복수전공하여 대학을 졸업한다. 이후 보스턴으로 이주하여 일자리를 구했으나 문을 두드린 회사들마다 첫 번째 질문은 타이핑을 할 수 있느냐는 것이었다. 결국 수출입 서류 타이피스트로 취직하여 일 년쯤 지났을 때 보스턴의 유명한 회사Godfrey L. Cabot, Inc.의 인사담당 직원 채용 공고를 보게 된다. 여성을 비서 이외의 자리에 고용한 적이 없는 이 회사를 찾아간 오스트롬은 몇 달간 봉급을 받지 않고 일할 테니 한번 자신을 평가해보라는 당찬 제안을 한다. 결국 채용을 담당한 간부는 오스트롬을 고용하게 되고 이 일로 나중에 상관으로부터 질책을 당했다고 한다. 오스트롬의 자전적인 글에 따르면 그 동안 기독교계 백인 남성들만 채용하던 이 회사는 오스트롬이 인사부서에서 채용면접관 및 직원관계 매니저Employment Interviewer and Assistant Employee Relations Manager라는 직함을 달고 일하던 동안 여성, 흑인, 유태인을 채용하게 되었다고 한다. 여성 최초의 미국정치학회장이라든지, 노벨경제학상 수상자라는 영광을 언급하면 멋쩍어하는 오스트롬은 이 회사의 최초 여성 사무직원이었다는 점에는 상당한 자부심을 가지고 있는 듯하다.

7년간의 보스턴 생활을 청산하고 다시 L.A.로 돌아온 오스트롬은 모교 UCLA의 사무직원으로 취업을 하고 여가 시간을 이용해서 대학원 수업을 듣는다. 여기서 남편이며 반세기 동안의 학문적·인간적 동반자인 빈센트 오스트롬Vincent Ostrom 당시 UCLA 정치학과 교수를 만나 그의 학문적 영향을 받게 된다. 남부 캘리포니아 주의 지하수 문제를 다룬 600페이지가 넘는 박사논문을 제출하고 남편과 함께 인디애나 대학으로 오게 되었으나 역시 정치학과의 사무직원으로 일하게 된다. 우여곡절 끝에 정치학 개론 수업을 맡게 되고 정치학과의 조교수로 임용된다. 베트남전의 소용돌이 속에서 대학원 주임을 떠맡은 그는 몇 년을 경찰서에 가서 학생들을 데리고 오는 일을 하다가 드디어 그 직위에서 해방되어 자신의 연구를 시작할 수 있게 되었다. 이때 오스트롬은 이미 마흔이 가까운 나이였다. 노벨경제학상을 받은 많은 학자들이 이십대 후반에 결정적인 연구 업적을 제출한 것과 매우 대조된다.

남들이 가지 않은 곳에 길을 내는 오스트롬의 개척자적인 삶은 본격적인 학문의 길에 들어선 이후에도 계속되었다. 지방 공공 서비스 공급이라는 연구 주제(이 연구를 위해서 수없이 경찰차의 뒷좌석에 타고 함께 순찰을 다녔다고 한다), 그리고 개인의 합리성과 분석적인 방법론을 강조하는 공공선택이론적 입장으로 인하여 동료들로부터 사소한 주제를 다루고 보수적인 방법론을 사용한다는 비판을 듣게 된다. 다른 한편으로는 경험적 연구를 통해 게임이론적 접근의 장점을 살리면서도 그 한계를 극복하는 폭넓은 분석 틀을 발전시키고자 하는 그의 시도는 합리적 선택이론가들로부터 '어리석다'는 평가를 받기도 한다.

교수가 된 후 최초의 연구 주제인 치안 서비스 공급에 대한 연구에서 오스트롬은 정부의 규모가 서비스의 질에 어떠한 영향을 주는가, 그리고 메트로폴리탄 지역에서 정부의 숫자와 치안 서비스의 질에는 어떠한 관계가 있는가라는 질문들을 다루었다. 매우 경험주의적이며 발로 뛰는 방식으로 행해진 이 연구들에서 오스트롬은 단일한 광역정부를 통해 공공 서비스의 질을 개선할 수 있다는 지배적인 이론을 반박하게 된다. 이후 1980년대 초반 독일에서 보낸 안식년 기간에는 이전의 연구들을 바탕으로 게임이론적인 접근의 분석적인 장점을 살리면서도 경험적 연구와 결합될 수 있도록 그 폭을 확대하는 작업을 수행하였는데, 이를 통해 공유자원 연구에서 유용하게 활용되는 제도분석의 틀을 발전시키기 시작하였다(Kiser & Ostrom, 1982; Ostrom, 1986).

박사학위 이후 '물' 문제만 빼고는 무엇이든 공부하겠다고 한 공언을 깨고 다시 공유자원 문제에 대한 연구로 돌아온 것은 오스트롬이 직면했던 인생의 여러 기로와 마찬가지로 아주 우연적이었던 것으로 보인다. 80년대 초반 독일의 같은 대학에서 안식년을 보내던 폴 사바티에Paul Sabatier 교수가 조직학습에 대한 발표를 요청하자 오스트롬은 자신이 박사학위 논문에서 연구했던 수자원의 관리 문제를 바탕으로 발표를 하였고, 사바티에 교수로부터 과연 남부 캘리포니아의 수자원 관리제도가 십여 년이 지난 지금에도 그 때처럼 유지되고 있을까라는 질문을 받게 된다. 이 질문을 대충 넘기지 않고 진지하게 받아들여 수행하게 된 일련의 노력들이 『공유의 비극을 넘어』라는 역작으로 이어지는 과정, 그 과정에서 주어진 기회들을 어떻게 활용했고, 던져진 도전들에 대해 어떻게 대응했는지에 대해서는 역작을 쓰고자 하는 바람을 지닌 젊은 학자들이 주의 깊게 살펴볼 가치가 있다. 이에 대해서는 『공유의 비극을 넘어』의 서문과 자전적 글 『긴 다중심성의 여행A Long

Polycentric Journey』을 참고할 것을 권한다.

『공유의 비극을 넘어』가 출판되자마자 호평을 받고 바로 현대적 고전의 반열에 오르게 된 것은 그 책의 탄생 과정과 무관하지 않다. 특히 오스트롬에 앞서서 노벨경제학상을 받은 경제사학자 더글라스 노스Douglas North 교수, 그리고 합리적 선택을 이미 정치학의 주류로 정립시키는 데 큰 기여를 한 하버드 대학 정치학과의 제임스 알트James Alt, 케네스 셉슬Kenneth Shepsle 교수 등이 이 책의 탄생 과정에서 중요한 기회와 도전거리를 제공했다. 『공유의 비극을 넘어』의 성공 이후 오스트롬은 사회과학과 자연과학에 이르기까지 명성과 영예를 얻게 된다. 이 중에는 노르웨이 과학기술대학(2009), 캐나다 맥길McGill 대학(2008), 독일 훔볼트Humbolt 대학(2007), 스웨덴 웁살라Uppsala 대학(2007), 미시간 대학(2006), 스웨덴 루엘라Luela 대학(2005), 스위스 취리히Zürich 대학(1999)에서 받은 명예박사 학위, 정치학의 노벨상이라 불리는 요한 쉬테 상Johan Skytte Prize을 비롯한 수십 번의 주요 수상, 또한 미국과학원(National Academy of Sciences, 2001), 미국철학협회(National Philosophical Society, 2006) 등의 회원자격을 포함한다. 아마 오스트롬이 가장 소중하게 생각했던 회원의 자격은 남편과 함께 근 사십 년 동안 가꾸어온 정치이론·정치분석 워크샵Workshop in Political Theory and Policy Analysis이라는 학문 공동체의 회원 자격일 것이다. 『공유의 비극을 넘어』의 출판 직후 하버드 대학의 교수직 제안을 정중하게 거절하기로 한 것은 (특히 이 책의 탄생과 성공에 도움을 준 사람들로부터의 제안이었기 때문에 더 힘든 거절이었을 것이다) 바로 이 공동체에 대한 애정 때문이었다. 워크샵은 지금도 매년 세계 각처에서 오는 수많은 학자들에게 활기찬 학문의 기회를 제공하고 있다. 오스트롬 부부는 수

십 년간 봉급의 절반을 인디애나 대학을 통해 이 연구소에 기부하였으며, 강연료, 상금, 인세의 전액을 기여하였다.[6]

오스트롬은 2012년 6월 12일 췌장암으로 사망하였다.

2. 작품으로서의 『공유의 비극을 넘어』

『공유의 비극을 넘어』는 고갈의 위기를 겪고 있으며 사람들 간의 분쟁의 원인이 되기도 하는 공유자원 문제에 대한 제도적 해결의 지평을 넓힌 의미와 더불어, 국가와 시장의 해결책을 중심으로 한 전통적인 집합행동이론의 한계를 극복하고 자치의 가능성과 그 조건들을 제시하는 이론사적인 의의를 지닌다. 필자는 때로 이 책이 여러 모순적인 양면성을 띠고 있다고 느낀다. 이 책은 동네 할머니가 들려주는 이야기처럼 사람들이 사는 모습에 대한 많은 이야기를 담고 있으면서도, 그 큰 구성을 보면 사회과학 저작의 모범적인 형식을 띠고 있다. 이 책은 공유자원이론, 제도이론, 집합행동이론에 큰 영향을 주었지만 소박하다는 느낌을 줄 정도로 거대

6 미국정치학회 회장을 역임한 직후 인디애나 대학의 부총장이 오스트롬 교수의 연봉이 얼마인지를 알아보고는 깜짝 놀랐다고 한다. 학과별로 총액예산제가 적용되는 상황에서 오스트롬 교수는 "젊고 유능한 교수들을 학과로 많이 모셔올 수 있도록 하기 위해서" 명성에 비해 턱없이 낮은 연봉을 받고 있었는데 이를 대학 본부에서 반강제로 인상시켰다고 한다. 필자가 가족과 함께 오스트롬 교수의 집에 머물면서 안식학기를 보내던 2009년 여름 어느 날, 오스트롬 교수는 지하실의 무거운 짐을 옮기는 것을 도와달라는 부탁을 하였다. 수십 년 전 금과 은에 투자하는 것이 유망했을 때 사놓았던 금괴와 은괴들의 가격이 많이 올랐다는 것을 알고는 "지금이 적기인 것 같다"면서 그것들을 차 트렁크에 싣고 학교로 가져다가 학교 재단을 통해 연구소에 기금으로 기부하였다.

담론이 없고, 강한 주장도 적으며, 단지 조심스럽게 독자와 함께 의문을 풀어가며 배워가는 방식으로 서술되어 있다.

『공유의 비극을 넘어』는 홉스의 『리바이어던』이나 롤즈의 『정의론』과 같은 대작Magnum Opus은 아니다. 하지만 이 책은 그 내용으로부터 배우는 것 이상으로 사회과학적 글쓰기의 모범적 작품으로 감상하고 분석할 충분한 가치가 있다. 특히 대학원생들에게는 이 책을 한 번쯤은 작품으로서 감상하고 분석할 것을 권유한다. 좋은 사회과학 연구서 또는 연구 논문의 첫 번째 조건은 지적으로 자극적이며, 현실적으로 중요한 연구의 퍼즐이 있는가 하는 것이다. 연구의 주제를 제시하는 것만으로는 부족하다. 그 주제가 왜 중요한지, 그 주제를 연구하는 것이 지식의 발전에 어떻게 기여할 수 있는지가 분명해야 한다. 『공유의 비극을 넘어』는 두 단계에 걸쳐 퍼즐을 제시한다. 책의 주제를 소개하고 그 주제에 대한 기존의 이론을 비판적으로 검토하면서 책에서 이루고자 하는 바를 설명하는 제1장에서는 연구의 퍼즐을 '이론과 현실 간의 괴리'라는 관점에서 제시한다.[7] 즉, 공유자원의 문제와 관련하여 기존에 널리 받아들여진 죄수의 딜레마, 공유지의 비극, 집합행동의 논리[8]와 같은 세 가지 모형에 의하면 공유자원 사용자들은 집

7 이는 상충하는 이론들 간의 대립, 지배적인 이론 체계 내에서의 끊어진 연결고리 등과 함께 경험적 사회과학 연구의 퍼즐을 제시하는 전형적인 방법 중 하나이다.

8 집합행동의 논리(the logic of collective action)란 공동의 이익을 가진 사람들이라 할지라도 무임승차의 문제 때문에 그 이익을 실현하기 위한 공동의 행동을 조직하지 못하는 현상을 지칭한다(Olson, 1965). 죄수의 딜레마(prisoner's dilemma)는 집합행동의 문제를 단순하게 표현하는 게임이론의 한 모형이다. 하딘(Hardin, 1968)은 죄수의 딜레마와 동일한 논리를 공유자원 상황에 적용하여 공유지의 비극(the tragedy of the commons)이라는 비유

합행동의 문제를 스스로 해결하지 못하므로 국가 또는 시장이라고 하는 해결책이 외부로부터 주어져야 한다고 주장해왔지만, 현실의 사례들을 보면 사유화나 정부에 의한 통제에 의존하지 않고 자치적으로 공유자원을 관리하는 사용자 공동체들을 많이 관찰할 수 있다. 어떻게 공유자원의 자치적 관리가 가능한 것인가? 이러한 퍼즐은 이 책의 중심적인 개념 체계와 분석 틀, 연구의 계획을 제시하는 제2장에서 다시 한 번 가다듬어진다. 즉 제1장에서 이론과 현실의 괴리를 지적했던 것은 좋은 출발점이기는 하지만, 그 자체로서 대답하기에는 너무나 큰 문제인 것이다. 제2장에서는 그 큰 문제를 이론적 개념들에 입각한 세 가지의 작은 문제들로 나눈다. 좋은 제도가 있으면 집합행동의 문제가 극복될 수는 있겠지만 그러나 ① 제도를 공급하는 문제 자체가 상위 차원의 집합행동 문제를 야기하는 것이 아닌가? ② 공급 단계에서의 제도는 계약이며, 계약은 약속의 교환이다. 규칙 위반의 강력한 유혹이 상존하는 가운데 사람들은 어떻게 서로의 약속을 신뢰할 수 있는가? ③ 규칙의 준수 여부에 대한 효과적인 감시와 규칙의 위반에 대한 적절한 제재가 있다면 사람들은 다른 사람들도 규칙을 지키리라고 믿게 될 것이다. 하지만 이러한 감시와 제재의 문제를 외부의 권위에 의존하지 않고 어떻게 자치적으로 해결할 수 있는가? 위의 세 가지 퍼즐은 집합행동이론의 연장에서 제도를 하나의 집합재로 간주할 때 도출되는 제도 공급의 퍼즐들이다.

를 만들어냈다.

위와 같이 하나의 커다란 퍼즐을 이론적으로 도출되는 하위 퍼즐들로 세분화함으로써 여러 사례에 대한 묘사(제3장에서 제5장의 내용)가 느슨해지지 않고 초점을 가지게 된다. 물론 독자들도 이러한 퍼즐의 체계를 이해하면 사례들의 묘사를 훨씬 흥미진진하게 읽을 수 있다. 제2장에서는 그 이외에도 연구의 대상, 즉 공유자원과 관련된 개념들—공유자원, 자원 체계, 자원단위, 유량flow과 저량stock,[9] 사용appropriation의 문제와 제공provision의 문제—그리고 제도연구와 관련된 개념들—제도의 차원, 행위자들의 합리성에 대한 가정—을 정립한다.

제3장에서는 성공적인 공유자원 제도들을 묘사하고 그 공통점을 여덟 개의 제도 디자인 원리로 정리한다. 그러나 이 장에서 살펴보는 사례들은 그 제도적 기원을 정확하게 알기 어렵다는 한계가 있다. 제4장은 남부 캘리포니아 지하수 분지들의 사례들을 통해 제도의 기원에 대해 살펴본다. 여기까지는 물론 성공한 제도들만을 대상으로 한다는 한계를 지닌다. 제5장에서는 공유자원의 지속적인 자치관리에 실패한 사례들을 분석하면서 제3장에서 발견한 제도 디자인 원리의 부재가 이 실패 사례들의 원인인지를 검증한다. 제6장은 사례연구들을 종합하여 책의 앞부분에서 제시한 퍼즐들에 대한 대답을 제도와 집합행동에 대한 더 진전된 이론을 제시하는 형태로 정리한다. 제3장에서 제5장까지의 많은 사례들

9 "자원 체계는 유량(flow variable)을 생산하는 저량(stock variable)으로 이해하는 것이 바람직하다. 여기서 저량으로서의 자원 체계는 조건이 양호할 경우, 그 자원 체계 자체나 재고량의 훼손을 가하지 않고 최대 유량을 산출할 능력이 있다"(『공유의 비극을 넘어』, 71쪽).

은 읽기 지루할 수도 있다. 필리핀, 스리랑카, 중세 스위스 마을, 이슬람 지배하에 있던 스페인과 같은 세계 각지의 많은 지명들, 그리고 목초지, 관개 체계, 바나나 잎으로 댐을 만드는 과정에 대한 세세한 묘사들은 사실 이 책의 가장 흥미로운 부분이어야 한다. 물론 그렇게 되기 위해서는 독자들의 준비가 필요하며, 그것은 제1장과 제2장에서의 이론적인 준비이다. 참고로 오스트롬은 다양한 인류학과 역사학 등의 저작들에 의존하였는데, 원고를 완성한 후 각 사례와 관련하여 참고한 저술의 저자들에게 원고의 내용을 검증받았다고 한다.

3. 집합행동과 제도적 실천

오스트롬은 『공유의 비극을 넘어』에서 의도적으로 비교적 소규모의 공유자원 체계들을 연구의 대상으로 정하였는데, 이를 유기체를 연구하는 생물학자들의 연구 전략을 채택한 것으로 설명한다(61). 생물학자들이 비교적 단순한 유기체에 대한 연구로부터 출발하는 것은 그러한 유기체가 모든 유기체들을 대표하기 때문이 아니라 정확한 관찰을 통해 이후 더 복잡한 연구로 나아가는 기초를 마련하기 위해서이다. 이는 오스트롬이 소규모의 공유자원 체계를 연구하는 과정에서도 더 복잡한 대규모의 집합행동 문제를 다루기 위한 개념과 이론의 탐색을 염두에 두고 있다는 것을 의미한다. 『공유의 비극을 넘어』는 합리적 선택이론의 전통을 따르면서도 협의의 합리적 선택접근과 일정한 거리를 취한다. 이는 세밀한 경험적 연구를 위해서이기도 하고, 경험적인 연구의 결과이기도 하다. 이러한 지점이 가장 분명하게 드러나는 것은『공유의 비극을 넘어』가 전제하는 인간관이다. 오스트롬은 인간성의 본질과 합리성의 정의에 대한 끝없는 논쟁에 휘말리는 것을 피하면서도 일정한 인간관을 제시한다. 인간은 무엇보다 '실수를 범하지만 시행착오의 과정을 통해 학습을 할 수 있는' 존재이다. 또한 인간은 행동과 결과의 비용과 편익을 염두에 두기는 하지만 자기이익의 노예는 아니며 규범을 내재화할 수 있는 능력을 지닌 것으로 상정된다. 이러한 인간관은 비록 소규모의 공유자원 상황이라고 해도 상당한 정도의 불확실성을 수반하며 여러 사람이 공동체 속에서 상호의존적으로 존재한다는 사실에 근거한다. 이처럼 광의의 합리성, 시행착오적 학습, 규범의 내재화 가능성과 같은 행위자에 대한 최소한의 가정에만 의존하며, 집합행동의 문제가 해결되는 방식은 인간 자체에 대한 추상적 차원의 탐구가 아니라 사람들이 처한 구체적인 상황의 변수들과 그 상황 속의 문제들을 집단적으로 해결해나가는 방식에 대한 탐구를 통해 답하고자 한다. 지금부터는『공유의 비극을 넘어』의 특정한 부분 또는 목차에 발견되지는 않을 수 있으나 이 책의 전체적인 메시지에 해당한다고 필자가 생각하는 바를 몇 가지 주제를 중심으로 소개하도록 하겠다.

집합행동과 제도

집합행동의 문제는 어떻게 해결될 수 있는가?『공유의 비극을 넘어』에서 이 질문은 집단행동의 문제를 성공적으로 극복한 공동체들에서 공통적으로 나타나는 제도적 특징들은 무엇인가로 제기된다. 오스트롬은 그 특징들을 여덟 가지의 제도 디자인 원리Design Principle로 정리하고 있다.[10] 디자인 원리라는 표현은 이후 여러 오해의 소지가 되기도 하였다. 즉, 제도를 이러이러한 원리에 따라서 만들면 문제가 잘 해결될 것이라는 식으로 이해되기도 한 것이다. 노벨상 수상 연설에서 오스트롬은 디자인 원리라는 표현을 쓴 것에 다소 후회하는 모습을 보인다. 오히려 견고한 제도의 규칙들과 구조들을 묘사하기 위해 "최선의 실행 양식들best practices"이라는 표현을 사용했더라면 더 좋지 않았을까 하는 감상을 표현하고 있다. 그렇다면 성공적인 제도하에서 사람들은 어떻게 집합행동의 문제를 해결하는가? 여기서 핵심적인 개념은 '조건부 협동의 전략', '공유된 믿음', '저비용의 감시체제', 그리고 '점증적인 제재 조치' 등이다.

집합행동의 문제를 해결하기 위해서는 무엇보다 먼저 집합행동의 범위가 분명해야 한다. 누가 관련 당사자인가가 분명해야 한다는 말이며, 공유자원의 물리적 경계 역시 분명해야 한다는 것이다. 더 복잡한 집합행동의 상황들을 염두에 두고 다른 식으로 표현하자면 이는 상호의존성의 배경이 되는 물리적 환경의 경계가 관련 당사자들에게 충분히 인식되어 있고, 그러한 범위 내부의 행위자들, 즉 상호의존적 상황에 의해 영향을 받는 사람들이 당사

---

10 공유자원의 성공적인 공동사용을 위한 여덟 가지의 제도 디자인 원리는 다음과 같다. 1) 명확하게 정의된 경계, 2) 사용 및 제공 규칙의 현지 조건과의 부합성, 3) 사용자의 집합적 선택 과정에의 참여, 4) 감시 활동, 5) 점증적 제재 조치, 6) 갈등 해결 장치, 7) 최소한의 자치권 보장, 그리고 (공유자원 체계가 대규모인 경우) 8) 중층의 정합적 사업 단위.

자로서 인정받고 내부의 행위자로 정립되어야 한다는 것이다. 그리고 행동 상황의 바깥에 있는 사람들이 자의적으로 그 행동의 장에 드나들며 집합행동의 조직화를 교란해서는 안 된다는 것을 의미하기도 한다. 둘째, 집합행동의 성공적 조직화를 위해서는 경계 안의 사람들이 규칙의 제정과 관련하여 어느 정도 자율성을 지니고 있어야 한다. 셋째, 그렇게 제정된 규칙들이 집합행동을 둘러싼 물리적 조건과 공동체적 조건들의 특성에 부합하여야 한다. 넷째, 집합행동 문제의 해결은 한 번의 규칙제정으로 완료되는 것이 아니다. 미리 예측하지 못했던 상황들이 생겨날 수밖에 없으며 그에 따른 갈등도 필연적으로 생겨난다. 이에 대비하여 당사자들이 의존할 수 있는, 저비용의 신뢰할 수 있는 갈등 해결의 장치가 마련되어 있어야 한다. 그러한 갈등 해결의 장치는 공동체 내적일 수도 있고, 때로는 더 큰 범위의 정치조직에서 마련해놓은 것을 활용할 수도 있다.

여덟 가지의 제도 디자인 원리들은 공유자원의 문제뿐 아니라 다른 형태의 집합행동의 맥락에서도 충분히 적용 가능성이 있는 것이지만, 특히 감시 활동과 그에 입각한 점증적인 제재 조치라고 하는 두 원리는 제도를 통해 집합행동의 문제를 극복함에 있어서 결정적인 중요성을 지닌다고 볼 수 있다. 여기서 저비용의 감시활동과 점증적인 제재조치가 어떻게 조건부 협동의 전략을 가능하게 하는지를 좀 더 자세히 살펴보기로 하자. 행위자들이 집합행동에 참여하기 위해서는 협동을 통해 얻을 수 있는 이득이 협동의 부재 상태에 비해서 상당히 크다는 인식이 공유되어야 한다. 즉 모두가 극단적인 자기이익 추구를 자제하고 협동의 규칙을 따르는 경우, 그러한 규칙의 체계를 따르지 않고 자유롭게 행동하는 경우에 비해 이익이 된다는 것을 함께 인식하고 있어야 한다는 것이다. 물론 이는 필요조건이기는 하지만 충분조건은 아니다. 왜냐하면 여전히 배반의 전략을 사용할 가능성, 무임승차를 할 가능성, 공유자원을 약속한 양보다 많이 획득할 유혹이 존재하기 때문이다. 이로부터 협동이 모두를 위해 이로움에도 불구하고 협동이 이루어지지 않는 사회적 딜레마가 발생하게 된다.

오스트롬은 사람들이 배반의 전략을 선택하는 것은 대부분의 경우 협동의 의사가 없어서라기보다는 다른 사람들이 협동을 할 것이라는 확신이 없기 때문이라고 본다. 조건부 협동의 전략을 채택하고자 하는 의사가 있다고 하더라도 다른 사람들의 배반으로 인하여 자신만이 순진한 바보가 되는 경우를 우려하여 협동하지 않는 경우가 많다는 것이다. 그렇다면 앞서 말한 바와 같이 협동이 유지되기 위해서는 일방적으로 배반을 하는 것이, 즉 협동을 위해 마련된 규칙을 위반하는 것이 큰 이득이 되지 않는다는 인식이 공유되어야 한다. 공유된 인식이라는 것은 대부분의 당사자가 규칙의 내용과 의미, 필요성을 알고, 대부분이 그렇게 생각한다는 것을 또 대부분의 사람이 안다는 것이다. 저비용의 감시체계와 효과적인 제재sanctioning 조치는 개인의 편익과 비용의 계산에 영향을 주지만, 더욱 중요하게는 타인들의 행동에 대한 기대에 영향을 주어 조건부 협동의 전략을 사용하는 것이 손해를 보는 길이 아니라는 믿음을 가지게 한다.

감시와 제재가 효과적으로 작동한다고 하는 것은 다소 모순적인 표현이기도 하다. 감시와 제재가 효과적으로 작동하는 곳에서는 감시와 제재의 대상이 되는 규칙 위반의 사례들이 적을 것이기 때문이다. 가뭄이 드는 것과 같이 자연적 조건이 가혹하게 변하거나, 또는 인간의 실수, 순간적인 유혹에의 굴복 등으로 인하여 성공적인 협동의 체제 내에서도 때때로 발생하는 규칙 위반의 사례들이 어떻게 처리되는가는 조건부적 협동을 위한 공유된 믿음의 유지에 영향을 미친다. 규칙 위반자가 발각되지 않으면 위반자는 단지 단기적인 이득을 볼 뿐만 아니라 체계 전체의 감시기능이 약화되었음을 깨닫게 된다. 타인들이 위반의 사례를 아예 모르고 지나쳐버리는 경우도 있겠지만, 만약 마을 숲에서 목재가 없어졌는데 누가 규칙을 위반하였는지를 알 수 없다면, 또 이러한 사례들의 빈도가 증가한다면, 사람들은 조건부 협동이라고 하는 현재의 행동지침이 자신을 순진한 바보로 만들고 있는 것이 아닌가 하는 불안한 마음을 가지게 된다. 반대로 위반의 사례가 알려지고 위반자가 적절한 제재를 받게 되면 이 역시 사람들의 편익과 비용에 대한 계산에만 영향을 미치는 것이 아니라 협동의 체계 전체가 어떠한 방식으로 운영되고 있는지에 대한 인식에 영향을 주게 된다. 즉 규칙을 위반하면 발각되고 적절한 제재가 그에 대해 가해질 것이며, 모두가 이것을 목도하였으므로 나 자신뿐 아니라 다른 사람들도 마찬가지의 생각을 할 것이며 따라서 협동의 전략을 계속 유지해나갈 것이라는 믿음을 가지고 조건부 협동의 전략을 유지하게 되는 것이다. 규칙 위반이 적발되었을 경우 여러 사람이 이를 알게 한다든지 또 규칙의 위반에 대한 제재를 아무리 낮은 수준의 제재라 하더라도 공개적인 방식으로 수행하는 것은 이러한 공유된 믿음을 유지하기 위한 기제이다. 규칙의 위반에 대한 제재가 가지는 의미가 개인의 편익-비용 계산에 영향을 미치는 것 이상으로 공동체 전체의 공유된 신념을 유지하는 데 있다는 점, 또한 상황의 불확실성과 인간적 실수의 가능성 등을 고려하면 왜 규칙의 위반에 대해 가해지는 제재가 점증적이고 첫 번째의 규칙 위반에 대해서는 종종 아주 낮은 수준으로 행해지는가를 이해할 수 있게 된다.

집합행동의 자치적인 해결 가능성에 대해 회의적인 이론가들 역시 감시와 제재 활동의 중요성을 알고 있었다. 다만 이러한 감시와 제재가 상위 수준의 집합행동 문제를 야기한다고 보고, 이의 해결을 위해서는 위계적인 기업이나 국가와 같은 조직이 필요하다고 주장한다. 기업이나 국가와 같은 조직의 소유자 또는 권력자는 조직화를 통해 창출되는 협동의 잉여분에 대한 권한이 있고, 따라서 감시와 제재 활동을 효과적으로 수행할 인센티브를 가진다는 것이다. 그러나 오스트롬이 묘사하고 있는 성공적 사례들에서는 공유자원의 당사자들이 저비용의 감시체제를 마련하고, 또 감시와 제재가 단지 집합적 재화를 제공할 뿐 아니라 감시자, 제재자의 이익과도 일치하게 만드는 것이 가능함을 보여준다. 예를 들어, 고기잡이의 지점을 순번제로 운영하여 자신이 좋은 장소에서 고기를 잡을 순서가 되었을 때 어김없이 아침 일찍 그 자리에 나가서 순서를 위반한 사람은 자연스럽게 발각이 되게 하는 경우, 수로로부터 순차적으로 물을 댈 때 정해진 시간보다 먼저 수문을 열거나 정해진 시간보다 더 오래 수문을 열어놓는 행위들이 수로의 위와 아래 농부들에 의해 감시되는 경우 등이다.

오스트롬이 말하는 자치란 도덕적 인간들이 이루어내는 유토피아적인 삶의 모습과는 거리가 있다. 협동이 제도를 통해 자치적으로 이루어지는 경우에도 규칙의 확립, 규칙의 준수에 대한 감시, 위반에 대한 처벌은 필수적인 것이다. 이런 의미에서 오스트롬은 제도적인 현실주의자라고 할 수 있다. 그러나 오스트롬은 감시와 제재의 의미를 합리적이고 이기적인 개인의 편익 계산의 관점에서만 보려고 하는 경제학적인 접근과는 상당히 다른 이야기를 들려주고 있다. 즉, 오스트롬에게 있어서 감시와 제재의 중요성은 그러한 활동들이 규범을 학습할 수 있고 협동을 할 의사가 있는 사람들로 하여금 조건부의 협동 전략을 사용할 수 있게 해준다는 데 있는 것이다.

제도란 무엇인가?

합리적 선택이론 내에서 제도를 둘러싼 논쟁 중 하나는 '제도란 무엇인가'라고 하는 문제이다. 이 문제에 대한 견해들은 제도를 균형equilibrium으로 보는 입장과 행동을 제약하는 규칙rules의 체계로 보는 입장으로 크게 나눌 수 있다. 균형으로서의 제도를 강조하는 학자들은 제도란 행동의 규칙성에 불과한 것이며, 행동이 규칙적인 것은 그렇게 행동하는 것이 합리적인 개인의 자기 이익과 일치하기 때문이라고 주장한다. 오스트롬은 이러한 입장을 명시적으로 비판하지는 않는다. 그러나 이미 『공유의 비극을 넘어』에서도 오스트롬이 제도를 균형 이상의 그 무엇으로 보고 있음을 알 수 있다. 굳이 이름을 붙이자면 균형으로서의 제도를 주장하는 사람들은 제도를 개인의 전략과 그 모음으로서의 게임이론적인 균형으로 보는 제도의 환원론이라 할 수 있고, 이에 반해 오스트롬의 입장은 제도를 객관적으로 존재하는 행동에 대한 제약으로 보는 관점, 즉 제도의 실재론이라고 볼 수 있다. 오스트롬은 제도를 사용되는 규칙들rules-in-use의 체계라고 본다. 사용되는 규칙들이란 적혀 있는 규칙들rules-in-form과 대조되는 것이다. 법률 체계와 같이 정합적으로 구성된 규칙들이 어디엔가 적혀 있고 공식적인 절차를 거쳐 공표되었다고 해서 제도가 되는 것은 아니라는 것이다. 사용되는 규칙이란 행동의 지침이 되는 규칙들이며 행동으로 구현되는 규칙들이다. 그럼에도 불구하고 제도가 행동 그 자체와는 다르며 행동에 대한 외적인 제약이라는 것은 어떤 의미인가? 이 문제에 답하기 이전에 먼저 제도의 구성 요소인 규칙이란 무엇인가라는 문제를 생각해볼 필요가 있다.

오스트롬은 제도의 구성 요소로서의 규칙을 규범 및 행동과 구분하여 정의한다. 규칙과 규범은 모두 어떠한 행동 또는 어떠한 결과에 대해서 요구require하거나 금지prohibit하거나, 허용permit하는 언명linguistic statement의 형태를 띤다(Crawford & Ostrom, 1995; Ostrom, 2005). 그런데 규칙은 그러한 언명이 지켜지지 않았을 때 뒤따르는 결과, 즉 처벌의 요소를 포함한다는 면에서 규범과 다르다. 규범의 위반은, 특히 규범이 내재화되어있을 경우 위반자의 심리적인 고통으로 귀결된다. 규칙의 위반은 그것이 발각되었을 경우 다른 사람들에 의한 제재를 수반하게 된다. 제도가 단지 행동의 균형 상태 이상인 것은 제도를 구성하는 규칙들이 공유된 인식으로 존재하기 때문이다. 공유된 인식의 대상으로서의 제도는 개인의 밖에 존재하며 구체적인 상황에서 어떻게 행동할 것인가를 결정하는 기준의 역할을 한다.

제도를 게임이론적 균형으로 보는 사람들은 제도의 자기 지속성self-enforcement을 과신하는 경향이 있다. 이는 물론 균형이라는 개념 그 자체가 가지는 속성이다. 그러나 현실의 행동 상황에서는 환경의 불확실성과 인간의 제한적 합리성으로 인하여 규칙의 위반이 발생하기 마련이다. 제도는 일단 만들어지면 개인의 합리적 계산에 의해서 균형을 유지하며 지속되는 것이 아니라, 끊임없는 긴장 속에서 재확인되고 재정립된다. 이러한 과정은 행위자들이 제도를 구성하는 규칙들을 재해석하고, 새로운 상황에 적용하고, 그렇게 하기 위해 서로 협의하고 논쟁하는 과정을 포함한다. 즉, 제도는 의식적인conscious 과정인 것이다. 오스트롬은 제도를 만들고 유지하는 것을 장인정신artisanship의 발현으로 본다. 장인정신에 입각한 제도적 실천의 문제에 대해서는 다음의 소절에서 좀 더 논하도록 하겠다.

제도를 이해하는 데 있어서 중요한 또 하나의 측면은 제도의 층위level이다. 공유자원의 상황을 예로 들어, 자원을 누가 언제 어떠한 방식으로 사용할 것인가, 감시는 누가 어떻게 하고 위반에 대한 제재는 어떠한 방식으로 부과할 것인가 등을 정하는 규칙은 실행 수준operational level의 규칙들이다. 이러한 실행 수준의 규칙은 어떻게 만들어지고 수정되는가? 어촌계원들의 총회에서 해당 연도의 어획량을 정할 것인가? 아니면 이 문제는 어촌계장과 운영위원회가 정하는 것인가? 이처럼 실행 수준의 규칙의 제정과 관련되는 규칙들을 집합선택의 규칙이라고 한다. 그러면 집합선택의 규칙 제정 권한은 누구에게 있으며 이들은 어떠한 방식으로 결정을 내릴 것인가? 헌법선택 수준의 규칙은 집합선택 규칙들을 정하는 데 사용된다. 물론 논리적으로 보면 규칙의 층위의 문제는 무한대로 계속될 수밖에 없다. 오스트롬은 일단 규칙의 층위를 실행 수준, 집합선택 수준, 그리고 헌법선택 수준의 세 가지로 나누지만 그렇다고 해서 이 세 수준이 자체 완결적이라는 것은 아니다.

제도의 여러 수준을 주목해야 하는 이유는 집합행동 상황 속의 행위자들이 문제를 해결하기 위한 실천은 여러 수준에서 이루어지기 때문이다. 행위자들의 실천뿐 아니라 선택에 대한 제약으로서의 제도 역시 다양한 수준으로 존재한다. 예를 들어 공유재의 사용 및 제공과 관련된 규칙을 공유자원 사용자들이 가지고 있을 수도 있고,[11] 정부와 같은 외부의 권위체가 가지고 있을 수도 있다. 이 두 경우에 있어서 집합행동의 양상은 매우 다른 형태로 나타날 것이다. 특정한 실행규칙이 문제라고 느끼는 공유자원의 사용자들은 만약 그들이 실행규칙의 제정 권한을 가지고 있다면, 즉 집합선택 규칙이 실행규칙의 변경 권한을 집합행동 상황의 당사자들이 가지는 것으로 정하고 있다면, 그 권한을 활용하여 실행규칙의 변경을 시도할 수 있다. 그러나 실행규칙의 변경 권한이 외부의 권위체에 있다면 당사자들은 문제가 되는 실행규칙을 무시하거나, 외부의 권위체에 대해 청원을 하거나, 또는 집합선택 규칙을 바꾸기 위한 노력을 하게 될 것이다. 제도의 다차원이 어떻게 결합되어 있는가를 파악하는 것은 집합행동의 가능성과 제약을 이해하는 데 매우 중요하다.

---

11 우리나라에서는 최근 자율관리어업제도의 도입으로 인하여 어업과 관련한 규칙의 제정 권한이 공동체 단위로 상당 부분 이전되었다.

국가–시장 이분법에 대한 비판과 제도적 실천

『공유의 비극을 넘어』의 메시지는 흔히 사회 문제의 해결을 위해 시장과 국가 또는 정부에 의한 통제와 사유화라는 두 개의 대안만이 고려되는 상황에서 자치self-governance라고 하는 제3의 대안을 제시한 것으로 이해된다. 따라서 제3의 섹터third sector로서의 시민사회 활성화를 주창하는 사상적·정책적 흐름 속에 위치하고 있는 것으로 여겨지기도 한다. 더 나아가 국가 또는 시장이라는 대안들보다 자치제도가 문제해결에 더 우월하다는 주장을 담고 있는 것으로 해석되기도 한다. 『공유의 비극을 넘어』에 대한 이러한 해석은 국가와 시장을 넘어선 제도적 가능성을 탐색하게 하는 의미는 있겠으나 오스트롬의 메시지에 대한 정확한 해석은 아니며 심지어 왜곡으로 이어질 가능성도 있다.[12] 노벨상 수상 연설의 제목을 '시장과 국가를 넘어Beyond Markets and States'로 정한 것에서도 알 수 있듯이 오스트롬은 국가-시장이라는 이분법적 접근에 대해 매우 비판적

---

12 번역본의 제목과 관련한 하나의 에피소드를 소개하겠다. 출판사에서 원래 제시한 제목은 "지속 가능한 미래를 위한 공유자원의 자치제도"이다. 역자들은 약간의 우려를 가지고 이 제목이 받아들일 만한지 오스트롬 교수에게 물어보았다. 이에 대해 오스트롬 교수는 다음과 같은 답변을 이메일로 보내왔다. "Would the publisher be willing to use only the first part of the proposed title: Beyond the Tragedy of the Commons. I would feel comfortable with that. I am uncomfortable with the second part as it could be interpreted that "self governing institutions" are always sustainable and I am frequently criticized as having put forth another panacea and I do not want a title that can be interpreted as such." 즉, '공유의 비극을 넘어'라는 표현은 좋으나 부제는 '자치제도'를 하나의 만병통치약인 것인 양 오해하는 것, 또 그러한 주장을 오스트롬 교수가 하는 것으로 보는 오해를 살 수 있다는 것이다. 대부분의 경우 상대방을 충분히 배려하고 '맞추어 주는(accommodating)' 오스트롬 교수가 이렇게 분명한 반대의 입장을 보이는 경우는 드물었다.

이다. 그러나 앞에서 말했듯이 제3의 대안을 추가하거나 그 대안의 우월성을 주장하는 것은 오스트롬의 의도가 아니다. 그렇다면 국가와 시장이라는 이분법에 대한 오스트롬의 대안은 무엇인가? 먼저 국가-시장 이분법에 대한 비판을 오스트롬의 목소리로 직접 들어보자.

> "제도가 '시장'과 '국가'의 도식적인 이분법에서처럼 완전히 사적이거나 완전히 공적인 경우는 거의 없다. 많은 성공적인 공유자원 제도는 사적인 것처럼 보이는 제도들과 공적인 것처럼 보이는 제도들의 풍부한 혼합물이기 때문에 경직된 이분법의 틀에 들어맞지 않는다. (…) 사적 제도의 전형이라 할 수 있는 시장은 그 자체가 공공재다. (…) 실제 상황 속에서 공적인 제도와 사적이 제도는 별도의 세계에 있다기보다는 서로 얽혀서 상호 의존적으로 존재한다(43-44)."

즉, 오스트롬은 국가 또는 시장이라고 하는 제도를 비판하는 것이 아니라 다양한 제도들을 국가와 시장이라고 하는 정해진 개념의 틀에 끼워 맞추려 하는 이론과 정책을 비판하는 것이다. 따라서 이분법에 대한 비판은 삼분법과 사분법이 아니라 인간의 사회적 상호작용에 질서를 부여하는 규칙 체계의 다양성을 볼 수 있는 제도 연구의 방법과 분석 틀이다. 단순한 이분법적인 사고를 넘어서 복잡하고complex 다중심적인polycentric 현실의 제도들을 경험적으로 연구하며, 이를 통해 인간의 문제해결 능력을 촉진하는 것이 제도분석과 공공 정책의 목표가 되어야 한다는 것이다. '제도분석과 발전

(IAD: Institutional Analysis and Development)' 분석 틀은 이러한 문제의식을 좀 더 구체화한 것이라고 볼 수 있다. 즉, 대안은 이론이나 개념이 아니라 일반적인 분석 틀의 형태로 제시되는 것이다. IAD 분석 틀은 국가, 시장을 포함한 어떠한 형태의 제도를 이해하는 데도 보편적으로 적용될 수 있는 제도의 내생적, 외생적 변수들과 그 변수들 간의 관계에 대한 지도이다.[13] 이 분석 틀은 메타이론적인 개념의 체계를 제시하며 분석의 대상이 되는 상황의 특징에 따라서 다양한 형태의 이론과 결합될 수 있다.

다시 현실의 제도에 관한 문제로 돌아와서 앞서 말한 '장인정신'의 문제, 그리고 이 글의 머리에서 제기한 '어디에서 출발할 것인가'의 문제들을 다루어보자. 앞에서 제도를 '공급'하는 것이 항상 극복할 수 없는 상위 수준의 집합행동 문제를 야기하는 것이 아님을 말했었다. 제도를 만드는 초기의 비용이 극복 불가능할 정도로 크지 않을 수도 있다. 문제해결의 방법을 모색하기 위해 둘러앉는 것은 엄청난 희생을 요구하는 행동은 아니다. 때로는 당사자들 중 일부가 문제해결에 훨씬 더 적극적으로 나서고자 하는 인센티브를 가지고 있을 수도 있다. 또는 공공기업가의 입장에서 문제의 해결을 위해 헌신하는 것이 자신의 미래에 대한 계획과 일치할 수도 있다.

어떤 경우에든 결국 제도의 출발점에는 필요성을 인식하고 가능성을 분석하며 제약을 극복하는 개인들의 결단과 실천이

13 IAD 분석 틀에 대해서는 오스트롬·가드너·워커(Ostrom, Gardner & Walker, 1995), 그리고 오스트롬(Ostrom, 2005)을 참고할 수 있다.

있다. 제도가 만들어지고 유지되는 것은 매우 큰 틀에서 보면 자연발생적이고spontaneous 진화적인 과정으로 볼 수도 있겠으나 미시적으로 보면 장인정신artisanship의 발현 과정이기도 하다. 모든 진화적 과정이 미리 결정된 과정이 아니듯이, 제도의 과정도 성공과 실패가 완전히 결정되어 있지는 않은 영역이며, 그 최종적인 실현은 인간의 노력에 의해서 이루어진다. 오스트롬은 제도를 만들고 유지하는 사람들의 노력을 장인이 작품을 만드는 것으로 종종 비유하는데, 오스트롬의 연구소 이름인 워크샵Workshop도 장인들이 일하는 장소를 일컫는 것이다.

『공유의 비극을 넘어』를 읽는 한 방법은 이러한 제도적 장인정신이 개인, 개인들, 그리고 조직에 의해 발휘되는 과정에 주목하는 것이다. 터키 알라니아 어장의 사례에는 다음과 같은 부분이 있다. "1970년대 초반, 지역 조합원들은 현지 어민들에게 조업 구역을 배정하는 새로운 운영체제를 실험하기 시작했다. 10년이 넘는 시행착오 끝에 알라니아 어민들은 다음과 같은 규칙을 이용할 수 있었다(50)." 여기서 핵심어는 '실험', 10년이 넘는 '시행착오', 그리고 '규칙' 등이다. 오랜 기간 자원의 고갈, 공동체 내부의 갈등에 시달려온 사람들은 어떠한 선택을 할 것인가? 실험과 시행착오를 통해 공동체의 구성원들이 받아들일 수 있고 지속 가능성이 있는 규칙의 체계, 즉 제도를 만들어내는 것은 하나의 대응 방법이지만 필연적인 것도 아니고 쉬운 일도 아니다. 이러한 그리고 이와 유사한 많은 사례들은 집단적인 제도의 장인정신의 발휘라는 관점에서 읽을 수 있다. 물론 여기서 '집단적인' 장인정신이라고 하는 것은 그 자체로서 옳은 말이기는 하지만 제도의 형성 과정에서 각 개인의 기여를 우리가 알지 못하기 때문에 사용하는 말이기도 하다.

제도의 갈림길에서 한 사람 또는 조직의 결단이 어떻게 역사의 방향을 바꾸고 수많은 사람들의 삶에 영향을 미칠 수 있는가를 잘 보여주는 한 사례는『공유의 비극을 넘어』에서 극적인 반전이 일어난 것으로 소개되는 스리랑카의 어느 관개 프로젝트이다. 스리랑카에서는 대규모 관개 사업으로 농토를 확장하고 여기에 농민들을 이주시키는 사업이 오랫동안 지속되었는데, 대부분의 경우 관개사업에 대한 기술관료주의적 접근, 이주농민들의 공동체 의식 부족 등으로 인하여 기대만큼의 효과를 이루지 못하였고 물의 사용과 관련한 갈등과 부패가 지속되었다. 예외적인 하나의 사례는 갈오야 관개 프로젝트의 좌측 제방 지구에서 생겨났다. 이 사례가 제도적 장인정신의 관점에서 중요한 것은 이와 모든 면에서 유사한 많은 실패의 사례들이 있기 때문이다.『공유의 비극을 넘어』에 따르면 관개 기술자들이 제시한 "본래의 사업 계획은 농부들의 재편성[14]과 법집행 강화를 요구했다"(302). 변경된 최종사업계획에서 농민들의 조직화에 필요한 재원과 책임을 부여받은 스리랑카 농업연구훈련원은 코넬 대학교 농촌개발위원회의 자문을 받았다. "농업연구훈련원-코넬 대학 팀은 서안 지구의 1만 9,000여 농부들을 4년 안에 조직화할 단일 '농민 조직' 모델을 개발하고 검증한다는 이 사업 계획을 숙고 끝에 거부하였다"(302-303). 앞의 문장에서 핵심어는 '숙고'와 '거부'이다. 어떠한 선택을

14 '재편성'은 'regimentation'의 번역인데 regimentation은 군대의 조직과 규율에 관련된 단어이다.

할 것인가에 대해 깊이 생각하였고, 자신들의 적극적인 개입이 없었다면 사태가 전개되었을 방향을 바꾸기 위해 '거부'라는 선택을 한 것이다. 농업연구훈련원-코넬 대학 팀은 대안으로서 '제도조직자'를 투입하여 밑으로부터의 조직화를 실행하였다. 그 이후 상황의 전개는『공유의 비극을 넘어』제5장에 비교적 자세히 서술되어 있다(302-310).

특히 남부 캘리포니아의 여러 지하수 분지들의 사례를 다루는 책의 제4장에는 제도의 형성 과정에서 개인들과 정부 기관들을 포함하는 여러 조직이 어떠한 장인정신을 발휘하였는지가 자세히 기록되어 있다. 서부 지하수 분지의 사례에서(215-228) 소개하는 협회는 "지하수 생산자들과 지방 단위, 지역 단위, 주 단위의 공공 기관에 의해 취해진 모든 주요한 조처들을 토론할 지속적인 공개 포럼을 제공"(217)하였다고 묘사되는데, 이는 다르게 읽으면 관련 당사자들이 '지속적인 공개 포럼'을 만들었다는 것이다. 제도에 대한 진화적 관점은 거시적인 맥락에서 틀린 것은 아니지만 이와 같은 개인과 집단의 장인정신의 발휘 없이 제도가 '자연발생적'으로 생겨나지는 않는다는 것을 간과하기 쉽다. 장인들이 만들어내는 제도가 손에 잡히지 않는다고 해서 실체가 없는 것은 아니다. 제도는 만들어지는 것이기 때문에 단순한 게임의 균형 이상의 것이다. 이런 의미에서 오스트롬의 제도이론은 제도적 현실주의이며 제도적 실재론이다.

4. 대규모의 집합행동

오스트롬이 스스로 밝히고 있듯이 『공유의 비극을 넘어』의 주요 관심사는 장기 존속하는 공유자원 체계의 제도적 특징이다. 특히 의도적으로 소규모의 공유자원 체계들을 연구의 대상으로 설정함으로써 단순한 유기체로부터 출발하는 생물학자의 연구 전략을 채택하였다. 이 책의 출판 이후에도 오스트롬은 공유자원의 지속 가능성에 대한 연구를 계속하였는데, 최근에는 사회-생태 체계 Social-Ecological Systems라고 하는 보다 포괄적인 분석 틀을 발전시켜왔으며 최근에는 기후변화와 같이 전 지구적 차원의 집합행동 문제에도 도전하였다. 사회-생태 체계는 자원과 환경 문제를 둘러싼 견고성robustness[15]과 지속 가능성sustainability 문제를 다루기 위한 통합적인 분석 틀framework이다. 이러한 분석 틀은 『공유의 비극을 넘어』에서 충분히 다루지 못한 생태적인 다이내믹스를 제도적 문제와 접목시킨다는 의미를 지닌다. 또한 사회과학과 생태학에서 자원과 환경 문제를 상호교류 없이 독립적으로 연구해온 한계를 극복하고 각 분야에서의 성과를 종합하여 지식의 축적이 이루어지게 한다는 목표를 지닌다.

오스트롬은 사회-생태 체계를 자원 체계, 자원 단위, 사용자, 그리고 거버넌스 체계와 같은 하위 체계들로 구성되어 있는 다

---

15 견고성은 공학에 기원을 둔 개념으로서 제도의 속성을 묘사하는 데 흔히 사용된다. 견고한 제도란 외부적인 충격 등의 예상하지 못한 교란 요인이 발생했을 때도 그 기능의 손실이 적고 붕괴의 확률이 낮은 제도를 말한다. 흔히 견고성을 위해서는 일상적인 시기의 효율성이 어느 정도 희생되어야 하는 것으로 이해된다.

수준의 중첩적인 체계로 정의한다.[16] 사회-생태 체계의 네 가지 하위 체계는 전체 체계의 견고성과 지속 가능성에 영향을 주는 다양한 변수들을 분류하는 개념도의 역할을 한다. 예를 들어 자원 체계는 자원의 종류, 자원 경계의 명료성, 자원 체계의 규모, 체계의 생산성, 체계 다이내믹스의 예측 가능성 등의 변수를 포함하며, 자원 단위는 자원 단위의 이동성mobility, 성장과 복원의 속도, 경제적 가치, 시공간적인 분포 등을 포함한다. 또 거버넌스 체계와 관련된 변수들로는 정부조직, 비정부조직, 사회연결망 구조, 소유권 체계, 실행규칙, 집합선택규칙, 헌법선택규칙, 감시와 제재의 과정 등이 있고, 사용자와 관련된 변수들로는 사용자들의 숫자, 사회경제적인 속성, 자원사용의 역사, 리더십, 규범과 사회적 자본, 사회-생태 체계에 대한 지식, 기술 등이 있다.

이와 같은 수많은 변수를 분석 틀에 포함시킨 것은 단순명료한 이론을 선호하는 학자들의 비판의 대상이 되기도 하였다. 이러한 비판에 대하여 오스트롬은 노벨상 연설에서 복잡성complexity은 혼돈chaos과 다르며, 복잡한 것을 인위적으로 단순화하는 것은 문제 해결에 도움이 되지 않음을 역설한 바 있다. 이 변수들은 오랜 기간의 경험적 연구를 통해 그 중요성이 확인된 것들이다. 또한 개별적인 연구 대상에 대해서 모든 변수들이 확인되어야 하는 것은 아니다. 대상에 따라서 해당 사항이 없거나 그 중요성이 미약한 변수들이 있을 수 있고, 그럴 경우 특정 대상에 대한 이 분석 틀의

16 대표적인 논문으로는 E. Ostrom, "A General Framework for Analyzing Sustainability of Social-Ecological Systems", *Science* 325(5939) (July 24, 2009): pp. 419-422.

최종적인 적용은 훨씬 단순한 형태로 이루어질 수 있는 것이다. 이처럼 많은 변수들을 나열하는 사회-생태 체계 분석 틀은 또한 그 효과가 이론적, 경험적으로 잘 정립되어 있는 변수들과 그렇지 못한 변수들을 구분함으로써 여러 학문 분야에서 개별적으로 이루어진 연구의 성과들을 종합하고 남아 있는 과제들을 확인하는 역할을 하기도 한다.

오스트롬이 공유자원 문제 이후에 가장 관심을 가졌던 연구 주제들 중 하나는 기후변화의 문제이다(Ostrom, 2009a; 2009b). 이 전지구적 규모의 거대한 집합행동 문제를 다룸에 있어서 오스트롬은 다중심성과 다수준 접근multi-level approach의 중요성을 다시 한 번 강조한다. 기후변화의 문제를 하나의 단일한 국제기구 또는 지구차원의 협약을 통해, 즉 국가들을 행위자로 한 국제정치에만 의존해서 해결하고자 하는 시도는 성과를 거둘 수 없다고 보는 것이다. 오스트롬은 가정과 지역 차원에서 소규모의 집합행동이 효과적으로 조직되고, 이러한 노력들이 지구적 차원으로 모이는 상향식의 방식이 동시에 진행되어야 한다고 주장한다. 국가들 간의 협약을 통해 지구적 차원의 정책이 마련된다 하더라도 지역 차원의 제도들을 통해 뒷받침되지 않는다면 효과를 볼 수 없다는 것이다. 이와 관련해서 오스트롬은 지역 차원의 노력들이 어떠한 제도적 장치에 의해 뒷받침되는지에 대한 많은 사례를 소개한다.

치안 서비스 공급에 관한 연구, 소규모 공유자원의 자치관리제도에 대한 연구로부터 출발한 오스트롬의 제도 연구는 제도이론 자체의 발전에 기여하였고, 사회-생태 체계 분석 틀을 통해 대규모의 집합행동을 연구할 수 있는 토대를 쌓았다. 기후변화와 같은 전 지구적 집합행동의 문제를 연구함에 있어서도 오스트롬이 『공유의 비극을 넘어』에서 제시한 생각들은 여전히 유지되고 있다. 제도에 대한 연구와 제도적 실천을 고민하는 사람들에게 오스트롬의 연구가 주는 교훈은 "항상 중요한 것은 어디에서 시작할 것인가"의 문제이다.

참고문헌

Crawford, S. and E. Ostrom. 1995. "A Grammar of Institutions". *American Political Science Review,* 89: pp. 585-600.

Economic Science Prize Committee of the Royal Swedish Academy of Sciences. 2009. "Scientific Background on the Sveriges Riksbank Prize in Economic Sciences in Memory of Alfred Nobel 2009".

Hardin, G. 1968. "The Tragedy of the Commons". *Science,* 162: pp. 1243-1248.

Kiser, L. and E. Ostrom. 1982. "The Three Worlds of Action: A Metatheoretical Synthesis of Institutional Approaches". In *Strategies of Political Inquiry*, E. Ostrom (ed.). Beverly Hills, CA: Sage: pp. 179–222.

Merrill, T. W. 2002. "Introduction: The Demsetz Thesis and the Evolution of Property Rights". *Journal of Legal Studies,* 31(2): pp. 331-338.

Olson, M. 1965. *The Logic of Collective Action: Public Goods and the Theory of Groups.* Cambridge, MA: Harvard University Press.

Ostrom, E. 1986. "An Agenda for the Study of Institutions". *Public Choice,* 48(1): pp. 3-25.

———. 1990. *Governing the Commons: The Evolution of Institutions for Collective Action.* Cambridge. UK: Cambridge University Press (윤홍근·안도경 역. 2010. 『공유의 비극을 넘어: 공유자원 관리를 위한 제도의 진화』. 서울: 랜덤하우스코리아).

———. 1998. "A Behavioral Approach to the Rational Choice Theory of Collective Action". *American Political Science Review,* 92(1): pp. 1-22.

———. 2005. *Understanding Institutional Diversity.* Princeton, NJ: Princeton University Press.

———. 2007. "A Diagnostic Approach for Going beyond Panaceas". *Proceedings of the National Academy of Sciences*, 104(39): pp. 15181–15187.

———. 2009a. "A General Framework for Analyzing the Sustainability of Social-Ecological Systems". *Science*, 325(5939): pp. 419–422.

———. 2009b. "A Polycentric Approach for Coping with Climate Change". *Policy Research Working Paper*, 5095. World Bank.

———. 2010a. "A Long Polycentric Journey". *Annual Review of Political Science,* 13: pp. 1-23.

———. 2010b. "Beyond Markets and States: Polycentric Governance of Complex Economic Systems". *American Economic Review,* 100: pp. 641-672.

Ostrom, E, R. Gardner and J. Walker. 1995. *Rules, Games and Common-Pool Resources.* Ann Arbor: University of Michigan Press.

Thomas W. M. 2002. "Introduction: The Demsetz Thesis and the Evolution of Property Rights". *Journal of Legal Studies,* 31(2): pp. 331-338.

안도경. 2011.「시장-정부 이분법에 대한 비판적 검토: R. H. Coase 와 E. Ostrom의 제도 연구 방법을 중심으로」.『정부학 연구』, 17(1): pp. 35-56.

———. 2011.「Elinor Ostrom의 공유제도이론」.『조직학의 주요 이론』. 오석홍 외(편). 법문사: pp. 611-620.

요스타 에스핑-안데르센, 『복지자본주의의 세 가지 세계』

Gøsta Esping-Andersen,
The Three Worlds of Welfare Capitalism (1990)

복지자본주의의 제도적 다양성

안상훈
서울대학교 사회복지학과 교수

1. 복지국가연구의 새로운 지평

개척자 에스핑-안데르센

성장우선론이 지배하던 시대, 국가 발전 정책의 변방을 배회하던 복지국가가 마침내 한국정치의 중심에 우뚝 서게 되었다. 이제 한국의 복지국가는 어디로 갈 것인가? 한국의 복지국가는 무엇을 할 수 있을 것인가? '복지국가체제론'이라는 새로운 학술적 지평을 열어젖힌 에스핑-안데르센의 1990년 저작, 『복지자본주의의 세 가지 세계The Three Worlds of Welfare Capitalism』는 이러한 질문들에 대한 해답을 구하는 연구자들이 책상 맡에 놓아두고 두고두고 참고하는 비교사회 정책학의 '경전經典'이다.

'스웨덴모델'에 관한 식을 줄 모르는 찬사와 애정 탓에 종종 스웨덴 태생으로 오해받기도 하지만, 사실 그는 '안데르센 동화

집의 나라'에서 태어난 순종 덴마크인이다. 에스핑-안데르센은 코펜하겐 대학교를 거쳐 위스컨신 대학교 매디슨 분교에서 박사학위를 받았다. 그의 학문적 배경은 인구학, 경제학, 그리고 사회학 등에 걸쳐 있으며, 주된 학술적 관심사는 생애주기적 역동성, 사회계층화, 그리고 무엇보다도 복지국가에 관한 비교사회 정책 연구를 중심으로 이루어져 왔다. 하버드 대학교, 트렌토 대학교, 유럽대학교 등에서 연구하고 가르쳤으며, 현재는 폼페우파브라 대학교 사회학과 교수로 재직 중이다. 주요 저서로는 미국정치학회의 아론 윌다브스키 상 수상(2005)에 빛나는 1990년 작『복지자본주의의 세가지 세계』, 그리고 1999년 작『후기산업사회의 사회적 기초Social Foundations of Postindustrial Economies』가 유명하며, 2009년에는『미완성혁명The Incomplete Revolution』을 출간하는 등 현대 자본주의와 복지국가에 관한 왕성한 집필활동을 자랑한다.

영국과 미국 두 나라의 학술원 회원이기도 하며, 덴마크의 사회과학원과 전략연구원의 고문을 맡아 모국의 사회 발전에 기여하고 있기도 하다. UN, OECD, 국제사회보장연맹, 유럽연합 등에서의 활발한 정책 자문활동을 통해 학술적 성과를 실제 정책으로 연결시키는 데도 기여하고 있다. 2000년 'EU 리스본 정상회의에서의 사회 정책선언', 2002년 'EU의 복지국가 개혁보고서' 등이 그가 현실 정책 분야에서 거둔 성과들이다.

파울라 아담과 결혼하여 두 아들을 두고 있는 애처가이며, 음악에도 조예가 깊은 것으로 유명하다. 세계 각지의 최고학부들에서 앞을 다투어 교수로 모셔가려고 하는 세계적 석학이지만, 아내와 가족들이 원하는 행복한 삶이 가능할 것인가가 그의 유일한

학교선택 기준이라는 뒷얘기가 전해지기도 한다. 장거리 비행을 극도로 꺼리는 엄청난 애연가로서, 최근에는 먼 나라에서 열리는 초청강연에 응하지 않는 것으로 알려져 있기도 하다.

1992년 한국사회복지학회 국제학술대회에 참석하여 북유럽 전략의 한국적 적용 가능성에 관한 논문을 발표하는 등 한국과의 인연도 오래되었다. 돌이켜 보면, 현재 한국 복지국가의 전략모형으로 떠오르고 있는 '사회 서비스 강화론'의 단초를 제공한 것으로 한국 복지국가 역사의 일대사건으로 기억되어야 마땅할 것이라 여겨진다. 필자에게는 인생의 새로운 장을 열어준 분이자, 학문과 현실참여의 조화에 관한 역할모델이 되어준 은인이기도 하다. 당시 북유럽 유학과 미국 유학을 놓고 고민하던 필자에게 '도전적 삶'과 '타협적 삶'의 차이를 역설하면서 복지전략을 제대로 배우려면 스웨덴으로 가야 한다고 적극적으로 권유한 인연이 있다.

복지국가연구의 일대 전환

에스핑-안데르센이 남긴 수많은 저작 중에서도, 1990년의 저작이 복지국가론에 관한 불후의 명작으로 부상한 이유는 다음과 같다. 첫째, 사회지출 총량만으로 복지노력을 평가하던 초기연구들의 진부함을 비판하고, 복지국가라는 것이 탈상품화와 사회계층화의 추동 기제가 된다는 패러다임 전환적 개념정의를 시도하였다. 둘째, 국가, 시장, 가족이라는 사회제도의 삼각틀 속에서 현대 자본주의의 다양한 수정 방식이 나름대로의 경로의존적 발전을 도모한다는 사실을 적시하였다. 셋째, 후진복지에서 선진복지로 이어지는 선형론을 극복하고 세 종류의 상이한 복지국가체제가 존재한다는 사실을 밝혀내었다.

이 책에서 에스핑-안데르센은 전혀 새로운 방식의 복지국가 정의를 제안하면서, 그러한 인식론적 전환이 있어야만 복지국가 연구가 사회과학적 이론화에 제대로 기여할 수 있다고 주장한다. 그에 따르면, 보다 본격적인 사회과학으로서의 복지국가연구는 권력, 산업화, 자본주의의 모순과 같은 현상에 대한 이론적 관심에 의해 동기화되어야 한다.

그렇다면 그가 비판하는 기존의 정의 방식이란 무엇이고, 어떠한 문제가 있는 것인가? 복지국가에 관한 기존의 정의는 주로 '시민을 위한 최소한의 복지를 보장하는 국가의 책임성'과 관련하여 이루어졌고, 이러한 문제에 한 나라가 돈을 얼마나 쓰고 있느냐를 중심으로 국가 간 비교연구가 이루어졌다. 이러한 연구 경향에 대해 에스핑-안데르센은 매우 비판적인 입장에서 출발한다. 그에 의하면, 이러한 종류의 개념적·조작적 정의 방식은 사회 정책이 해방적인지 아닌지의 문제를 비껴가기 때문에 사회과학적으로 반쪽짜리 의미만을 지니게 된다. 예컨대, 복지국가가 자본가계급을 위한 체제정당화를 돕는 것인지 그렇지 않은지, 자본주의적 시장 과정에 모순이 되는지 도움이 되는지, 특히나 '최소한'이라고 할 때 무엇을 의미하는지 등이 불분명해지게 된다는 것이다.

기존의 정의 방식은 세심한 반성적 고찰을 결여한 채 이루어지는데, 사회지출 수준만으로 국가의 복지 수행을 충분히 반영해낼 수 있을 것처럼 가정한다. 예컨대 산업화론의 경우, 도시화, 경제성장 수준, 노령인구의 비율 등으로 국가별 점수를 매김으로써 산업화와 근대화의 필수적인 요소들이 이론적으로 완전하게 고려되었다고 믿는다. 권력자원론의 경우에도 좌파정당의 힘이나 노동계급의 권력동원 능력과 같은 단순한 변수들에 의해 복지국가의 발전원리가 쉽게 규명될 수 있다고 믿어버리는 경향이 발견된다. 이러한 방식으로 지출에 초점을 둔 연구들은 다음과 같은 한계를 지닌다.

기존의 연구들에서 많이 사용되던 사회지출의 변수는 사실상 복지국가에 대한 이론적 본질을 제대로 반영하기에는 너무나 협소하거나 불완전하며 매우 부수적인 현상에 불과하다고 비판받는다. 유사한 지출 수준을 보이는 나라들이라고 하더라도 그 구성을 세밀하게 들여다보면 국가별로 상당히 큰 차이가 존재하기도 한다. 예를 들어 과거 오스트리아와 같은 나라에서는 특권화된 공무원집단에 지출의 상당 부분이 흘러들어 갔는데, 이러한 상황을 사회적 시민권과 연대성의 결과라고 보기는 힘들 것이다. 반면, 스웨덴 같은 나라에서는 보다 보편적인 방식으로 전 국민에게 고루 혜택이 돌아가도록 제도를 갖추었고, 이러한 두 나라의 차이를 비교하는 것이 지출 수준을 단순 비교하는 것보다 훨씬 의미 있는 일이라는 것이다. 한편, 한국과 같은 나라에서는 중간계급에 주로 혜택이 돌아가는 민영연금에 연말정산에서의 세금감면이라는 재정적 복지fiscal welfare를 제공하기도 하는데, 이러한 지출은 대부분의 통계에서 복지비용으로 계산되지 않는 경우가 많다. 즉, 사회지출이라는 변수 자체가 불완전한 경향이 있다는 것이다. 또 다른 예를 보면, 대처리즘이라는 신자유주의의 정책광풍이 몰아쳤던 시기, 영국에서의 총사회지출 수준은 오히려 증가하는 것으로 나타나 우리를 어리둥절하게 만든다. 하지만 조금 자세히 보면 얘기는 달라진다. 총사회지출 증가의 대부분은 고실업에 대한 자동적 대응을 반영할 뿐, 오히려 다른 프로그램에 대한 지출이 낮아지고 있는 것이 쉽게 발견된다. 요컨대 총사회지출 변수를 중심으로 복지국가의 발전을 계측하는 정의 방식이 얼마나 불완전한지 쉽게 알 수 있다. 권력자원론의 맥락에서도 사회지출 수준을 종속변수로 삼아 연구할 경우 희극적인 상황에 직면할 수 있는데, 노동운동의 투쟁역사가 단순히 복지에 돈을 많이 쓰도록 하기 위함이었다는 허탈한 논리로 귀결될 수 있기 때문이다.

총사회지출을 중심으로 조작적으로 정의되는 복지국가 연구는 추상적인 모델에서 벗어나 실제적으로 복지국가를 측정하고 프로그램과 전체 복지국가에 점수를 매김으로써 이루어진다. 그러나 이러한 접근은 역사적인 실체와는 동떨어진 채, 역사적 행위자들이 복지국가를 둘러싼 투쟁에서 실현하고자 했던 이상을 포착하지 못한다. 만약 우리가 복지국가를 연구하는 이유가 사회적 행위자와 관련된 인과론을 검토하는 것이라면, 복지국가 발전 역사에서 비판적 역할을 한 행위자들이 던졌던, 혹은 그들에 의해 증진된 실제적 요구에서 출발해야 할 것이다. 요컨대, 사회지출 자체만을 위해 투쟁하였다는 것은 상상하기 어려우며 무엇인가 보다 확실한 목표가 제시되어야 할 것이다. 이러한 문제제기를 통해 에스핑-안데르센이 이 책에서 던지는 답은 바로 마샬의 시민권론citizenship theory에 기초하여, '탈상품화decommodification'와 '사회계층화social stratification'라는 새로운 개념들을 끌어들여 복지국가의 수준을 비교하는 것이다. 또한, 시장, 국가, 가족이라는 세 가지 축을 제도분석의 틀로 끌어안음으로써 자본주의와 가부장제를 넘어선 사회적 해방의 매개물로서 복지국가의 가능성을 타진하고 있기도 하다.

2. 탈상품화와 사회계층화

시민권과 탈상품화

에스핑-안데르센의 이론화 역시 현대사회에서의 시민권 발달을 3단계로 설명한 마샬의 이론, 그리고 더욱 기본적으로는 마르크스주의적인 자본주의 해석에서 출발한다. 공민권, 정치권에 이은 사회권으로의 확장은 노동계급의 지위향상을 가져오게 되며, 그러한 지위향상의 핵심은 노동을 상품으로 팔지 않더라도 기본적인 생활의 유지가 가능한 상황으로의 제도적 변화에 있다. 즉, 탈상품화란 복지국가의 급여가 하나의 권리로서 지급되어 개인이 시장에의 의존 없이 생계를 유지할 수 있는 상태를 의미한다. 따라서 복지국가가 형식적으로 공공부조나 사회보험과 같은 프로그램을 가지고 있는가가 문제가 아니라, 그러한 프로그램들이 개인을 시장의존으로부터 벗어나게 하여야만 탈상품화 효과를 가진다고 말할 수 있다는 것이다. 그런데 대부분의 공공부조는 자산조사에 근거한 프로그램means-tested poor relief으로서 급여 수준이 지나치게 낮고, 낙인stigma이 부여되며, 시장참여가 강요되는 등, 본격적인 탈상품화 기제가 아니라고 일갈한다. 노동시장 성과를 최대화하도록 설계된 경우의 사회보험 역시 탈상품화 기제라고 할 수 없는 것은 당연하다.

탈상품화의 정도는 노동운동의 활성화 문제와도 직결된다. 노동자가 시장 의존적인 상황에서는 노동동원labor mobilization 자체가 어렵기 때문이다. 이렇게 보면, 탈상품화는 노동자를 강하게 함과 동시에 고용주를 약하게 하는 효과를 잉태한다고 할 수 있다.

현실 복지국가와 관련해서 보면, 탈상품화된 권리decom-modified rights는 국가에 따라 매우 다르게 발전한 경향이 있다. 나라마다 주로 기대는 복지제도가 다른데, 각 복지제도의 특성은 결국 탈상품화와 관련해서 상이한 효과를 지니게 된다.

첫째, '사회부조형' 복지국가는 다음과 같은 성격을 지닌다. 권리가 노동성과와 별 관련성이 없으며, 증명할 수 있는 욕구와 관련되는데, 욕구조사needs-tests에서 걸러지는 욕구의 범위는 매우 한정적이며 급여 수준도 매우 낮은 경향을 보인다. 시장에서 실패한 사람을 제외한 대부분의 국민은 사적인 영역에서 복지를 확보하도록, 특히 시장에서 복지를 구매하도록 유도된다. 주로 미국을 필두로 한 앵글로색슨 국가들이 이 유형에 속한다.

둘째, '사회보험형' 복지국가에서는 권리의 많은 부분이 보험기여contribution라는 형태의 급여자격eligibility과 결부된다. 즉, 근로나 고용과 직결된 급여자격을 복지국가 급여할당의 기본 원칙으로 삼는 것이다. 독일이나 프랑스 같은 가톨릭 전통의 대륙유럽형 국가들이 여기에 속하는데, 가장家長을 통한 복지제공을 특징으로 한다.

셋째, '베버리지식' 시민급여Beveridge-type citizens' benefit가 제도의 중요한 부분으로 작동하는 나라도 있다. 소득, 기여, 노동성과

등과 하등의 관계없이 기초적으로basic, 그리고 모두에게 평등하게 지급되는 급여equal benefit to all가 베버리지식 프로그램이다. 하지만 이런 종류의 보편적 제도는 돈이 매우 많이 드는 프로그램이라서 적절한 수준의 급여를 제공하는 경우는 매우 드물다. 과거 황금기 영국이 주로 이러한 방식을 근간으로 복지국가를 일구었고 스웨덴 등 북유럽 계통에서도 수용되었던, 이른바 보편주의 복지국가의 제도적 특징이다.

넷째, 에스핑-안데르센에 의하면 위에 열거한 세 가지의 제도에 더하여 보다 적극적으로 탈상품화에 기여할 수 있는 방향으로, 즉 모든 시민이 잠재적인 의미에서의 직업이나 소득, 일반적인 복지의 손실 없이 실직을 선택할 권리가 주어지는 방향으로의 제도적 보완이 이루어진 것은 비교적 최근의 일이라고 한다. 이러한 프로그램의 대표적 사례가 상병보험sickness insurance인데, 필요하다고 여겨지는 기간 동안 최소한의 의료적 증거물을 가지고 결근할 권리가 보장된 것으로서, 일부 나라에서는 소득 수준에 필적하는 급여가 제공된 적도 있었다. 이러한 권리는 대개의 경우 교수, 공무원, 기업임원 등 사회적 지위가 높은 사람들이 배타적으로 누려온 특권적 혜택인데, 예컨대 연금, 모성휴가, 부모휴가, 교육휴가, 실업보험과 같은 복지국가의 프로그램들이 도입되면서 일부 국가들에서 제도의 중요한 부분으로 발전하게 되었다. 그런데 흥미로운 사실은 어떤 나라들은 높은 수준의 탈상품화를 향해서 제도를 발전시켰지만 다른 나라들은 그렇지 못했다는 점이다. 이에 관해서는 세 가지 복지체제에 관한 부분에서 더 자세히 살펴보기로 한다.

사회계층화 기제로서의 복지국가

에스핑-안데르센 이전의 복지국가론에서는 시민권과 사회계급의 관계가 이론적으로나 경험적으로 무시당한 경향이 있다. 기존 논의에서는 단순히 소득재분배를 넘어서서 복지국가의 사회 정책이 어떤 종류의 사회계급을 촉진하였는가라는 문제를 간과했던 것이다. 요컨대 자본주의의 변형이나 가부장제도의 극복과 같은, 현대사회에서 매우 중요한 사회과학적 이슈들을 제대로 다루지 못했다는 커다란 맹점을 지니고 있었다.

복지국가와 사회계급은 다음과 같은 방식으로 결부된다. 구빈법 계열의 빈곤구제 전통은 현대 복지국가에서는 자산조사에 근거한 사회부조로 이어지는데, 이러한 프로그램은 처벌 및 낙인과 적어도 간접적으로는 이어져 있고, 그 결과 사회를 계층적으로 양분하는 경향social dualism이 있다. 자유주의 계열의 보편주의제도인 베버리지식 정액급여flat-rate benefit 제도들의 경우, 낮은 수준의 급여를 보편화함으로써 결과적으로 중·상층 계급으로 하여금 민영보험을 선택하게 하고 이에 대한 조세감면지출을 증대시켜 결과적으로는 사회부조와 유사한 정치적 결과를 낳게 된다. 비스마르크식 사회입법에서 역사적 근원을 찾을 수 있는 사회보험의 경우에는 다른 계층이나 지위 그룹에 대해 법률로 정한 별개의 프로그램을 전개하여 임금 노동자 간 분열을 조장하고, 공무원 등 특수 직역에 대해서는 국가의 권위에 대한 충성을 담보로 특별한 복지 급여를 제공하는 등의 방법을 통해 계층적 질서를 온존하는 경향이 있다. 복지국가 초창기부터 있었던 사회보장제도들이 지니는 이러한 특징들은 초기 노동운동 통합에서 분명한 한계로 작동하였다. 이런 한계를 극복하기 위해 대두된 움직임이 '전 국민을 위한 복지welfare for 'the people''라는 보편주의의 원칙을 베버리지와 같은 자유주의자들로부터 수용하자는 것이었고, 이후 북유럽 복지국가의 특징으로 승화하게 된다. 시장이 아닌 국가가 나서서 보편주의와 적절성의 결합을 추구한 스웨덴이나 노르웨이의 경우, 정액급여에 기반한 평등주의적 기초 부분에 더해서 소득연계 부분second-tier earnings-related insurance을 도입하게 된다. 이는 어떤 면에서 완전한 평등주의로부터의 일탈을 의미하지만, 궁극적으로 시장의 확산을 효과적으로 막는 효과를 통해 '완화된' 보편주의를 유지하는 데 기여하였다. 이러한 평등주의와 보편주의의 제도적 완화relaxation를 통해 북유럽 복지국가는 중간계급을 안정적으로 포섭하는 데 성공하고, 전반적인 복지국가의 동맹군을 확장함으로써 높은 세금에 대한 폭넓은 지지를 얻는 기적을 연출하기에 이른다.

3. 세 가지 복지체제

복지국가의 변화를 설명하는 이론은 크게 두 가지로 구분된다(김상균 외, 2007). 하나는 복지국가를 어떤 발전된 국가양식으로 상정하고, 모든 나라가 일정 방향으로 수렴되는 형태로 발전한다고 보는 견해이다. 도입부에 살펴본 총사회지출이나 변수 중심의 연구 경향이 주로 채택하였던 관점이다. 다른 하나는 질적으로 다른 형태의 상이한 발전경로가 있는 것으로 보는 견해이다. 전자를 수렴론으로, 그리고 후자를 체제론이라 부르는데, 전자의 대표적 이론에는 윌렌스키 등이 제안한 산업화이론과 신마르크스주의 이론 등이 있고, 후자의 대표주자로는 에스핑-안데르센이 제안한 복지체제론을 꼽을 수 있다. 그리고 복지체제론은 유형화라는 사회과학의 주요 연구 방법론에서 출발한다.

유형화typology는 일반적 사실facts이나 개념concepts을 분석대상으로 하여 질적으로 분석하는 연구 방법론을 말한다. 에스핑-안데르센에 의하면, 유형화는 세 가지 유용성을 지니고 있다. 첫째, 분석에 대한 시간과 노력을 절약시켜주고, 나무 대신 숲을 조망할 수 있게 한다. 둘째, 운동의 관련 논리 또는 인과관계를 용이하게 발견할 수 있게 한다. 셋째, 가설을 만들어내고 검증할 수 있게 한다. 유형화는 취약점도 지니고 있는데, 첫째, 간결성을 중시하다 보니 미묘한 차이가 무시될 수 있고, 둘째, 분석시점이 정태적static이어서 변화를 적절히 포착할 수 없다. 따라서 우리는 유형화의 장단점을 적절히 활용할 줄 아는 지혜를 발휘해야 하는데, 에스핑-안데르센의 저작은 유형화의 지혜로운 적용 예로서 아주 이례적인 사례로 여겨진다. 그가 사용한 유형화 기준은 체제유형별로 사뭇 다른 역사적 유산으로서 사회·경제·정치적 제도이다. 복지자본주의의 상이한 경로를 추적하는 연구로서, 자본주의의 전반적 역사가 체제구분의 기준이 되는 것이다. 하지만 그의 연구는 계량화된 두 가지 기준 지표에 의해 간결하게 요약된다. 두 가지 양적 기준 지수는 개인의 복지가 시장에 의존하지 않고도 충족될 수 있는 것으로, 위에서 살펴본 주요 개념을 조작화한 변수로서 탈상품화 지수decommodification index와 복지국가 정책에 의해 파생되는 사회계층화 지수social stratification index가 그것이다. 탈상품화 지수는 연금급여, 상병급여, 그리고 실업급여의 수준이 얼마나 높은지, 그래서 하루하루 자신의 노동을 팔지 않더라도 생활이 가능한지를 측정한다. 사회계층화 지수는 세 종류 하위지표들을 가지고 각국이 어떠한 성격을 지니는지 판단하게 된다. 보수주의 지표로서는 조합주의와 국가주의의 정도를 측정하고, 자유주의의 지표로서는 자산조사 비중, 사적 연금 비중, 사적 건강지출 비중을 측정하며, 사민주의의 지표로서는 급여보편성, 급여평등성을 측정한다. 각 지표들은 세 가지 복지자본주의의 역사제도적 특성을 반영한다.

탈상품화와 사회계층화의 두 가지 변수를 중심으로 복지국가를 재분류한 결과에 기대어, 에스핑-안데르센은 역사·제도적으로 구분되는 복지자본주의의 세 가지 경로를 자유주의liberal, 보수주의conservative, 사민주의social democratic로 나누었다. 특유의 제도적 유산에 경로의존적인 각 체제들은 다음과 같은 특징을 보인다.

자유주의 복지체제

미국, 캐나다, 오스트레일리아와 같은 자유주의 복지체제의 가장 중요한 특징들은 현재 진행 중인 신자유주의의 조류에 가장 근접하는 형태로 보인다. 자유주의 복지국가는 자산조사에 기반한 사회부조, 낮은 수준의 보편적 이전급여, 낮은 수준의 사회보험을 제도적 특징으로 한다. 이를 통해 대부분의 급여가 저소득 노동자 집단으로 전달된다. 이 체제에서는 자유주의적 근로윤리를 강조하는데, 이에 따라 근로 능력이 없는 사람의 경우는 근로 능력이 있는 사람보다 급여혜택에서 차별을 주는 열등처우의 원칙이 시행되며, 엄격한 자격기준entitlement에 의해 종종 낙인이 부여되는 악영향을 낳는다.

이 체제에서는 자산조사에 의한 공공부조가 상당히 중요한 복지프로그램으로 기능하는데, 자격 있는 빈자deserving poor를 가려내는 일이 복지행정의 중요한 업무가 된다(안상훈, 2002). 자격 있는 빈자를 추출하는 데 많은 노력을 기울인다는 것은 일단 복지를 성장에 장애가 되는 것으로 파악하는 동시에, 복지란 매우 잔여적residual으로만 주어질 때 시장이 제대로 유지될 수 있다는 자유주의의 기본적 인식에서 출발한다. 이런 사고에서 출발하는 복지 정책의 기조는 '거시적으로 생산적'일 수 있는 적극적 노동시장 정책 프로그램들을 등한시하는 것으로 이어진다. 노동을 위한 인적 자본의 증진은 기본적으로 시장에서 해결되어야 하는 것으로 인식하는 것이다. 따라서 자유주의 맥락에서 생산적 복지를 논하는 것은 결국, '자격 없는 빈자undeserving poor'를 공공부조의 틀에서 축출하려는 의도와 깊은 관련을 맺게 되는 것이다. 즉, 복지는 미시적이든 거시적이든 기본적으로 비생산적이므로, 복지보다는 시장에서의 노동과 노동시장에의 기여에 입각한 소득증진을 통해 개인적 욕구를 해결하는 것이 옳다고 보는 것이다. 다른 말로 하면, 복지는 노동이 불가능한 사람들만 받을 자격이 있다는 것이다.

급여 수준이 낮기 때문에 시장에서의 복지구매가 활성화되고 이에 따라 민영보험이 발달한다. 탈상품화 효과는 최소화되며, 국가복지의 혜택을 받는 사람들과 차별화된 시장복지를 받는 사람들 사이에 계급적 그리고 정치적인 양극화dualism가 나타난다.

보수주의 복지체제

오스트리아, 프랑스, 독일, 이탈리아와 같은 보수주의 복지국가에서 사회권의 부여는 심각한 논쟁거리가 아니며 계급차이가 온존되는 경향이 보인다. 급여가 계급, 지위에 따라 부여되기 때문이다. 국가조직하에 조합주의가 포괄되므로 민간보험, 직업복지는 최저한의 역할을 하지만, 오히려 국가 기제 내에서 노동시장 지위 차이에 대한 제도적 강조가 이루어져 재분배 효과가 낮고 탈상품화가 불완전하게 된다. 가톨릭 전통에 따라 전통적 가족구조를 중시하는 문화적 경향도 탐지되는데, 기본적으로 남성 중심의 노동시장을 그대로 반영하는 사회보험은 정규 노동시장에서 일하지 않는 여성들을 체계적으로 배제하게 된다. 어머니의 역할을 강조하므로 가족 서비스가 발달되지 않으며, 돌봄 등 사회 서비스는 전통적으로 가족이 구성원을 돌보는 기능을 절대적으로 상실한 경우에만 이루어지는 특징을 지닌다.

보수주의체제가 강조하는 사회보험은 피보험자의 기여를 재정적 근간으로 하며, 수급권의 획득조건 또한 기여금의 성실한 납부를 가장 중요한 기준으로 삼는다. 보수주의 복지체제의 재정적 근간은 활발한 노동시장 참여를 전제로 하는 것이다. 적어도 암묵적인 형태로는 노동이 매우 강조된다고 할 수 있다. 빈곤층을 위한 공공부조의 경우에도 열등처우의 원칙이 강조되며, 되도록 자활을 할 수 있도록 도와주는 것을 공공 부문의 주된 역할로 규정한다. 그럼에도 불구하고, 적어도 전통적인 의미에서의 보수적 복지체제에서는 노동연계workfare적인, 혹은 노동을 '강제'하는 복지보다는 근로친화work-friendly적, 혹은 노동을 '권장'하는 복지를 시행하고 있다. 자활의 강조 또한 노동시장 정책을 통해 원조적인 형태로 이루어지며, 노동을 가장 중요한 공공복지급여의 조건으로 내세우지는 않는다. 이미 사회보험에는 노동을 통한 소득과 보험 기여금 납부가 조건으로 포함되어 있고, 대부분의 복지욕구는 사회보험을 통해 일차적으로 걸러지게 되므로, 한계인구를 위한 공공부조는 노동을 강제하는 형태라기보다는 노동무능력자에게 사회통합의 견지에서 주는 것으로 파악하게 되는 것이다. 적어도 공공부조에 있어서는 이후에 살펴볼 사민주의와 비슷하다고 할 수 있다.

탈상품화와 사회계층화와 관련해서 에스핑-안데르센이 간과했지만 중요한 것은 교육보장의 측면이다(안상훈, 2002). 장기적으로 볼 때, 가장 중요한 빈곤의 해결책은 교육을 통한 인적 자본의 획득기회를 전 국민에게 보장하는 것이기 때문이다. 따라서 이 체제에서는 교육의 비용이 사회화되는 경향이 있다. 교육에는 일반학교교육과 함께 적극적 노동시장 정책의 일환으로서 직업재교육도 포함된다. 노동시장에 참여한 경우, 보편적으로 제공되는 각종 사회보험의 보장 수준은 소득에 연계되어 있는데, 소득은 기본적으로 개인의 인적 자본에 따라 정해지는 것이며, 인적 자본은 교육이라는 과정을 통해 증진되는 것이다. 이러한 점에서 보자면, 보수주의 복지체제가 지향하는 복지국가의 평등전략은 기회평등에 경도되어 있다고 할 수 있다. 그리고 기회평등전략과 인적 자본 증진의 전략은 한 나라의 생산에 종국적으로 기여하게 되므로, 적어도 경제적인 침체가 상당히 장기화되기 이전에는 거시적 효율이 매우 효과적으로 달성될 수 있는 전략이라고 할 수 있다.

사민주의 복지체제

스칸디나비아의 북유럽 국가들이 속하는 사민주의체제에서는 명실상부한 사민주의적 사회개혁 전통을 특징으로 한다. 매우 높은 수준의 평등을 추구하여, 복지급여는 신중간계급이 원하는 정도의 수준으로까지 발전하였다. 이에 따라 높은 탈상품화가 이루어지며, 예컨대 하층 육체노동자의 경우에도 상대적으로 사회적 지위가 높은 직업군의 사람들과 동등한 복지권을 향유하는 보편주의가 구현된다. 이는 국가가 앞장서서 대다수 국민이 목말라하는 욕구에 부응하는 쪽으로 복지 정책을 수립한다는 것을 의미한다. 다른 한편으로는 국민 대다수를 포괄하는 복지 정책은 보편적인 프로그램으로 시행하게 되므로, 소득하층도 자산조사나 노동조건과는 상관없이 복지의 혜택을 상당한 수준으로 보장받는다는 것을 의미한다. 중산층의 경우에는 소득과 기여에 따라 차등적인 혜택의 증가를 보장하므로, 평등과 동시에 공평성도 확보하게 된다. 이러한 복지체제에서는 민간 부문의 복지가 별 필요가 없게 되고, 국민 대다수가 복지국가의 수급자로서 친복지적 태도를 지니게 되므로, 복지국가의 지속적인 발전 혹은 유지를 요구하게 되는 것은 당연한 수순일 것이다.

이 체제의 평등전략에서 중산층을 중요한 복지의 대상으로 포괄한다는 의미는 중산층이 지니는 다양한 복지욕구를 효과적으로 수용하는 것을 말한다(안상훈, 2002). 중산층을 포함한 대다수 국민이 복지의 대상이 되는 경로는 주로 교육보장이나 노동시장 안전장치와 관련된 복지 프로그램을 통해서이다. 앞서 말한 바와 같이, 이러한 종류의 복지 프로그램들은 생산에 기여할 수 있는 미시효율적 프로그램들이며, 종국적으로 이 체제가 유지하는 복지국가의 거시효율을 증진시키게 된다.

보편적 보험 시스템이나 각종 복지급여가 소득에 따라 등급이 매겨지기는 하지만, 누진적 조세·보험료 시스템에 의해 모두가 함께 내고 함께 받는 사민주의적 보편적 연대를 창출하였다. 이렇게 보면, 사민주의 복지체제의 가장 큰 특징은 복지와 노동의 완벽한 결합이다. 이는 완전고용에 대한 국가적 보증의 형태로 드러난다. 완전고용을 국가가 적극적으로 보장하는 다른 이유는 매우 규모가 큰 복지 시스템을 유지하는 비용은 결국 노동에 따른 소득세에서 얻어지기 때문이다. 요컨대, 사민주의 복지체제가 국민의 복지를 높은 수준에서 보장하는 것은 사실이지만, 그 태생부터 노동을 철저하게 강조하고 있는 것 또한 사실이다.

가족생활에서의 제반비용이 예방적 차원에서 사회화되며, 아동보호 등에 대한 책임 등에 직접 개입하는 전통을 지닌다. 개인의 독립적 생활 능력 확보를 가장 중요한 원칙으로 삼아 가족욕구를 수동적으로 충족시키는 데서 한걸음 더 나아가 교육받은 여성들이 노동시장에 적극적으로 참여하도록 하는 정책목표를 앞자리에 세우고 있다. 즉, 사민주의체제의 복지노선은 전통적인 가족에서의 불합리한 부담에서 개인을 해방시키는 것도 포함하는데, 전통적인 가족주의에서 여성이 무임으로 부양부담을 떠맡는 불합리를 국가가 적극적으로 도맡는 대신, 여성의 사회활동을 고양하는 것이라고 할 수 있다. 이 체제에서 탁아나 양로 등의 서비스 분야가 전통적으로 강조되는 이유는 남여를 불문하고 능력이 있고 의지가 있으면 사회활동에 참여하여 자아를 실현하고, 경제적으로는 소득세 납세자이자 보험료 납부자로서의 지위를 유지하게 함으로써 복지재정의 충실화를 기하려는 정책적 의도가 있기 때문이다.

보수주의와는 달리 전통적인 가족주의에서의 성차별적 노동시장 정책이나 복지 정책을 결코 쓰지 않기 때문에, 인적 자본의 효율적 사용이라는 견지에서 보수주의보다 더욱 근로 친화적 work-fridendly이고 거시 효율적macro-efficient인 시스템이라고 볼 수 있다. 능력 있는 여성들의 사회진출을 돕는 것은 궁극적으로 경제사회 발전에 기여할 바가 클 것이기 때문이다. 이러한 종류의 복지 프로그램들 역시 복지국가의 거시효율을 높이는 기제로 작용하고, 복지 발전을 위한 생산의 주춧돌이 된다. 결국, 이 체제의 가장 두드러진 특징으로 복지와 일의 결합을 빼놓을 수 없을 것이다. 사민주의 복지국가에서의 일할 권리는 소득보존의 권리와 동일한 대우를 받으며, 연대적이고 보편적이며 탈상품화 효과가 높은 복지 시스템의 유지를 위해서라도 이러한 방식으로 애초에 사회 문제를 최소화하고 세입을 최대화하는 전략이 중요시되어왔다. 이렇게 보면, 앞에서 말한 것처럼 사민주의 복지국가전략의 가장 중요한 전제가 완전고용의 유지라는 점이 쉽게 이해될 것이다.

4. 세 가지 체제의 정치와 경제

복지국가체제 분기의 정치적 원인

에스핑-안데르센에 따르면, 세 가지 복지국가가 제도적으로 나뉘게 되는 근본적인 원인은 단 하나의 인과적인 힘이 아니라 다음과 같은 몇 가지 차원의 상호작용에 의한 것이라고 한다. 체제를 분기하는 중요한 원인은 세 가지인데, 첫째, 계급동원의 성격nature of class mobilization, 둘째, 계급정치연합의 구조class-political coalition structure, 셋째, 체제제도화의 역사적 유산historical legacy of regime institutionalization이 그것이다.

그에 따르면, 노동계급동원의 기본적인 차이는 노동조합주의trade-unionism와 관련된 정당발전에 달려 있다. 노동조합은 목적을 추구하는 데 분파적일수도, 보편적일수도 있고, 특정 종교에 얽매일 수도, 혹은 그렇지 않을 수도 있다. 이데올로기에 천착할 수도 있고, 보다 실용적인 이해추구에 목맬 수도 있을 것이다. 노동조합이 각각의 경우에 어떻게 하는가에 따라서 정치적 요구의 선명성이나 계급적 단결, 혹은 노동당 활동의 범위에 이르기까지 다양한 영향을 끼칠 수 있다.

특히 노동조합 동원에 더해서 조합의 구조union structure에 관심을 기울이는 것이 중요한데, 이러한 구조는 노동당 형성에 반영될 수도 있고 그렇지 못할 수도 있지만 양자 간의 효과적 연계가 없이는 제대로 된 사민주의적 복지정치가 힘들다. 아무리 성공적으로 세력을 확장한 노동당이라도 단독으로 복지국가를 구축하는 것은 쉽지 않다. 복지국가 건설이 정치적 동맹건설에 의존했다는 것은 잘 알려진 역사적 사실이기도 한데, 이러한 정치적 연합의 중추는 결국 정당이기 때문이다. 따라서 계급연합의 구조는 한 계급의 권력자원 그 자체보다 훨씬 더 결정적인 역할을 수행하게 된다.

대안적인 계급연합의 발생은 부분적으로 계급동원의 방식과 구조에 의해 결정된다. 예컨대 산업화 초기 단계에서는 농민계급이 유권자의 가장 큰 비중을 차지하며, 사회민주주의가 정치적 다수가 되길 원하는 경우에 이들과 동맹을 창출하는 것이 중요해지게 된다. 동시에, 농민이 정치적으로 잘 조직되어 있어야 정치적 협상 능력도 받쳐줄 것이기 때문에 농민계급의 동원구조도 중요한 원인으로 작동하게 된다. 친복지정치의 연합형성에 있어서 농민의 역할이 중요했다는 사실, 그리고 그에 따른 복지국가의 발달을 보여주는 역사적인 사례들은 스웨덴, 노르웨이와 같은 사민주의 국가들뿐 아니라 미국, 독일, 이탈리아에서도 찾을 수 있다.

산업화 초기에 농민계급과의 연합이 중요했던 것에 비해, 2차 세계대전 이후의 복지국가는 신중간계급과의 정치적 동맹에 의존해야 하는 상황으로 변하였다. 노동자를 위한 복지국가라는 대의를 희생시키지 않고, 노동계급과 화이트칼라의 요구를 결합하는 것이 중요한 타결요건으로 부상하게 된 것이다. 이 시기 중요한 사회세력으로 부상한 화이트칼라의 신중간계급은 상대적으로 우월한 시장지위를 향유하고, 시장에서의 구매를 통해 복지욕구를 충족할 수 있으며, 완전고용에 대한 관심이 없고, 결과적으로 대담한 소득평등 프로그램이나 그에 따른 증세에 강한 적대감을 가지는 경향이 있었다. 신중간계급의 부상은 사민주의 프로젝트를 중지시키고 자유주의 복지국가로의 보편적 회귀를 알리는 서곡으로 여겨지기도 했던 것이 사실이다.

하지만 신중간계급의 정치적 성향은 각 체제가 지닌 제도적 유산에 따라 달라졌고, 상이한 복지국가체제의 특징들을 강화하는 데 결정적인 원인으로 작동하게 된다. 복지국가의 세 가지 체제에 있어서 신중간계급의 역할은 다음과 같이 달랐다. 먼저, 사민주의체제에서는 그들을 새로운 복지국가 프로젝트에 포함하고 중간계급의 기호와 기대에 맞는 급여를 제공하면서 종국적으로 사회적 권리를 보편적으로 유지하는 데 성공하였다. 반면, 자유주의체제에서는 신중간계급에게 맞는 수준으로 국가 소득보장 시스템을 적용할 수 없었고, 결국 정치적 이분화dualism를 방치하였다. 유권자로서의 힘을 보유한 신중간계급의 반대가 이들 국가에서 복지국가가 확대되는 데 걸림돌로 작용한 것은 매우 당연한 결과일 것이다. 보수주의체제에서는 어떠했는가? 사실, 대륙유럽의 국가들에서는 복지국가 제도의 출발 자체가 중간계급에 의한 것이었으며, 역사적으로 보수적 정당의 힘을 통해 발전하면서 중간계급의 충성을 제도화하는 데 골몰하였다. 이들 나라에서는 오히려 중간계급에 의해 추동된 노동운동과의 연합이 중요했던 것이다.

결국, 과거 개혁의 결과물로서 현재 복지제도의 계층적 성격은 정치행위와 계급선호의 제도화에 결정적인 영향을 미치게 된다는 것이 에스핑-안데르센의 주장이다. 이렇게 보면, 복지체제론은 복지국가의 성장뿐 아니라 복지국가의 유지나 쇠퇴와 같은 변화도 설명할 수 있는 이론이어야 한다. 예컨대 주어진 경제상황에 비추어 사회지출이 너무 과할 때는 복지반동이나 조세저항이 발생할 수 있겠지만, 이러한 경우에도 복지국가의 정치적 결과는 체제에 따라 다를 것이라 예상할 수 있다. 복지국가에 대한 반발은 절대적 지출 수준이나 조세부담 수준이 아닌 복지국가의 전반적 제도구성과 그에 따른 계급동원이나 연합에 달려 있을 것이기 때문이다. 이에 관해서는 최근 변화와 관련된 논의에서 따로 다루도록 하자.

자본주의의 다양성과 복지체제론

제도주의institutionalism 자체가 새로운 것은 아니지만, 복지국가의 변화가 매우 혼란스럽게 전개되었던 20세기의 종반부를 통해 이 관점이 새로운 학술적 관심을 촉발하였다는 사실, 그리고 나름대로 성공적으로 기여했음은 누구도 부인할 수 없을 것이다.[1]

이러한 관점에 기초하여 현대 국가의 다양성에 주목한 연구들은 크게 두 종류로 분기되어 진행되어온 것으로 파악된다. 비교정치경제학 분야에서는 '자본주의의 다양성 접근Varieties of Capitalism approach'이 관심을 끌었고, 비교복지국가론 분야에서는 에스핑-안데르센의 '세 가지 복지자본주의 접근Three Worlds of Welfare Capitalism approach'이 하나의 고전으로 자리 잡았다. 사실 두 접근 간에 공유되는 부분이 상당히 많으며, 에스핑-안데르센의 저작을 보다 폭넓게 이해하기 위해서는 자본주의 다양성 접근에 관한 이해가 필요

1 이하의 내용은 안상훈(2005)에서의 이론적 논의 부분을 발췌·정리한 것이다. 보다 자세한 관련 논의와 참고문헌은 안상훈(2005)을 참조하기 바란다.

하다고 여겨진다. 양자 간 가장 큰 공통점은 생산 체계와 사회적 보호 체계 사이의 접합점 혹은 연결고리를 밝히려는 학술적 시도라는 점이다.

자본주의의 다양성에 주목한 학자들은 생산의 사회적 시스템, 즉 국민국가 수준에서의 자본주의 경제에 관심을 갖는다. 자본주의 전체를 연구 대상으로 삼건, 혹은 복지국가에 한정하여 연구를 진행하건, 제도주의적 관점의 연구들은 상이한 생산레짐regime, 노사관계, 사회적 보호 체계 사이에 '제도적 상보성institutional complementarities'이 존재한다는 인식에서 출발하는 경향이 있다.

이런 점에서 보면, 자본주의 혹은 복지국가가 수렴하느냐 분기하느냐의 논쟁은 과거형의 논쟁일 뿐, 보다 최근에는 개별 국가 혹은 국가군의 제도적 집락이 존재한다는 관점이 다수설로 굳어져가는 분위기이다. 제도주의 관점에서 보자면, 개별 국가의 정치, 경제, 문화 등등 각 부문의 제도는 그러한 제도가 내재화하고 있는 통제와 통치의 형식에서부터 이미 상이한 조합을 가지고 있다고 전제된다. 이러한 관점에 서 있는 연구자들에 의하면, 국민국가가 국가수준의 '조정'에 관한 법적 통제를 독점함과 동시에 그러한 조정을 뒷받침하는 각종 제도를 발전시켜왔기 때문에 나라마다 혹은 국가군별로 구별되는 제도적 조합을 잉태한다고 한다. 요컨대, 자본주의나 그러한 자본주의의 수정으로서 복지국가는 상이하게 구분되어 발전할 수밖에 없는 운명을 지닌 것이다.

어떤 나라 혹은 국가군이 지속적으로 독특한 제도를 연이어 구축하게 되는 까닭은 '제도적 동형복제institutional isomorphism'라는 현상으로 설명된다. 제도주의적 설명에 의하면, 제도적 특징을 공유하는 방향으로 동형태를 복제함으로써 경제적 활동의 국가적 형식으로서 구체적인 사회제도적 메커니즘이 창출된다. 상대적으로 덜 구조화된 상황에서 개인의 행동은 유사한 종류의 보다 제대로 구조화된 상황에 관한 의사결정을 수반하기 때문이다. 낯선 상황에 대처하는 개인들의 주된 전략은 가장 유사한 상황과 관련해서 잘 조직된 제도하에 자신의 행동이 어떠한 양식으로 구체화될 것인가를 유추하여 결정하는 것이다. 이러한 과정이 반복되면서 어떤 나라 혹은 어떤 국가군에서의 제도형식이 일정한 방향으로 정해지게 된다. 따라서 이렇게 생성되는 제도가 한 국가 내에서 매우 유기적으로 구성되는 경향을 가지게 된다고 보는 것은 매우 논리적인 귀결이다. 이런 기제를 통해 자본주의의 특정한 유형들이 그 하위 체계들과의 일관성 속에서 제도적으로 조직됨으로써 각 유형들이 쉽게 구분 가능해지는 것이다.

기존의 선형론과 수렴론적 자본주의 해석에 대한 하나의 반발로서 제도주의적 관점이 새롭게 관심을 끈 이후, 제도적 분기에 관심을 표명하는 근자의 비교정치경제학은 매우 다양한 종류의 이분법dichotomy을 양산한 바 있다. 예컨대 '포드주의 생산 대對 특화된 생산', '앵글로색슨 자본주의 대 라인 자본주의', '탈규제적인 정치경제 대 제도화된 정치경제', '조정된 시장경제 대 조정되지 않은 시장경제' 등은 이러한 제도주의적 유형화연구의 대표적인 사례들이다.

에스핑-안데르센의 연구는 분배의 영역뿐만 아니라 생산의 측면에 관해서도 관해 많은 것을 담고 있다는 점에서 자본주의의 다양성에 관한 비교정치경제학적 연구들과 닮아 있다. 사회보장 체계가 '국가-시장-가족'이라는 축을 중심으로 자본주의의 수정에 초점을 맞추어 광범위하게 분석되고 있다는 점은 앞에서의 논의에서도 분명하게 드러났다. 게다가 이렇게 분석된 복지체제가 모종의 제도적 집락cluster을 이룬다고 제시되었고, 복지 정책과 노동시장의 연계성에 관한 분석에서는 복지와 경제의 연결고리가 보다 명시적으로 다뤄지기도 하였다. 요컨대 에스핑-안데르센이 그의 연구에서 체제regime를 중심 개념으로 삼아 복지국가의 집락을 규명한 것은, 국가와 경제 간의 관계에 주목하고 그 속에서 법적·조직적 특징들이 매우 체계적으로 상관되어 있음을 밝혔다는 점에서 자본주의 다양성 연구와 직접적으로 연결되어 있다.

물론, 에스핑-안데르센 이전에도 몇몇 학자들이 복지국가 체제와 생산체제의 상이한 결합에 근거해서 유형화를 시도한 적이 있다. 티트머스의 경우가 대표적인데, 잔여적residual 모형, 산업적 성취-공로지향 모형, 제도적institutional 모형으로 복지국가를 분류하였다. 미쉬라의 경우도 분화적·다원주의적 복지국가와 통합적·조합주의적 복지국가의 구분을 통해 복지와 경제의 관계를 명시적으로 연결지으려 하였다. 그러나 기존의 연구들이 복지자본주의의 상이한 모델들을 '묘사'하는 데 그친 반면, 에스핑-안데르센의 경우에는 보다 본격적으로 '인과관계'를 밝히려 했다는 점에서 분명한 학술적 진일보라 칭송할 만하다.

5. 복지체제론의 비판, 수정, 그리고 변용

에스핑-안데르센이 복지자본주의의 세 가지 세계에 관한 체제론을 제안한 이후, 복지국가론 분야에서는 이 저작을 중심으로 거의 모든 이론적·경험적 연구가 이루어졌다고 해도 과언이 아니다. 동시에 몇 가지 비판도 연이어 제기되었는데, 가장 중요한 세 가지는 다음과 같다. 첫째, 신자유주의의 득세 이후 전반적인 세계화 과정에서 복지국가들은 위기에 봉착하였고 공히 재편을 시도하고 있기 때문에 세 가지 세계는 더 이상 유효한 구분법이 될 수 없다. 둘째, 남유럽이나 호주·뉴질랜드와 같은 나라들은 제4, 제5의 세계로 따로 구분되어야 한다. 셋째, 에스핑-안데르센의 1990년 저작에서는 탈상품화와 사회계층화에 집중함으로써 주요 제도 축으로서 가족을 제대로 분석하지 못하였다는 비판이 페미니스트들로부터 제기되었다. 이제 아래에서는 이러한 세 가지 비판에 대한 에스핑-안데르센 본인의 응답을 그의 1996년, 1999년 저작을 중심으로 살펴보도록 하자. 마지막으로 복지정치가 활성화된 2012년 한국의 상황에서 에스핑-안데르센이 제안한 복지체제론의 함의와 변용 가능성을 논하고 한국 복지국가 전략의 방향성에 대해 살펴볼 것이다.

1996년 편저작: 하나의 '재편'체제론

1995년 3월, 국제연합UN은 사회개발을 위한 세계정상회담을 코펜하겐에서 개최하였다.[2] 이 회담을 준비하는 과정의 하나로서 비교연구가 진행되었고, 그 결과가『전환기의 복지국가: 지구적 경제속의 국가별 적응Welfare of States in Transition: National Adaptations in Global Economics』이라는 편저서로 1996년에 발간되었다. 에스핑-안데르센이 편집을 주도한 저작으로서, 그가 서론 부분에서 정리한 복지국가의 재편양상을 요약하면 다음과 같다.

첫째, 복지국가 황금기에 완벽한 비책으로 인식되었던 케인스주의의 약효는 다 떨어지고 말았다. 그리하여 인플레이션이 없는 수요창출전략은 더 이상 실현 불가능하게 되었으며, 완전고용 정책은 제조업의 쇠락을 각오할 때만 가능한 무의미한 목표로 전락하였다. 동시에 남성가구주breadwinner의 전통은 약화되었고, 출산율은 저하되었으며, 인생경로life course의 비표준화non-standardization 현상이 심화되었다. 그 결과 세 가지 종류의 상쇄trade-off현상이 복지국가들에서 보편적으로 나타나기 시작하였다. 평등과 고용, 사회보장과 경제성장 그리고 평등과 효율 사이에는 과거와 같은 조화가 더 이상 가능하지 않게 되어버렸고, 대신 제로섬 혹은 네거티브섬이 일어나게 되었다.

둘째, 유럽, 북미, 남미, 동아시아 국가들에 대한 광범위한

---

2 여기서의 논의는 김상균 외(2007)에서 필자가 주로 집필한 부분 중 관련 논의를 찾아 정리한 것이다.

분석을 바탕으로 복지국가의 미래를 진단한 결과, 다음과 같은 결론을 얻어낼 수 있었다. 먼저 복지국가 재편의 주요 원인이 새로운 세계질서에서 시작되었지만, 그것에 대처하는 반응은 나라에 따라 각양각색이다. 동시에, 대부분의 나라에서 복지국가의 쇠퇴가 보이지 않으며, 오히려 신자유주의에 대한 저항으로부터 파생된 일종의 '동결frozen' 상태를 보인다. 복지국가 황금기의 케인스적 처방에 버금가는 새로운 비법이 나올 수 있다는 낙관론이 열세이다. 따라서 대부분의 국가는 상쇄효과를 완화시키는 데 주력하고 있는 실정이다. 실제로 급여감축과 유연화flexibilization 전략은 모든 나라에서 발견되며, 유연화 전략에는 민영화와 확정기여 방식의 연금제도와 같은 것들이 포함된다.

셋째, 복지국가의 동결 정도는 국가 정책의 제도화 역사 및 기득권의 강도 그리고 주요 이익집단의 태도 여하에 따라 결정된다. 그리하여 오스트리아나 스웨덴이 대표하는 유럽 대륙은 협상을 통한 변화의 형태를 띠고 있다. 특히 북유럽모형으로 일컬어지는 스칸디나비아 반도의 나라들은 복지국가의 전통을 유지하려고 안간힘을 쏟고 있다. 그들의 주된 전략은 사회투자social investment, 즉 직업훈련 및 알선과 임금보조로 상징되는 적극적 노동시장 정책active labour market policy을 주축으로 한다. 이에 비해 미국과 영국은 노동조합의 전반적 약화와 더불어 복지국가의 점진적 침식이 일정 정도 진행되고 있다.

1999년 저작: '탈가족주의'와 복지체제론의 완성

1999년의 저작,『후기산업 경제의 사회적 기초』에서는 앞서 살펴보았던 탈상품화와 사회계층화에 더해 가부장주의 혹은 가족주의로부터의 탈색을 의미하는 '탈가족화de-familialization'라는 제3의 변수를 보다 명시적으로 제안함으로써 페미니스트들의 비판을 적극 수용하고 있다. 동시에 그의 3분법 복지체제론을 복지국가 재편양상의 유형에도 그대로 적용하여 그 유효성을 확인하고 있다.

그에 의하면, 복지국가의 위기는 전혀 새로운 것이 아니며 오히려 상존하는 경향이 있어 어쩌면 운명적인 것일 수도 있다고 한다. 복지국가란 것이 어떤 문제 상황에 대한 정책적 반응의 집결체인데, 상황이 지속적으로 변화하는 반면 정책은 느리게 변화할 수밖에 없어 위기에 봉착하기 쉽기 때문이다. 따라서 중요한 것은 국가의 위기가 아니라 더 광범위한 제도적 틀institutional framework의 위기이며 어떤 체제에서 변화에의 적응 능력이 더 뛰어난가에 따라 재편의 내용이 달라진다고 한다.

전통적 복지국가에서는 국가가 강조된 반면, 새로운 상황에서는 가족과 시장이 더욱 강조되고 있는데 이는 신자유주의와 탈가족주의의 영향에서 비롯된다. 이렇게 볼 때, 현재 우리가 당면하고 있는 복지국가의 위기는 복지국가 자체의 위기라기보다는 가족과 시장에서의 변화에 복지국가가 부적응한 것이 문제라고 보아야 한다. 요컨대 에스핑-안데르센이 추가적으로 제안한 바, 후기산업사회의 사회적 기초는 복지의 생산자이자 소비자인 '가족'과 함께 완전고용이 불가능한 '시장'의 상황이며, 이에 대한 적응

능력이 체제별로 달라진다는 주장이다. 즉 위기의 원인으로서 가족과 시장의 변화는 나라들 사이에 대단히 유사하게 전개되지만, 그것을 관리하는 방식은 체제별로 상이하다는 것이다.

페미니즘에서 제기한 '가족에 대한 몰이해'와 관련된 비판에 대해서도 적극적인 수용을 시도하고 있지만, 전체적인 이론 틀은 그대로 유지될 수 있다고 주장한다. 그는 1999년 저작을 통해 국가-시장에 가족을 보다 더 명시적으로 다루었고, 탈가족주의defamilialism의 차원을 추가하였다. 탈가족주의화를 전제로 한 복지정책과 적극적 노동시장 정책의 결합은 서비스 부문 고용증대를 가능케 하여 새로운 상황에 보다 효과적으로 적응하게 된다는 논리도 부가하였다. 새롭게 보완된 분석 틀로 서구 복지국가들을 분석한 결과는 그가 애초에 제안하였던 논리를 전혀 무너뜨리지 않으면서도 복지국가의 재편이 3분법 틀에 의해 정확히 포착되는 것으로 나타난다. 요컨대, 가족주의의 탈색 정도도 세 가지 유형에서 상당히 다른 양상을 보임을 입증한 것이다.

먼저 자유주의 복지체제에서는 수급자격을 점점 더 제한하고, 사회적social이란 의미를 최대한 협의로 해석하는 방향으로 재편이 이루어졌다. 그 결과, 시장의 역할을 극대화한다는 의미의 잔여주의residualism가 한층 강화된 것으로 나타났다. 여기 속하는 나라는 주로 앵글로색슨 계열로, 미국, 캐나다, 호주, 아일랜드, 뉴질랜드, 영국 등 기존에 그가 제안한 것에서 벗어나지 않는다. 탈가족화의 경향도 소득 계층에 따라 다르게 나타나는 양상을 보인다는 점에서 시장주의의 영향을 가장 많이 받는다고 할 수 있다.

보수주의 복지체제의 경우, 제국주의, 권위주의 그리고

가톨릭 교리의 제도적 유산에 따라 조합주의corporatism, 국가주의etatism 그리고 가족주의familialism가 강하게 작동하는데, 재편 과정에서도 이러한 특징들은 지속되는 것으로 나타난다. 사회보험제도가 여전히 직종이나 계통에 따라 수백, 수천 개의 기금으로 분리되고 각기 독립재정으로 관리되고 있으며, 공무원을 특권계층으로 분리시켜 각종 사회보장제도를 따로 운영하는 방식도 그대로 유지되고 있다. 가족주의의 특징은 각종 복지제도가 남성가구주 중심으로 되어 있다는 것인데, 약간의 변화에도 불구하고 다른 체제와 비교 시 그러한 특징은 그대로 유지된다. 다시 말해 가족을 서비스제공자로 간주할 뿐 아니라 가족구성원의 복지에 대한 궁극적 책임소재지로 삼는다는 면에서 큰 변화가 없는 것이다. 보수주의 복지체제의 집락으로 구분된 나라들은 독일, 오스트리아, 프랑스, 일본, 벨기에, 이탈리아, 스페인, 네덜란드 등이었는데 이 또한 1990년의 연구 결과와 거의 일치한다.

사민주의 복지체제에서는 원래 수급자격을 극도로 넓히려는 보편주의universalism가 실천되며, 사회적 위험의 범위도 광범위하다. 반면, 가능하면 급여 수준을 높일 뿐 아니라 평등주의egalitarianism 정책도 추구하였다. 특히 복지를 되도록이면 시장에서 조달하지 않는, 이른바 탈상품화하는 노력이 노골적으로 나타나는 특징을 갖고 있었다. 그러나 스웨덴에서 볼 수 있듯이, 예산부족을 이유로 정부는 소득에 대한 각종 복지급여의 수준을 하향조정하는 방향으로 개혁을 추진하였다. 특히 연금개혁에서 보편주의의 상징이었던 베버리지 방식의 기초연금에 소득조사를 도입함으로써 보편주의와 연대solidarity의식에 일정 정도 오점을 더하기도 하였다. 그럼에도 불구하고 사민주의 복지체제의 핵심은 적어도 체제간 비교 관점에서는 크게 타격을 받지 않았다. 이 체제에서의 가장 주목할만한 최근 변화는 탈가족화의 경향이 거의 모든 계층에서 이루어진다는 점이며, 복지국가의 발전이 여성의 해방에 기여하였다는 해석이 가능한 부분이다. 여기에 속한 나라는 주로 노르딕 국가들로서 덴마크, 노르웨이, 스웨덴, 핀란드가 손꼽혔고 이 또한 1990년의 결과와 일치한다.

요컨대, 가족주의에 관한 추가적인 고려에 의해 에스핑-안데르센의 복지국가체제론은 하나의 완성을 이루고 있으며, 명실상부한 복지국가론의 고전으로 대접받게 된다.

한국형 전략을 위한 복지체제론의 변용

에스핑-안데르센이 복지체제론을 완성한 이후, 복지자본주의를 몇 개의 상이한 체제로 구분하는 것이 주류적 관점임은 두말할 나위가 없다. 하지만 현재 한국에서와 같이 복지국가에 관한 방향성과 전략이 필요한 경우, 복지체제론은 결정론적인 한계를 노정하게 된다. 스웨덴이나 영국과 '체제'가 다른 한국의 경우 한국적 경로를 걷게 될 것이고, 선진국의 정책적 경험에서 배울 수 없다는 논리로 귀결될 수 있기 때문이다. 따라서, 선진복지국가의 발전 과정에서 지속 가능성의 요소들을 추출하여 새로운 복지국가 전략을 구성하고자 할 경우에는 인식론적 혹은 방법론적 차원에서 제도주의적 결정론을 넘어설 필요성이 제기된다.

주지하다시피, 주류 사회학적 제도주의에서는 제도적 경

로의존성을 강조한다. 한 시대, 한 국가의 정책적 구성은 과거 유산으로서의 정책적 제도에 종속적이라는 것이 이 관점의 핵심적 명제이다. 하지만 어떤 일에도 '시작'이 있다고 보면, 역사적 변곡점historical turning point이라는 개념에 의해 제도주의를 완화하는 일이 불가능한 것만은 아니다. 이런 방식으로 제도주의를 완화하면, 어떠한 제도라도 역사적으로 중요한 변화를 겪으면 새로운 모습으로 바뀔 수 있다는 가능성을 열 수 있게 된다. 이런 관점에 서면, 예컨대 한국과 같은 후진적 복지체제가 새로이 불붙은 복지정치의 활성화를 통해 새롭게 시작할 여지가 있다고 볼 수 있게 된다. 더 나아가, 기존의 복지체제와 비교할 때 오히려 더 상황적합성이 뛰어난 복지체제로 전환할 수도 있다는 낙관적 전망으로도 이어질 수 있을 것이다.

새로운 변화의 단초가 언제든지 마련될 수 있다는 기대를 수용하면, 지속 가능한 복지국가의 전략적 요소들을 고려할 수 있도록 복지체제론을 변용할 근거가 확보된다. 더구나 한국적 상황은 아직 복지국가의 틀이 완결된 상태가 아니고 정치사회적 변화의 속도 또한 서구와는 비교도 안 될 만큼 매우 빠르다. 그렇기 때문에 한국적 복지국가를 지속 가능하도록 설계하는 것 혹은 우리 복지국가를 지속 가능한 모형으로 개혁할 수 있는 가능성이 상대적으로 더 크다고 볼 수도 있을 것이다.

지속 가능성을 담보하는 선진 복지국가의 요소들을 결합할 수 있는 시점에 우리가 서 있다고 한다면, 남겨진 문제는 지속 가능성의 요소들을 확인하기 위해 복지체제론을 어떻게 활용할 것인가로 모아진다. 복지체제론에 기대어 있으면서도 복지국가의 성과비교를 통해 미래전략의 요소들을 추출하기 위한 새로운 유형화 전략을 다음과 같이 제안할 수 있다(안상훈 외, 2007).

이를 위해서는 우선 복지국가의 개념에 관한 발상의 전환에서 출발할 필요가 있다. 그 첫 번째 단추는 복지국가의 지출 수준에 집중하는 산업화론적 수렴론과 제도주의적 유산과 경로의존성에 집중하는 체제론으로부터 일정 정도 거리두기에서 출발하는 것이다. 새로운 유형화는 인식론적으로 중간적인 입장을 취하는 것에서 시작하여야 하며, 모든 종류의 복지국가가 동일한 길을 가고 있는 것은 결코 아니지만, 동시에 특정 유형의 복지국가가 그 경로 그대로 지속될 수밖에 없다는 제도주의적 수동성도 지나친 결정론일 수 있다는 인식을 근간으로 한다. 요컨대 새로운 방식의 복지체제 '전략유형'에 관한 비교분석은 종국적으로는 지속 가능성을 높일 수 있는 기본적 원칙을 도출하는 것으로 이어져야 하고, 이래야만 한국 복지국가의 미래전략을 위한 주춧돌로 기능할 수 있을 것이다.

예컨대 사회 정책의 상대적 구성 방식에 주목하고 복지국가의 안전망 개념을 소득보장에서 생활보장으로 확장하는 것처럼, 주로 정책 중심적으로 유형화론을 재구조화하는 작업이 필요하다(안상훈, 2007). 보다 포괄적인 생활보장의 개념에 입각한 정책 중심의 새로운 유형화의 분석 틀을 사용하면, 사회 정책의 두 가지 분야인 현금이전과 사회 서비스의 상대적 구성에 따라 네 가지 조합을 설정하는 것이 가능하다. 이에 따라 복지국가들을 새롭게 유형화하면, 개념적 수준에서 '저·저', '저·고', '고·저', '고·고'라는 네 가지 조합이 가능하다. 하지만 '고·저'의 상황, 즉 사회 서비스는 많이 하면서 현금이전은 적게 하는 전략은 현실을 반영하는 유형이라 할 수 없다. 이에, 나머지 세 개의 조합에 해당하는 복지국가 유형을 사회 서비스와 현금이전이 모두 높은 수준인 '서비스 강화형(북유럽형)', 사회 서비스와 현금이전이 모두 낮은 수준인 '공공부조형(영미형)', 사회 서비스는 낮고 현금이전만 높은 '현금이전성 사회보험형(대륙유럽형)'이라 나누어 부르도록 하자. 이러한 방식의 새로운 유형화는 각개 유형에서의 경제적·사회적·정치적 성과를 따져보는 데 활용할 수 있다. 그리고 그 결과에 따라 현금이전과 사회 서비스라는 양대 전략 중에서 어느 것을 채택하여야 한국 복지국가 전략의 지속 가능성을 높일지 선택하는 기준으로 삼을 수도 있다.

비록 복지국가에 관한 새로운 전략을 마련하는 데 있어서는 에스핑-안데르센의 복지체제론이 제도주의적 결정론을 노정한다고 해도, 여기서 제안한 새로운 전략적 유형화도 결국은 그가 창출한 새로운 인식적 패러다임의 작은 수정에 불과하다. 그가 1990년에 『복지자본주의의 세 가지 세계』를 발표한 이후, 복지국가론 분야는 새로운 패러다임에 기대어 엄청난 학술적 성과를 올려왔다. 흥미로운 사실은 이후 20여 년의 세월이 지난 지금까지도 3분론에 기초한 그의 복지체제론이 퇴색되지 않고 있다는 점이다. 특히 그의 3분론이 이상형ideal type이라고 보면, 예컨대 한국을 '보수주의와 자유주의의 혼합형hybrid'이라고 볼 수 있는 등, 새롭게 떠오르고 있는 거의 모든 후발 복지국가의 성격을 규명하는 데 있어서도 매우 유용하다는 점이 속속 밝혀지고 있다. 시간이 흘러도 변하지 않는 현대 복지국가의 핵심을 포착한 에스핑-안데르센의 천재성이 두드러지는 대목이 아닐 수 없다.

참고문헌

Esping-Andersen, G. 1985. *Politics against Markets*. Princeton: Princeton University Press.

———. 1990. *The Three Worlds of Welfare Capitalism*. Cambridge: Polity Press.

——— (ed.). 1996. *Welfare States in Transition: National Adaptations in Global Economies*. London: Sage Publications

———. 1999 *Social Foundations of Post-Industrial Economies*. Oxford: Oxford University Press.

———. 2009. *The Incomplete Revolution*. Cambridge: Polity Press.

김상균 외. 2007.『사회복지개론』. 서울: 나남출판사.

안상훈. 2002.「세 가지 복지자본주의에서의 생산적 복지, 그 성적표: 복지국가의 경제적 효과와 평등전략의 차이에 관한 체제론적 비교연구」.『한국사회복지학』, 제49호: pp. 162-189.

———. 2005.「생산과 복지의 제도적 상보성에 관한 비교연구: 선진 자본주의 국가를 중심으로」.『한국사회복지학』, 57호, 2권: pp. 205-230.

———. 2007.「세계화 시대, 생산적 보완성이 높은 복지전략에 관한 비교사회 정책연구: 사회 서비스형 복지국가 전략의 경제적 성과를 중심으로」.『사회복지연구』, 제32호: pp. 131-159.

안상훈 외. 2007.『지속 가능한 한국의 복지국가 비전과 전략』. 보건복지부 용역보고서.

스티븐 핑커, 『마음은 어떻게 작동하는가?』

Steven Pinker, *How the Minds Work* (1997)

진화를 통해 본 마음의 작동 방식

박주용
서울대학교 심리학과 교수

사귀던 사람과 헤어진 친구를 위로하기 위해 "시간이 가면 잊혀질 것이다"라는 말을 해주는 사람이 있다. 그런데 시간은 그 자체만으로 아무 것도 변화시키지 않는다. 그럼에도 시간이 지나면서 헤어진 사람을 잊게 되는 것은 그 사이에 다른 사람들을 만나게 되고 다른 활동도 하게 되는데, 그러다 보면 헤어진 사람을 생각하는 일이 줄어들기 때문이다. 짧은 시간 동안에는 이런 사건으로 인한 변화를 보기 어렵다. 그렇지만 긴 시간 동안에는 그 기간에 일어나는 많은 사건으로 인해, 우리가 지금 살고 있는 땅덩어리가 수억 년 전에는 하나로 붙어 있었는데 지금은 이렇게 나뉜 것처럼 엄청난 일이 일어난다.

지금과 같이 다양한 종의 생명체가 하나의 공통 조상으로부터 분기를 거듭하면서 만들어졌다는 주장은 소설 같은 이야기로 들린다. 우리가 사는 짧은 동안에는 다윈Darwin 같은 통찰력과 탐구심이 없으면 그런 변화를 관찰하기가 쉽지 않기 때문이다. 어쩌면 그렇기 때문에 과반수 미국인이 진화론을 믿지 않는지도 모른다(Miller, Scott & Okamoto, 2006). 그렇지만 다윈이 과학적인 증거와 함께 제시한 진화론은 유전학에 의해 그 기제까지 어느 정도 밝혀졌다. 세부적인 면에서 학자들 간에 이견이 있고, 진화론이 인간의 기원을 밝혀주는 것 이상으로 어떻게 적용될 수 있는지에 대해서는 여전히 논쟁거리가 남아 있기는 하지만, 인류의 가장 놀라운 지적 산물이라는 점에 대해서는 더 이상의 이론이 있을 수 없다.

이 장에서 소개하는 스티븐 핀커(Steven Pinker, 1954-)의 『마음은 어떻게 작동하는가How the Minds Work?』(이하에서는 『마음』으로 대신함)은 대중을 위한 진화심리학 해설서이다. 진화심리학은 일군의 학자들이 추구하는 다음과 같은 전제에 기반한 새로운 심리학 연구 패러다임이다. 첫째, 마음에서 비롯되는 보편적인 인간 본성이 존재하며, 둘째, 마음은 자연선택에 의한 적응의 산물인데, 셋째, 적응의 목표는 사냥과 채집으로 삶을 영위했던 홍적세기의 우리 조상들이 해결해야 했던 문제들이었다는 것이다(Barkow, Cosmides & Tooby, 1992). 물론 이런 전제 없이 진화와 관련된 연구 결과를 심리학에 적용하는 연구도 넓은 의미로 보면 진화심리학이지만, 핀커는 물론 이 글에서는 위의 세 전제에 입각한 좁은 의미의 진화심리학을 다룬다.

진화론이 그랬던 것처럼, 그리고 보다 최근에 사회생물학 논쟁에서도 그랬던 것처럼, 진화심리학자들의 주장 중에는 검증하기 어려운 부분도 있고 첨예한 이데올로기적인 쟁점도 있다. 핀커는 이 쟁점에 대한 서로 다른 주장들을 균형 있게 다루는 대신 진화심리학을 적극적으로 옹호하는 동시에, 여기저기서 『마음』과 짝을 이루는 또 다른 그의 역작인 『빈 서판The blank slate』(2002)에서처럼 반대진영을 공격한다. 이 글에서는 핀커에 대한 간략한 소개, 『마음』의 의의와 구성, 『마음』의 주요 내용과 관련된 후속 연구, 『마음』을 포함한 진화심리학에 대한 비판의 순서로 살펴본 다음, 『마음』과 진화심리학이 현대 사회에 주는 시사점을 논의하고자 한다.

1. 핀커: 심리학을 대중에게 소개하는 글쓰기 달인

핀커는 1954년 캐나다의 몬트리올에서 태어나 맥길 대학McGill University에서 심리학 학사학위를 받고 하버드 대학Harvard University에서 박사학위를 받았다. 1982년부터 MIT의 조교수, 부교수를 거쳐 정교수(1989)가 되었고, MIT의 인지과학 센터와 인지신경과학 센터장을 겸직하다가, 2003년부터 하버드대의 석좌교수로 재직하고 있다. 핀커의 연구 분야는 주로 언어 습득과 언어처리 과정이지만, 시각은 물론 인지 과정의 일반적 특성을 탐색하는 주제와 관련하여 수많은 논문을 발표하고 있다. 그렇지만 핀커의 재능이 가장 잘 드러나는 곳은 엄청난 양의 정보를 쉽고 재치 있게 표현해 누구나 재미있게 읽을 수 있는 단행본이다. 『언어본능』, 『마음은 어떻게 작동하는가?』, 『빈 서판』은 그 대표적인 예이다. 이 세 권의 책은 모두 권위 있는 출판상을 여러 개씩 받았는데, 『마음』과 『빈 서판』은 모두 미국심리학회에서 수여하는 윌리엄 제임스 상William James Book Award을 받았고 퓰리처상의 최종 후보로도 선정되었다. 현재 그는 미국은 물론 전 세계적으로 열리는 주요 학회의 특강 연사로 많이 초청받으며, 대중을 위한 강연도 활발히 하고 있다. 그는 『타임Time』 지에서 선정한 "오늘날 가장 영향력 있는 100인" 중 한 명으로 선정되었다. 또한 영국에서 발행되는 『프로스펙트 매거진Prospect Magazine』이 주관하여 2005, 2007년 두 번 실시한, 가장 영향력 있는 지성인을 뽑는 투표에서 촘스키와 함께 두 번 연속 선정되었다. 그렇지만 촘스키는 오늘날 정치학자로서 더 큰 영향을 미치기에, 심리학자로는 핀커가 유일하다고 할 수 있고, 2005년에는 없었지만 2007년에 등재된 연구자로는 샌디에고에 있는 캘리포니아 대학의 시각 연구자 라마찬드란V. J. Ramachandran이 있을 뿐이다. 요컨대 핀커는 현존하는 최고의 심리학자 혹은 인지과학자 중 한 명이라는 것에 이의를 제기할 사람은 없을 것이다. 여기에 굳이 추가하자면 학자로서 일반인들이 쉽게 읽을 수 있는 글을 쓰는 솜씨에 있어서는 인지과학자 중 최고일 것이다.

2. 진화론에서 진화심리학으로의 발전

다윈의 『진화론』(1859)은 현대 심리학의 출발점으로 삼는 분트(Wundt, 1879)나 제임스(James, 1875)의 실험실 설립보다 대략 20여 년 앞서 출간되었다. 따라서 초기 심리학자들이 진화론의 영향을 받은 흔적을 쉽게 찾아볼 수 있다. 제임스의 『심리학 원리』(1890)에는 24개나 되는 본능, 즉 종으로서의 인간이 보이는 행동특징들이 열거되었다. 발달심리학자인 볼드윈(Baldwin, 1895; 1902)은 두 권의 책을 통해 진화적 변화를 일으키는 데 있어 개체 발생의 역할에 대한 이해를 고양시켰다(Gottlieb, 1979에서 재인용). 그렇지만 한편으로는 본능을 입증할 증거가 없고, 행동주의자들이 관심을 가진 조건형성이 종차에 무관하게 관찰되면서, 진화론에 대한 연구가 급격히 약화되었다. 다만 1930년대에 로렌츠Lorenz와 틴버겐Tinbergen이 정상조건에서 어떤 종의 모든 구성원이 보이는 전형적인 행동유형이 있고 이 행동유형은 심장이나 허파와 같은 신체기관처럼 불변적이고 적응적이며 유전될 수 있다는 연구 결과를 제시하였다(Gottlieb, 1979에서 재인용).

진화론이 다시금 사회과학 내에서 활발히 논의되기 시작한 것은 윌슨(Wilson, 1975)의 사회생물학에서 비롯된 논쟁인데, 사회생물학은 물론 진화심리학의 공통기반은 해밀턴(Hamilton, 1964)의 포괄적 적응도 이론inclusive fitness theory이다. 해밀턴의 이론은 고전적 적응도 이론classic fitness theory의 문제점을 보완하기 위해 제안되었다. 고전적 적응도 이론에서는 한 유기체가 생식에 성공하여 자신의 유전자를 남길 가능성을 중시한다. 그렇지만 포괄적 적응도 이론에서는 자신을 포함하여 자신과 유전적으로 가까운 유기체의 유전자가 다음 세대로 전달될 가능성을 높이는 행동이나 효과가 종합적으로 고려된다. 유전자를 공유하는 정도를 보면, 일란성 쌍생아는 동일한 정보를 갖고 있다. 부모와 자식 간에는 0.5, 같은 부모로부터의 형제자매도 서로 0.5만큼 유전자를 공유한다. 조부모와 손자들 간은 0.25, 삼촌과 조카 간은 0.25, 사촌들 간은 0.125만큼 유전적으로 가깝다. 이제 자신이 직접 자식을 낳음으로써 증가되는 고전적 적응도에 친척들을 돌봄으로써 그들의 유전자가 전달될 가능성을 높여주는 것까지 적응도에 포함된다. 따라서 비록 자기 자신은 자손을 한 명도 남기지 못했더라도 자신의 형제자매 혹은 조카들을 후원함으로써 그들이 잘 살아가게 돕는 행동도 그 유전자의 적응도를 높인다는 것이다. 이 이론은 소위 "유전자의 관점gene's eye view"을 열어주었고, 도킨스Dawkins의 『이기적 유전자』(1976/1989)를 통해 대중적으로 확산되었다. 포괄적 적응도 이론의 영향을 받은 트리버스(Trivers, 1971; 1972; 1974)는 사람들 간의 관계와 관련된 일련의 논문을 발표하였다. 그는 비록 유전적으로 아무런 관련이 없어도 호의를 베푸는 사람에게 궁극적으로 혜택이 되돌아오기 때문에 상호적 이타주의가 발생할 수 있는 조건을 제안하고 그 사례를 찾아내었다(Trivers, 1971). 이어 부모투자이론(Trivers 1972)과 부모-자녀 갈등이론(Trivers, 1974)을 연이어 발표하였다. 부모투자이론에서는 부모가 자신은 물론 다른 아이를 돌보는 데 사용할 수 있는 자원을 특정한 아이를 위해 사용하는 것을 일종의 기회비용으로 간주하는 이론이다. 부모가 자식을 갖는 데 이 같은 비용이 수반되고 유성생식을 하는 유기체의 경우 그 비용이 다르기 때문에, 더 많은 투자를 하는 쪽이 상대방을 더 까다롭게 고르며, 더 적은 투자를 하는 쪽은 선택되기 위해 더 경쟁적인 상황에 처하게 된다는 것이다. 이 이론에 따르면 부모와 자녀 간 갈등은 부모가 가진 자원 혹은 기회비용의 한계에서 비롯되는데, 이 제한된 비용을 어떻게 배분하는 것이 이상적인지에 대해 부모와 자녀의 입장이 다르기 때문에 생겨난다. 유전적으로 보면, 자녀들끼리는 서로 0.5만큼 유전자를 공유하기 때문에 자신에 비하면 반만큼 중요하다. 혹은 자기 자신은 다른 형제보다 두 배만큼 중요하다. 그런데 부모의 입장에서 보면, 같은 자원을 분배할 때 한계효용의 체감 때문에 자녀들에게 골고루 나누어줄수록 효용을 높일 수 있다. 하지만 자녀의 입장에서 볼 때는 자기 자신이 다른 형제보다 두 배나 더 소중하기 때문에 더 많이 받는 것이 중요해진다. 이런 차이 때문에 부모-자녀 갈등은 필연적이라는 것이다. 이처럼 포괄적 적응도 이론을 기반으로 배우자 선택의 문제, 친족 관계, 집단 내에서의 위계성, 협력, 공격성을 다루는 연구와 함께, 문화 현상도 진화에 의해 만들어진 마음의 산물이라는 주장을 펼치는 연구들이 발표되었다(예, Barkow, Cosmedies & Tooby, 1992; Crawford & Krebs, 1998; Buss, 2005). 핀커의 『마음』은 한편으로는 이 연구자들의 연구 결과를 대중들에게 쉽고 재미있게 전달하는 동시에, 인지과학에서의 주요 발견을 진화심리학에 포함시키는 데 크게 기여한 책이다.

3. 진화심리학에서 바라본 마음의 기능과 작동 방식

책의 구성

『마음』은 다음과 같이 총 8부로 구성되어 있다:

1. 표준설비
2. 생각하는 기계들
3. 얼간이들의 복수
4. 마음의 눈
5. 좋은 생각들
6. 다혈질
7. 가족의 소중함

주요 내용

"표준설비standard equipment"로 명명된 1부에서는 인간처럼 행동하는 로봇을 만들 때 고려해야 하는 부분이 얼마나 많고 복잡한지 예시한다. 우리들은 일상적으로 다양한 조명 조건에서 큰 문제없이 대상을 알아보고, 걷거나 움직이고, 범주화하며, 주어진 정보로부터 엄청나게 많은 다른 정보를 추론하는데, 그것도 유관한 결과만을 뽑아낼 수 있다. 게다가 자기가 원하는 것이 무엇인지 알고, 지켜야 할 것이 무엇인지도 잘 알고 있으며, 자식들도 잘 낳는다. 그런데 이 모든 것은커녕 어느 하나를 사람만큼 잘 해내는 로봇을 아직 만들지 못하고 있다. 진화심리학자들은 우리가 가진 이 모든 놀라운 능력이 진화의 산물이라고 본다. 진화를 통해 갖게 된 능력으로 우리는 현재 공학적으로 불가능한 많은 문제를 풀 수 있다는 것이다. 물론 모든 문제를 풀도록 진화해오지 않고 특정 영역에서의 중요한 문제들을 풀도록 진화해왔는데, 이를 위해 우리 몸의 장기들이 서로 긴밀히 상호작용을 하는 가운데 각자의 기능을 하듯, 마음도 전문화된 여러 기관organs으로 나뉘었다고 본다. 이런 기관들은 모두 자연선택의 산물로 간주된다. 진화적 변이는 흔히 적응adaptation, 부산물byproducts, 그리고 잡음noises의 세 가지로 구분된다. 적응은 생존과 번식을 유리하게 하는 어떤 문제를 해결하기 때문에 자연선택을 통해 존재하게 된 특성으로, 예를 들면 탯줄을 통한 태아 양육이다. 부산물이란 적응의 부수적 결과로 생겨난 특징으로, 예를 들어 탯줄 때문에 생기는 배꼽이다. 잡음이란 돌연변이처럼 우연적인 요소에 의해 생겨난 변이이다. 이 가운데 인간의 눈과 같은 기관은 너무나 많은 부품들이 정밀하게 조립되어 있어서, 부산물이거나 잡음에 의해서라기보다는, 특정 목적을 위해 설계된 적응일 수밖에 없다는 것이다.

진화심리학에서 마음의 설계 목적을 찾기 위해 사용하는 독특한 연구 방법은 역설계reverse engineering이다. 이 방법은 공학자들이 기계를 만드는 일반적인 방법과 반대로 진행된다. 일반적인 방법에서는 예를 들어 레고와 같은 장난감의 경우, 어린이가 재미있어야 하고, 안전하고, 규격이 같아 서로 바꾸어 쓸 수 있고, 다양한 소재로 만들어져야 한다는 제약들constraints을 고려하여 만들어지고 필요한 경우에 개선된다. 이에 반해 역설계에서는 이미 만들어진 기계와 그 기계의 작동 방식 등으로부터 어떤 일을 하기 위해 만들어졌는지를 추측하고자 한다. 이 방법을 사용하는 이유는 우리의 시각 체계와 같은 놀랍도록 복잡하면서도 정교한 체계가 그냥 만들어진 것이 아니라 어떤 목적을 염두에 두고 만들어졌을 가능성이 높기 때문이다. 우리의 마음도 심리적 적응의 결과인데, 어떤 문제를 해결하기 위해 만들어졌는지 추측한 다음, 그 증거를 찾아내야 한다는 것이다. 이처럼 1장에서는 마음, 전문화, 진화에 대한 기본 개념을 소개한 후, 다음과 같은 단서로 마무리한다. 그 하나는 심리적 기제들은 과거의 문제를 해결하기 위해 진화해왔기 때문에 현재에는 적응적이지 않을 수 있다는 것이다. 또 다른 단서는 과학과 윤리를 동일시할 때 흔히 범하기 쉬운 자연주의 오류에 빠져서는 안 된다는 것이다. 예를 들어 남성이 여성보다 더 폭력적으로 진화해왔다는 것이 밝혀졌다 하더라도 이것이 곧 남성의 폭력성을 정당화할 수 없다는 것이다. 그는 과학적 사유와 도덕적 사유의 세계는 서로 다른 목적을 가진 독립된 체계이므로 이 둘을 별개로 보아야 한다고 주장한다.

2부 「생각하는 기계」에서는 인지과학의 기반인 계산론적 마음이론을 소개하고, 이를 반박하는 연구자들에 대해 반론을 제기한 다음, 계산론적 마음이론의 대안으로 제시된 신경망 연구의 한계를 지적한다. 계산론적 마음이론은 흔히 믿음, 욕구 등의 심적 상태는 상징적 표상을 포함하고 있다는 표상이론representational theory of mind과 추리는 형식적formal 혹은 통사적syntactic 속성에 근거하여 이루어진다는 추리의 계산론computational theory of reasoning으로 특징지어진다. 표상들이 일정한 규칙에 따라 서로 조합을 이루면, 우리의 언어에서 쉽게 확인할 수 있듯, 무한히 많은 상태를 나타낼 수 있다. 실제로 계산론적 마음이론은 '만약if-, 그러면then-'규칙으로 구성된 산출 체계로 표현될 수 있는데, 산출 체계가 컴퓨터로 구현되면서 인지가 심리학과 인접학문의 주요 연구 주제로 자리 잡게 하는 인지 혁명을 일으켰다. 이 이론이 각광을 받게 된 것은 "철학적 난제를 해결하고, 컴퓨터 혁명에 불을 붙였으며, 신경과학에 중요한 문제를 제기하였고, 심리학에 유용한 연구 과제들을 제공했기 때문이다". 이런 계산론적 마음이론에 대해 설Searle은 유명한 중국어방 논변Chinese room argument을 통해 그 한계를 지적하고자 하였다. 설의 주장은 방 안에 있는 사람이 제시된 한자를 보고 그 의미에 해당하는 영어 단어를 제시할 수 있다고 해서 그 사람이 한자를 안다고 할 수 없다는 것이다. 요컨대 입력과 출력 간의 규칙적 관계만으로는 실제 사람의 마음이 작동하는 방식에 대해 밝힐 수 없다는 것이다. 이 주장에 대해 핀커는 설이 중국어를 아는 것과 모르는 것에 대한 명확한 정의를 내리지 않은 상태에서, 방 안에 있는 사람이 중국어를 모른다고 가정하고 논의를 전개하는 것이 잘못이라고 반박한다.

물론 전통적인 계산론적 마음이론과 진화심리학에서의 마음이론에서 차이가 나는 부분도 있다. 그중 하나는 마음을 어떤 문제라도 다 다룰 수 있는 한 개의 범용 기계general machine로 보는 대신, 모듈module, 즉 특수한 목적을 가진 다수의 전문화된 기계들specialized machines로, 혹은 전문화된 기관들의 집합으로 본다는 점이다. 범용 기계들은 조금만 복잡한 상황에 놓이게 되면 쉽게 조합적 폭발combinatorial explosion에 빠져 제대로 기능할 수 없는 단점이 있다. 예를 들어 구토감을 느끼면 그 원인을 찾기 위해 과거에 일어난 온갖 경험들과 그들 간의 결합을 고려해야 하는데, 이를 통해 가능한 원인을 찾아내는 일은 거의 불가능하다. 그 대신 최근에 먹은 음식에 국한하면, 그 원인을 찾아낼 가능성이 높아진다. 이처럼 영역이나 내용에 따라 각기 전문화된 처리 기계를 가정하면 중요한 정보를 빠르고 효율적으로 처리할 수 있게 된다. 계산론적 마음이론은 주로 언어 정보처리에서처럼 명제에 의해 순차적인 처리가 이루어진다고 본다. 이와는 달리 신경망 연구자들은 동시적으로 작동하는 여러 신경원들이 서로 흥분과 억제를 주고받으며 안정화되어 가는 과정으로 정보가 처리된다고 주장한다. 후자가 갖는 장점은 어떤 내용이 활성화되면 연관된 다른 정보들이 쉽게 확인될 수 있고, 일부 신경원이 손상되어도 수행이 완만하게 퇴화되어 어느 정도 작동이 가능하다. 또한 예를 들어 앞에서 언급했던 레고를 만들 때 고려해야 하는 여러 제약이 있을 경우, 이 제약들을 동시에 모두 충족하는 방법을 찾아내는 제약만족constraint satisfaction을 통해 하나의 해결책을 찾아낼 수 있으며, 오류를 수정하여 점차 수행을 향상시킬 수 있다는 장점 등이 있다. 이런 장점에도 불구하고 신경망 접근은 개체 구분, 수량화quantification와 변수 결합, 합성성compositionality이나 재귀recursion 구현 등에 어려움이 있다는 문제로 인해 그 적용범위가 넓지 않다고 평가한다. 2부의 내용은 인지과학자들에게는 새로울 것이 없지만 이 분야에 대한 배경이 없는 사람들을 위한 입문서로는 훌륭하다.

3부 「얼간이들의 복수」에서는 2부에서 본 마음이 자연선택의 결과로 생겨난 일종의 생물학적 기관이라고 주장한다. 이를 강조하기 위해 뇌를 자주 언급하는데, 예를 들면 "뇌는 정보를 처리하기 위해 진화해왔고", "뇌는 정밀기계"이며, "인간과 유인원 뇌의 근본적인 차이는 뉴런들의 연결패턴에 있다"고 주장한다. 이와 함께 핀커는 자연선택이야말로 진화의 가장 핵심적인 기제임을 강조한다. 이 과정에서 돌연변이는 물론 굴드Gould가 주장했던 굴절적응exaptation도 자연선택의 결과로 해석한다. 예를 들면 원래 곤충은 체온 조절을 위해 날개를 사용하였지만, 이 용도를 위해 어느 정도 커지고 난 다음 애당초의 목적과는 다르게 나는 데 활용될 수 있었다는 것이다. 이제 애당초의 목적인 체온 조절을 위해서는 더 커질 필요가 없지만, 하늘을 나는 새로운 목적을 위해 더 커지게 되었다는 것인데, 이처럼 목적이 달라져도 그 기저의 기제는 자연선택이라는 것이다.

3부의 말미에서는, 인간이 생물학적으로는 더 이상 진화하고 있지 않지만, 그 대신 문화를 진화의 과정으로 설명할 수 있는지를 다루고 있다. 이에 대한 핀커의 입장은 부정적인데, 그 이유는 기본적으로 진화는 생물학적 과정이고 문화는 뇌의 작용을 통해 만들어진 산물이기 때문이라는 것이다. 문화적 변화는 복제 오류로 나타나는 것이 아니라 약간의 우연과 의도적인 개선을 통해 일어난다. 이 점에서는 그는 "문화적 진화의 경우 돌연변이는 지향되고 획득형질은 유전된다"고 주장한다. 따라서 문화를 이해하려면 진화가 아니라 심리학을 탐구해야 한다는 주장으로 3장을 맺는다.

투비와 코즈미디스(Tooby & Cosmides, 1992)나 핀커(1997; 2002)와 같은 진화심리학자들은 백지 혹은 빈 서판blank slate으로서의 마음을 부정한다. 백지를 주장한 로크Locke의 경우, 경험이 채워짐으로써 사고나 판단이 가능하다고 보았고, 뒤르켐Durkeim도 "개개인의 본성은 사회적 요인들에 의해 형성되고 변형될 수 있는 아직 확정되지 않은 재료에 불과하다"(1895/1962, Tooby & Cosmides, 1992에서 재인용)고 주장하였다. 마음이 백지라는 견해에 따르면, 타고난 본성은 최소한에 불과하다. 그 대신 양육이나 교육, 그 밖에 문화 등이 개인의 행동과 신념에 큰 영향을 미친다. 이런 견해와 일치되는 발견들이 미드Mead, 베네딕트Benedict, 화이트White 등과 같은 문화인류학자들에 의해 보고되면서, 빈 서판 이론이 소위 표준사회과학모형으로서 인류학을 포함한 사회과학 전반의 기본 연구 패러다임으로 자리 잡게 되었다고 주장한다. 표준사회과학 모형에 대한 대안으로, 진화심리학자들은 인간의 본성에 근거하여 사회와 문화를 이해해야 한다고 주장한다(Tooby & Cosmides, 2005). 즉 문화가 인간의 본성을 만들어내는 것이 아니라, 그 정반대로 인간의 본성이 문화를 만들어낸다는 것이다. 이들은 문화가 하나의 개념이 아니라 적어도 두 가지 다른 개념으로 나뉘는데, 하나는 인간 마음의 보편성에서 비롯되지만 환경이 다르기 때문에 나타나는 차이인 유발된 문화evoked culture이고, 다른 하나는 한 사람의 마음에 생겨나게 된 생각이나 가치 혹은 표상이 관찰이나 상호작용을 통해 다른 사람에게도 생겨나게 되는 전달된 문화transmitted culture라고 주장한다(Tooby & Cosmides, 1992). 유발된 문화의 예는 배우자 선택에서 외모가 보편적으로 중요시되지만 지역에 따라 차이를 나타내는 데서 볼 수 있다. 이 차이의 원인이 병원균이라는 가설이 제기되었는데, 연구의 결과, 실제로 병원균이 많은 지역일수록 외모에 더 큰 비중을 둔다는 것이 밝혀졌다(Ganestad & Buss, 1993). 외모는 건강의 한 지표가 되기 때문에 이런 지역일수록 외모를 통해 더 건강한 배우자를 고를 수 있기 때문이다. 전달된 문화의 예로는 사후세계나 음식 혐오 혹은 가십gossip을 통해 전해지는 정보에서 볼 수 있다. 맥앤드류, 벨, 그리고 가르시아(McAndrew, Bell & Garcia, 2007)는 가십의 경우, 경쟁자에 대해서는 나쁜 소식을 빨리 널리 퍼뜨리지만 친구나 연인에 대해서는 숨김을 발견하였다. 어떤 형태이든 진화심리학자들에게 있어 문화는 보편적 심리기제와 독자적으로 작동하는 것이 아니라 심리기제에 의해 제약되기 때문에 심리학을 이해하지 않고서는 문화를 이해할 수 없다고 본다.

4부에서는 계산론적 시각이론이 상술된다. 이 부분은 아마 심리학, 그것도 계산론적 시각이론에 대한 사전 지식이 없는 독자들이 이해하기 어려운 부분일 것이다. 각각의 부분에 대한 상세한 이해가 어려울 경우 그 요지를 파악하는 것이 유용할 수 있는데, 그 요지는 다음과 같다. 우리는 외계의 물체가 무엇이고 어디에 있는지 쉽게 지각하지만 컴퓨터나 로봇으로 하여금 보게 하는 것은 쉬운 일이 아니다. 이들이 해결해야 하는 문제는 무엇이 어디에 있는지를 알아내는 것이다. 이 문제를 해결하기 위해서 우리에게 주어진 정보는 망막에 비친 2차원 이미지이다. 이 이미지로부터 거꾸로 3차원 물체를 그 위치와 함께 복원하기 위해 전문화되어 있으면서도 서로 끊임없이 상호작용하는 다양한 처리가 일어난다. 흔히 매직아이magic eyes로 알려진 2차원 이미지로부터 3차원 물체를 경험하게 되는 입체시stereopsis, 깊이, 빛, 형태, 모양 등을 각각 처리하는 수많은 하위 모듈로 나뉘어 처리되는데, 이 모듈들은 진화에 의해 습득한 전제들을 덧붙여 공학적으로는 불가능해 보이는 과제를 완수한다는 것이다. 핀커는 또한 여러 모듈의 결합이 일견 복잡해 보이지만, 한 분야의 전문가가 자신의 전문성에 의존하여 문제를 푸는 것보다 필요한 것만 외주outsourcing로 맡겨서 해결하고 이들을 조합하여 원하는 결과를 더 싼값에 얻어 낼 수 있음을 보여주는 예를 제시하는 재치를 보여준다. 마르Marr의 이론을 소개할 때 나오는 2.5차원 스케치는 망막 이미지로부터 모듈에 의해 기계적으로 처리된 내용을 종합하여 추론해낸 가설적인 표상인데, 여기까지가 마르가 생각했던 자료주도적인 지각 과정의 최종산물이다. 그 이후는 시각적 인지visual cognition 과정인데, 우리의 지식 경험에 의해 지각적 자료를 해석하고 추론하여 크기가 달라지거나 그 형태를 추상화시키더라도 여전히 동일한 대상으로 알아볼 수 있도록 해주는 처리 과정이다. 시각 인지 단계에서는 물리학의 원자론에서처럼 모든 대상이 제한된 수의 기하자geon로 만들어진 추상적인 형태로 표상된다고 가정한다. 4부는 단원적으로 처리되는 계산 과정으로서 시각 연구의 성과를 보여주는데, 그 핵심은 이 같은 정교한 시각 기제들이 모두 진화의 산물이라는 것이다.

5부에서는 인간이 세계를 어떤 방식으로 이해하는지를 다룬다. 핀커는 우리가 가진 합리성은 수학이나 논리학에서 요구하는 합리성이 아니라 우리 조상이 살던 시대의 환경에 필요한 능력인 생태적 합리성이라고 주장하는 데서 시작한다. 여기서 중요한 능력은 사물 인식, 도구 제작, 언어 습득, 짝 찾기, 동물의 이동 예측, 길 찾기 등과 같은 문제였다. 그런데 오늘날 사고를 통해 찾아내려고 하는 것은 진실truth이다. 문제는 진실은 때로는 적응성이 있지만 때로는 그렇지 않을 뿐만 아니라 진실을 추구하는 데는 비용이 많이 든다는 것이다. 우리의 사고 능력은 적당함을 위해 진화해왔는데, 오늘날에는 정확함을 요구한다.

핀커는 사물 인식, 도구 제작, 언어 습득, 그리고 짝 찾기 등과 같은 생태적 합리성이 최근 발달심리학자들에 의해 활발히 연구되는 선천적 직관이론에 의해 매개된다고 주장한다. 다른 사람들의 행동을 그 사람의 믿음이나 의도에 기반하여 이해하는 직관적 마음이론, 물체는 다른 물체를 통과하지 못하지만 연속적인 궤적을 그리며 움직이고, 접촉에 의해서만 힘의 전달이 일어난다고 생각하는 직관적 물리학, 스스로 움직이는 능력을 갖고 있는 것을 생물로 보는 직관적 생물학 등이 그 좋은 예이다. 이 밖에도 그는 인간이 초보적인 수학, 논리 능력을 갖고 태어나며, 확률보다는 빈도에 더 민감하게 진화해왔다고 주장한다. 핀커는 이런 다양한 능력들은 애당초 생태적 합리성을 추구하기 위해 진화해왔지만 특히 범주화와 은유를 통해 변화되고 추상화되면서, 오늘날의 복잡하고 추상적인 지식 체계를 축적할 수 있게 되었다고 본다.

이런 설명과 더불어 핀커는 다윈과 비슷한 시기에 진화론을 주창하였던 월러스Wallace가 제기한 문제, 즉 우리의 조상인 식량수집인과 월러스가 살던 시대의 유럽인들이 생물학적으로 동일한데, 둘 간의 지적 수준을 비교하면 왜 그렇게 현격한 차이가 나타나는지에 대한 답변을 시도한다. 핀커의 답변은 피아제Piaget식으로 표현하면 구체적 사고 단계 정도인 식량수집인의 지능과 추상적 사고 단계인 현대 인간에는 근본적인 차이가 없다는 것이다. 은유와 이들의 다양한 조합은 거의 무한하게 이루어질 수 있는데, 이러한 능력은 식량수집인이나 현대인이나 다 똑같을 뿐만 아니라 심지어 천재들도 기본적으로 보통 사람과 다를 바 없다고 주장한다. 통상적인 믿음과 달리, 핀커는 "식량수집인으로서 성공하는 것은 미적분이나 게임을 하는 것보다 더 어려운 문제"라고 주장한다. 이런 주장은 지적인 성취에 대한 문제를 새로운 시각에서 바라볼 수 있게 해주기는 하지만, 그 주장을 뒷받침할 수 있는 증거가 없다는 문제가 있다.

"다혈질"이라는 제목의 6부에서는 정서심리학을 다룬다. 핀커는 인간이 세상을 이해하는 방식을 타고나는 것처럼, 문화권의 차이에도 불구하고 특정한 정서 상태의 얼굴표정에 공통점이 있는 것은 그것이 보편적인 기제에 의해 만들어지기 때문이라고 본다. 핀커는 마음의 원동력은 에너지가 아니라 정보라 보고, 감정도 인지와 함께 유전자 증식에 도움을 주었기 때문에 진화한 산물로 본다. 진화심리학에서는 마음이 각각 독자적으로 움직이는 여러 개의 단원module들로 구성되었다고 보는데, 이런 구성으로 인해 생기는 한 문제는 단원들 간에 조정이 어떻게 이루어지느냐는 것이다. 배고픈 상황에서 약간의 위험을 무릅쓰고 먹이를 찾아나설지, 아니면 배고픈 채로 계속 안전한 곳에 머무를지를 결정해야 할 때처럼 우리는 모든 목표를 동시에 추구할 수 없다. 이와 같은 상황에서 최상위 목표를 설정할 수 있게 해주는 것이 바로 감정이라는 것이다.

아프리카의 초원과 비슷한 환경을 아름답게 여기고, 음식과 관련되어 역겨움을 느끼며, 뱀이나 거미를 처음 보아도 두려워하고, 타인과의 비교를 통해 행복해지거나 불행해지며, 나중에 주어지는 보상보다는 당장 얻을 수 있는 보상을 더 선호하는 것은 이런 감정이 적응적이었기 때문이라는 것이다. 그리고 자신의 이익을 타인의 이익보다 더 중시하는 것도 마찬가지이다. 다만 내 손이 닿지 않는 가려운 곳을 서로 긁어줄 때처럼 호혜적 이타주의를 발전시킬 수 있게 되는데, 트리버스의 이론에서는 이 호혜적 이타주의가 사람들 간에 나타나는 감정의 원천이자 도덕관념의 기반임을 소개한다.

협상이나 협박에서 선택의 자유를 자발적으로 포기하는 역설적 전략이 사용된다. 예를 들면 승객이 저항하면 비행기를 폭파하겠다는 협박보다 약간만 충격이 가해져도 터지는 폭발물을 가슴에 둘렀다는 협박이 더 효과적이다. 이처럼 감정도 그 효과를 극대화하기 위해 역설적 표출 방식을 발전시켜왔다고 주장한다.

분노나 사랑에 사로잡힌 사람들은 독특한 생리적 변화를 보이며, 비합리적이고 비이성적으로 보이는 극단적인 행동을 하기도 한다. 핀커는 이렇게 함으로써 자신의 감정이 꾸며낸 것이 아니라 진짜임을 드러내기 때문에 역설적으로 감정이 효과적으로 기능하도록 진화해왔다고 주장한다. 심지어 남녀 간의 사랑도 가능한 후보 중 한 명을 선택하기 위한 감정의 산물이며, 자기 기만도 감정을 꾸며낼 수 없기 때문에 나타나는 현상으로 설명한다.

기존의 인지과학은 '인지'라는 말에서 보듯 연구 주제가 지식의 습득과 활용에 치중해왔다. 동기와 정서가 중요하지 않아서가 아니라 이들을 연구하기 위한 이론적 틀과 방법론의 개발이 어려워 연구가 활발하지 않다. 진화심리학자들은 인지와 동기가 표상과 행동을 위한 하나의 통합된 시스템에서 공진화했음을 강조하는 동시에 이들에 대한 연구 방향을 제시하고 있다(Tooby & Cosmides, 2005). 우선 동기는 진화적 설계에 의해 평가적 절차가 명세된 입력 내용, 대상, 결과, 혹은 활동의 집합으로 정의한다. 그렇지만 여기서도 인지에서와 마찬가지로 보편적인 의미의 동기 대신, 각 종마다 특유의 가치할당 절차나 기준이 있다고 가정한다. 적응적 행동을 위해서는 높은 가치를 가진 선택을 해야 하는데, 가치를 할당하는 활동은 불가불 개념적 활동을 포함한다. 따라서 동기와 인지는 서로 분리될 수 없다. 한편 마음을 하나의 범용 시스템으로 보는 대신 수많은 전문화된 소형 프로그램의 동시적 활동의 결과로 볼 때 해결해야 하는 문제 중의 하나는 이들 소형 프로그램 간의 조정이다. 수많은 소형 프로그램이 작동하지만 한 개인으로서의 행동이 성공적으로 완수되기 위해서는 갈등이 없거나 여러 부분 간의 협응이 필요하기 때문이다. 이를 위해서는 상위의 프로그램에 의한 조정이 이루어져야 하는데 바로 이 역할을 담당하는 것이 정서라고 주장한다. 요컨대 감정에 빠져 불합리한 행동을 하는 것처럼 보이는 사람들의 세부 행동은 냉철하게 인지적인 경우가 많은 데서 볼 수 있듯 감정과 인지는 서로 긴밀히 협동을 한다는 것이다.

7부 「가족의 소중함」에서는 일가친척에서 시작하여 부모와 자식, 형제와 자매, 남자와 여자, 남편과 아내, 경쟁자, 친구와 지인, 동맹과 적, 그리고 인류까지의 사회적 관계를 다루고 있다. 각각에서 나타나는 특징을 살펴보면 다음과 같다. 유전적 거리가 가까울수록 사랑하기 쉽고, 멀수록 폭력을 행사하기 쉽다. 그 증거는 혈연 내의 살인률은 매우 낮고, 아동학대는 입양아에게 더 많이 일어난다는 것이다. 부모와 자식 간에는 사랑이 있지만, 낳아서 양육을 해야 하는 번식 방법을 쓸 경우, 부모의 자원을 어떻게 쓰는지에 대한 부모-자식 간 갈등이 발생한다. 앞에서 본 것처럼 부모는 더 많은 자식을 낳고 자식들에게 자신의 자원을 골고루 배분하고자 하지만 각각의 자식은 부모에게 더 많은 투자 혹은 보살핌을 요구하기 때문이다. 핀커는 형제자매는 서로 경쟁적이지만 출생순위에 따라 생존 가능성은 물론 여러 가지 성격특성도 다르다는 연구 결과를 소개한다. 남자와 여자는 번식을 위한 투자의 초기 금액에서 차이를 보이는데, 더 많은 투자를 하는 쪽이 배우자 선택에 더 신중하다. 그리고 질투에서도 성차이가 관찰되는데, 남자는 여자의 성적 외도를 더 혐오하지만 여자는 남자의 정서적 외도에 더 괴로워한다. 배우자를 선택하게 하는 연구에서 여성은 연상 남성을, 남성은 연하 여성을 선호하며, 남자는 젊고 성적 매력이 있는 여성을, 여자는 부유하고 유능한 남성을 선호한다. 서로 모르는 사람들끼리의 상호작용에서 관찰되는 것은 맞대응 전략이다. 즉 먼저 선의를 베푼 다음, 그 다음부터는 상대방이 한 대로 따라 하는 전략이다. 이를 통해 호순환이 일어나면 우정이 생겨난다는 것이다. 부족 간에 벌어지는 전쟁도 선택압력인 동시에 여자를 포획하여 더 많은 자손을 남기기 위한 수단이라는 증거도 있다. 이처럼 인간들 간의 사회적 관계는 우리가 생각하는 것처럼 낭만적이지 않지만, 갈등을 해소하려는 노력도 우리의 특성이라고 주장한다. 그 증거로 살인 비율이 낮아졌음을 드는데, 그는 이런 변화는 뇌의 변화 때문도 아니고 교육과 지식의 증가로 인해 착취자들의 위선과 어리석음을 드러냈기 때문이라고 진단한다. 마지막으로 그는 인간의 본성은 위기 때마다 대안을 찾도록 만들어졌다는 다소 희망적인 말로 7부를 끝맺는다. 7부는 해밀턴과 트리버스의 초기 이론적 연구들에 대한 실증적 연구들로, 그 자체로 중요한 연구 주제이자 진화심리학에 대해 일반 대중들의 관심을 고양시키는 데 큰 역할을 한 영역이다. 그러나 뒤에서 보겠지만 일부 연구자들(Buller, 2005a; b; Richardson, 2008)은 진화심리학자들의 주장이 경험적으로 충분히 입증되지 못했다는 비판을 제기한다.

마지막 8부 「인생의 의미」에서는 사람들이 왜 생존과 번식과 무관해 보이는 예술, 종교, 철학 등의 활동을 추구하는지를 묻는다. 이에 대한 그의 답은, 예술의 경우 즐거움을 통해 적응도를 증가시키기 때문이고, 종교와 철학은 마음의 도구들이 애초의 설계 목적에서 벗어난 문제들에 적용된 결과라고 설명한다. 유머에 대한 분석에서 그는 웃음은 무의식적 소음으로 전염성이 있는데, 가장 중요한 기능 중 하나는 우정을 확인하는 수단이라고 주장한다. 그 증거로 실제 상황에서 사람들이 웃는 사례를 수집한 결과 정말 웃기는 내용은 20%도 채 안 되고 나머지는 웃기지 않은 데도 웃는데, 그렇게 하는 이유는 서로가 적이 아니라 친구임을 확인할 수 있기 때문이라는 것이다.

또 핀커는 종교 혹은 영적 세계에 대한 믿음은 일상적인 이론으로는 잘 설명되지 않는 현상들을 설명하기 위한 그럴듯한 가설로부터 생겨났을 수 있다고 주장한다. 몇몇 철학적 문제들도 설명이 잘 안 되는데, 의식, 자아, 자유의지, 의미, 지식과 도덕성 등이 그렇다는 것이다. 핀커는 이런 문제들이 어려운 이유가 "우리의 마음에 그런 문제를 해결하는 인지적 장비가 없기 때문일 수 있다"고 추측한다. 5부에서 이미 살펴본 것처럼 인간의 마음은 생존과 번식을 위해 진화한 것이지 진리를 탐구하도록 진화하지 않았다. 계산을 통해 해결 가능한 문제가 있는가 하면 그럴 수 없는 문제들도 있는데, 예를 들면 의식, 자아, 자유의지, 의미, 지식과 도덕성 등이다. 핀커는 이 주장이 사실이라고 믿는데, 그렇다면 이들은 물론 합리성, 정의 등에 대해서도 마찬가지이고 따라서 이들에 대한 철학적 탐구는 물론 다른 인문학이나 사회과학에서의 탐구는 사실상 부질없는 일이 된다. 역설적이게도 핀커는 인지적 한계를 인정하고 그 범위를 찾아내는 것도 또 다른 진보라고 주장한다.

4. 진화심리학에 대한 비판: 계산론과 역설계의 문제점, 그리고 대안적인 설명 가능성

『마음』에 대한 비판적 서평은 계산론적 마음이론을 정립하는 데 중요한 기여를 한 철학자인 포더(Fodor, 2000; 2005)에 의해 이루어졌다. 그는 계산론적 마음이론이 비록 지금 제시된 이론 중 가장 낫다고 할 수 있지만, 여전히 해결하지 못하는 문제가 있다고 비판한다. 그중 하나는 계산론적 마음이론은 기본적으로 형식적인 특성에 따라 움직이기 때문에 맥락에 의존하는 심적 표상에 민감하게 작동하지 않는다는 것이다. 이를 단적으로 보여주는 것은 소위 "틀효과frame problem"인데, 동일한 내용이 어떤 맥락에서 제시되는지에 따라 최종 표상이 달라지는 현상이다. 사람들은 어떤 정보가 제시되면 관련 지식을 종합적으로 고려하여 판단을 하지만, 현재의 계산론적 이론에서는 이를 잘 구현하지 못한다. 핀커(2005)는 제약만족 알고리즘constraint satisfaction algorithm이 이런 문제를 해결하기 위한 수단이 될 수 있다고 반박하지만, 현재의 모형은 일부 제한된 상황에서만 작동하기 때문에 이 문제에 대한 해결책이 되기에는 부족해 보인다. 따라서 현 단계에서 계산론적 마음이론의 영역을 확장하는 것에 대해 우려를 표한다.

계산론에 대한 또 다른 비판은 브링스요드(Bringsjord, 2001)에 의해 제기되었다. 그는 핀커의 핵심 주장, 즉 마음이 진화의 결과로 생겨난 계산 기계라는 주장으로는 인간이 다른 동물과 구분되는 핵심적인 특징인 의식, 자유의지, 그리고 추상적 사고를 설명하지 못한다고 비판한다. 실제로 인지과학 내에서 의식에 대한 탐구는 여전히 사변적 수준에 머물러 있고, 이를 계산적으로 모형화하는 데는 큰 진전이 없다. 또한 컴퓨터로 하여금 심지어 창의적인 그림을 그리게 할 수 있기는 하지만, 여전히 프로그래머의 지시에 따른 산물일 뿐인 점에서 스스로 행동을 결정할 수 있는 인간과 다르다. 끝으로 현재의 컴퓨터는 기본적으로 유한 상태 자동기계finite state automaton인데, 이 기계로는 "이 문장은 거짓이다"와 같은 역설적 문장의 진위를 판단할 수 없으며, 무한 논리infinitary logic를 다룰 수 없다. 그런데 실제로 수학자와 논리학자들은 역설은 물론 무한 논리에 대한 논의를 발전시키고 있다. 이는 계산으로 설명될 수 없는 인지활동이 가능하다는 것을 보여주는 한 예일 뿐인데, 그 핵심은 마음을 계산으로 보는 견해는 틀렸다는 것이다. 브링스요드는 또한 진화심리학의 주장을 기술적인 한계 측면에서 지적하기도 한다. 그 하나는 로봇 연구자들이 조만간 식량수집 활동을 할 수 있는 로봇을 만들 수는 있지만 괴델Godel의 연구와 같은 복잡한 수학적 사고를 해낼 수 있는 로봇은 만들 수 없다는 것이다. 이상을 근거로 브링스요드는 인간은 계산론적 마음과 계산으로 설명되지 않는 인지활동을 포함하는 거대 마음supermind을 갖고 있다고 주장한다. 더불어 브링스요드는『마음』에서 핀커가 사용하는 전략은 계산주의의 한계를 덮어둔 채, 계산주의적 마음이론으로 설명할 수 있는 범위를 보기 좋게 배열한 것으로 폄하한다.

『마음』이 진화심리학을 소개하는 것이 목적인 만큼, 진화심리학에 대한 비판 몇 가지를 살펴보는 것이 진화심리학의 현 위치를 파악하는 데 유용하다. 그중 하나는 역설계 혹은 역공학이다. 역설계는 구조로부터 기능을 찾아낸 다음 이 기능이 역사적으로 만들어졌다는 방식으로 전개된다. 그런데 리처드슨(Richardson, 2008)은 이런 식의 전개가 그리 간단하지 않다는 것을 구체적인 생물학적 사실들을 바탕으로 예증한다. 우선, 구조로부터 기능을 찾아낼 때의 위험의 한 예는 익룡에서 볼 수 있다. 익룡은 나무 위에 앉는 새들에서 흔히 보이는 것처럼 엄지발가락이 나머지 발가락들과 반대방향을 향하고 있다. 따라서 이 부분만 보면 마치 익룡이 날기 위해 진화되어온 것처럼 말할 수 있을 것 같다. 그렇지만 익룡의 엄지발가락이 그런 형태를 갖고 있는 것은 나는 것과는 무관하게 익룡이 속한 계통에서 보이는 특징으로, 예를 들면 티라노사우루스나 오비랍토르와 같은 공룡들도 그러한 발가락을 갖고 있다는 것이다. 요컨대 유기체가 나타내는 어떤 특성들은 계통에 의한 구조적 제약이 상황에 따라 굴절적응되며 진화한 결과이기 때문에 마치 처음부터 그런 설계를 염두에 두고 이루어진 것처럼 설명하는 것은 위험스럽다는 것이다.

앞서 『마음』에 대한 브링스요드(Bringjord, 2001)의 비판 중 하나는 진화심리학이 이런 저런 현상을 설명할 수 있다는 것을 열거하기만 하고, 제시된 설명에 대한 증거가 제시되지 않은 경우가 많다는 것이다. 7부 말미에 "인간의 본성은 위기 때마다 대안을 찾도록 만들어졌다"는 주장이나, 지금도 여전히 석기시대의 삶을 살고 있는 일부 종족들이 갖고 있는 마음이 우리의 마음과 동일하다는 주장에는 증거가 수반되지 않는다. 이보다 더 큰 문제는 증거가 제시되기는 하였지만 미약하거나 대안적 설명의 가능성이 충분히 고려되지 않은 경우가 있다는 것이다. 불러(Buller, 2005b)와 노벡, 메르시에, 그리고 반 데어 헨스트(Noveck, Mercier & Van der Henst, 2007)에 의해 지적된 몇 가지 사례를 살펴보면 다음과 같다.

데일리와 윌슨(Daly & Wilson, 1985)은 친부모보다 양부모에 의해 양육되는 아동이 친부모에 의해 양육되는 아동보다 학대의 위험이 더 크다는 연구 결과를 발표하였다. 그렇지만 더 많은 조사대상자를 대상으로 한 연구를 통해 불러(Buller, 2005b)는 양부모일 경우 학대로 간주하는 사례가 더 많다는 편향성을 발견하였다. 따라서 데일리와 윌슨이 얻은 자료는 실제로 양부모들이 학대를 더 많이 하기 때문이 아니라 이런 편향성 때문에 얻어진 결과일 수 있다.

사람들이 분명 어떤 논리를 사용하기는 하지만, 형식논리학적으로 사고하지 않는다는 것은 잘 알려져 있다. 코즈미디스(Cosmides, 1989)는 다른 영역에서와 마찬가지로, 논리에서도 추상적 논리규칙 대신 내용과 결부된 추리가 일어난다고 주장하였다. 이들이 중시하는 것은 거짓말 탐지 능력인데, 이 능력은 집단에서 무임승차하는 사람을 찾아내는 데 유용하기 때문에 진화해왔다고 주장한다. 코즈미디스는 웨이슨Wason의 카드과제를 사용하여 자신들의 주장을 입증하고자 하였다. 이 과제에서는 실험 참여자들에게, 예를 들어 앞면에는 영어의 알파벳이, 뒷면에는 숫자가 있다고 말해준 다음, 2, 7, A, K와 같은 네 장의 카드를 제시하였다. 그리고 만일 앞면이 짝수이면 뒷면이 모음이라는 규칙이 맞는지 확인하기 위해 어떤 카드(혹은 카드들)를 뒤집어 보아야 하는지 말하도록 하였다. 대부분의 사람들은 2를 고르거나 아니면 2와 A를 고른다. 그러나 정답은 2, K인데, p→q와 논리적으로 동치인 ~q→~p도 성립하는지를 확인해야 하기 때문이다. 이 문제를 제대로 푼 사람들은 5-10퍼센트에 불과하다. 그런데 코즈미디스는 이런 유형의 문제를 다양하게 제시한 결과, 사회적 계약이나 교환과 관계된 내용일 경우 두 카드를 모두 고를 가능성이 높음을 발견하였다. 예를 들어 "카사바 뿌리는 결혼한 사람만 먹을 수 있다"라는 규칙을 확인할 때, 카사바 뿌리, 몰로 열매, 결혼한 사람, 미혼인 사람의 4장을 제시하면, 카사바 뿌리와 미혼인 사람을 잘 고른다. 코즈미디스는 그 이유를 후자의 조건에서는 사기꾼 탐지 모듈이 작동하기 때문이라고 주장하였다. 그렇지만 노벡 등(Noveck et. al., 2007)의 후속 연구에서, 코즈미디스가 얻은 결과는 사기꾼 탐지 모듈의 작동 여부 때문이 아니라 실험적 통제가 제대로 이루어지지 않은 결과일 수 있음을 보여주었다. 이들은 코즈미디스가 사용한 추상적 과제와 사기꾼 탐지 모듈을 작동시키는 과제에서 각각 사용된 단어 수가 55 대 103 단어로 차이가 있음을 지적한다. 이 차이를 줄인 후 추상적 과제와 사기꾼 탐지 모듈을 작동시키는 과제를 비교했을 경우 두 과제 간에 수행 차이가 사라졌다. 이상은 진화심리학자들이 증거로 제시하는 결과들에 대해 좀 더 비판적인 평가가 필요함을 보여주는 몇몇 예에 불과하다.

진화심리학자인 콘퍼와 그의 동료들(Confer et. al., 2010)이 스스로 인정하는 진화심리학의 문제 가운데 동성애 문제가 있다. 동성애는 필연적으로 생식에 성공할 수 없기 때문에 진화적 이점이 없음에도 불구하고 인간의 역사에서 지속적으로 나타나는 특성이다. 자살도 진화심리학의 관점에서 설명하기 어렵다. 2010년 우리나라의 자살률은 10만 명당 31명을 약간 넘는데, 숫자로 보면 1만 5,000명을 넘는다. 왜 이렇게 많은 사람들이 유전자의 시각에서 바라볼 때 전혀 적응적이지 않은 자살을 할까? 자살과 동성애는 상대적으로 소수의 예외적인 현상으로 치부할 수도 있지만, 어쨌든 진화심리학에서는 설명할 수 없는 현상이다. 게다가 자살은 아니더라도 특히 인간에게서 관찰되는 자기 파괴적인 행동들, 예를 들면 음주나 흡연도 설명하기 쉽지 않다. 진화심리학자들이 자신들의 이론을 지지하기 위해 사용하는 근친상간incest도 쉽게 해결되지 않는 문제이다. 잘 알려진 것처럼 유전적으로 가까울 경우 열성 유전의 가능성이 높아진다. 진화심리학자들은 이런 특성 때문에 같이 자란 형제자매들끼리는 성적 매력을 느끼지 못할 뿐만 아니라, 근친상간을 혐오하고 따라서 금기시해왔다고 주장한다. 하지만 정말 금기였다면 왜 그것을 금하는 제도나 관습이 발전했는지를 설명하기 어렵다. 게다가 우리의 조상들과 비슷한 삶을 살고 있는 현존하는 수렵-채집인들의 삶에서는 근친상간은 그리 드물게 일어나는 일이 아니라는 연구 결과도 있다(Buller, 2005a).

5. 새로운 통합적 사회과학조망틀이 되기 위한 과제

투비와 코즈미디스(Tooby & Cosmides, 1992)는 빈 서판에 기반한 표준사회과학 모형은 인간이 스스로 축적해온 문화를 지나치게 강조하여 결과적으로 생물학을 포함한 다른 자연과학과 분리되는 결과를 초래했다고 비판한다. 이런 격리의 결과로 인류학, 사회학, 역사학 등은 인간 삶의 중요하고 다양한 내용과 그 내용에 영향을 주는 과정에 연구 초점을 맞추어 그들 간에 존재하는 보편성을 탐색하는 데 실패하였다고 본다. 심리학에서는 마음의 설계 목적에 대한 고려 없이 사회적으로 생성된 내용들이 내면화되는 방식과 과정에 대하여 그 내용이 무엇인지를 고려하지 않은 채, 학습과 기억, 추리, 대인관계 등으로 지나치게 일반화된 연구가 수행되었다고 비판한다. 이런 상황에서『마음』과 진화심리학은 진화생물학에서의 발전에 근거하여 생물학과 문화 그리고 최근의 인지과학에서의 성과들을 하나로 묶으려는 야심찬 시도를 한 점에서 일단 그 의의가 있다. 인문사회과학과 자연기술과학 간의 괴리에 대해서는 일찍이 스노우(Snow, 1959)에 의해 지적되었다. 문제는 지식 분절화의 폐단을 지적하고 비판하기는 쉽지만 통합을 위한 구체적인 연구 틀을 제공하기는 쉽지 않다는 것이다. 진화심리학은 이전의 사회생물학자들과 마찬가지로 사회과학과 생물학 간에 다양한 논의를 활성화시킨 것만으로도 그 기여도를 인정할 수 있겠다.

진화심리학은 심리학과 인류학은 물론이거니와 철학과 사회과학의 다른 분야에서 실질적인 변화를 일으키고 있다. 인간이 가능한 모든 정보를 망라하여 결정을 내린다는 전통적 의사결정모형의 대안으로, 기거렌처(Gigerenzer, 2007)와 그의 동료들은 진화를 통해 갖게 된 직관 혹은 휴리스틱스에 기반하여 판단을 내린다는 이론과 이를 지지하는 경험적 증거를 지속적으로 보고하고 있으며, 이런 판단과 의사결정의 특징들을 법에 어떻게 적용할 수 있는지에 대한 연구로 확장하고 있다(Gigerenzer & Engel, 2006). 정치학 분야에의 영향은 최근 활발해진 정치심리학 혹은 바이오폴리틱스에서 볼 수 있다. 매드슨(Madsen, 1986)에 의해 원숭이의 권력 추구 성향이 혈중 세로토닌 수준과 상관이 높다는 발견 이후, 뇌 쌍둥이 컴퓨터 시뮬레이션을 이용한 다양한 연구를 통해 정치적 성향과 유전적 영향의 관련성이 밝혀졌다(Alford & Hibby, 2008). 이 밖에 철학자들은 마음이 수많은 모듈로 구성되어 있다는 주장과 도덕성에서 시작하여 사회문화에 대한 영역으로 진화심리학자들의 주장을 확장하는 다양한 연구를 수행하고 있다(Downes, 2008; Robbins, 2009). 요컨대 진화심리학은 철학과 심리학에서는 물론 사회과학 전반에 새로운 연구 활력을 제공하고 있다.

하지만 여전히 이런 영향들은 각 분야의 중심에서가 아니라 상대적으로 변방에서의 영향이라 할 수 있고, 이미 위에서 살펴본 것처럼 개념적, 실증적인 측면에 대한 비판도 만만치 않다. 진화가 사회과학의 여러 영역에 각각 어떤 영향을 주는지에 대한 연구들은 진화심리학 이전에도 있었고 앞으로도 계속될 것이다. 그렇지만, 『마음』과 일군의 진화심리학자들이 주장하는 좁은 의미의 진화심리학이 새로운 학문 분야로 살아남을 수 있을지는 다음의 두 가지 성과에 달려 있다. 하나는 제기된 여러 비판에 대해 더 신뢰할만한 결과와 더 치밀한 논리로 비판을 종식시키는 것이다. 제기된 비판에 대한 핀커나 다른 진화심리학자들의 반박은 대중에게는 호소력이 있어 보이지만, 철학자들이나 생물학자들, 그리고 심리학자들의 기대 수준에는 미치지 못하고 있다. 다른 하나는 기존의 연구에서 해결하지 못하는 실제 문제들에 대한 해결책을 내놓는 것이다. 예를 들면 진화심리학의 원리에 따른 교육 방법의 제안이다. 핀커는 피아제의 심리학과 구성주의에 기반한 수학교육은 물론, '총체적 언어whole language' 교수법에 의존하는 읽기교육을 비판한다. 이들은 모두 기본적으로 수학이나 읽기는 자연스럽게 발달하는 능력으로 본다. 그렇지만 핀커는 기본적인 수에 대한 능력을 갖고 태어나지만 복잡한 첨단 수학을 배우는 것은 애당초의 설계 목적에서 크게 벗어난 일로, 별도의 집중적인 훈련이 필요하다고 생각한다. 읽기도 마찬가지로 철자와 소리가 충분히 자동화되도록 연습을 시켜야 함을 강조한다. 기본 기능의 습득이 고차적인 사고에 기반이 된다는 것은 사실이지만, 학습자가 능동적으로 학습에 임할 때 학습효과가 높아진다는 연구 결과도 상당히 축적되었다(Bransford, Brown & Cocking, 2000). 따라서 무조건 반복훈련으로의 회귀는 시대착오적인 교수법으로 보인다. 진화론적인 설계 목적에 맞는 동시에 기존의 다른 교수법보다 들이는 노력면에서나 학습 결과물 면에서 더 우수한 교수법을 제안할 때 진화적 분석의 효용성이 빛을 발할 수 있을 것이다. 요컨대 좁은 의미의 진화심리학은 이 두 측면에서의 성과에 따라 그 명맥을 유지하게 될지, 아니면 역사로 남게 될지 판가름날 것이다.

참고문헌

Alford, J. R. and J. R. Hibbing. 2008. "The New Empirical Biopolitics". *Annual Review of Political Science*, 11(1): pp. 183-203.

Bransford, J. D., A. L. Brown and R. R. Cocking. 2000. *How People Learn*. National Academy Press (신종호 등 역. 2007.『학습과학』. 서울: 교육과학사).

Bringjord, S. 2001. "Are We Evolved Computers?: A Critical Review of Steven Pinker's How the Mind Works". *Philosophical Psychology*, 14(2): pp. 227-243.

Buller, D. J. 2005a. *Adapting Minds*. Cambridge, MA: MIT Press.

———. 2005b. "Evolutionary Psychology: The Emperor's New Paradigm". *Trends in Cognitive Sciences*, 9(6): pp. 277-283.

Buss, D. M. 2009. *Evolutionary Psychology: The New Science of the Mind*. Pearson Education. Inc.

Confer, J. C., J. A. Easton, D. S. Fleischman, C. D. Goetz, D. M. G. Lewis, C. Perillous and D. M. Buss. 2010. "Evolutionary Psychology: Controversies, Questions, Prospects, and Limitations". *American Psychologist*, 65(2): pp. 110-126.

Cosmides, L. 1989. "The Logic of Social Exchange: Has Natural Selection Shaped How Humans Reason? Studies with the Wason Selection Task". *Cognition*, 31: pp. 187-424.

Daly, M. and M. Wilson. 1985. "Child Abuse and Other Risks of not Living with Both Parents". *Ethology and Sociobiology*, 6: pp. 197-210.

Dawkins, R. 1989. *The Selfish Gene* (New Ed.). New York: Oxford University Press (홍영남 역. 2010.『이기적 유전자』. 서울: 을유문화사).

Downes, S. 2008. *Evolutionary Psychology*. Retrieved from http://plato.stanford.edu/entries/evolutionary-psychology.

Fodor, J. 2000. *The Mind doesn't Work that Way*. Cambridge, MA: MIT Press.

———. 2005. "Reply to Seven Pinker: So How Does the Mind Work?". *Mind & Language*, 20(1): pp. 25-32.

Ganestad, S. W. and D. M. Buss. 1993. "Pathogen Prevalence and Human Mate Preferences". *Ethology and Sociobiology*, 17: pp. 75-95.

Gigerenzer, G. and C. Engel. 2006. *Heuristics and the Law*. Cambridge, MA: MIT Press.

——— and ———. 2007. *Gut Feelings: The Intelligence of the Unconscious*. New York:

Viking (안의정 역. 2008.『직관이 생각에 묻다』. 서울: 추수밭).

Gottlieb, G. 1979. "Comparative Psychology and Comparative Ethology". In E. Hearst (ed.). *First Century in Experimental Psychology*. Hillsdale, NJ: LEA (원호택 등 역. 1994.『현대심리학사』. 서울: 교육과학사).

Hamilton, W. D. 1964. "The Genetical Evolution of Social Behavior. I and II". *Journal of Theoretical Biology*, 7: pp. 1-52.

McAndrew, F. T., E. K. Bell and C. M. Garcia. 2007. "Who Do We Tell and Whom Do We Tell on? Gossip as a Strategy for Status Enhancement". *Journal of Applied Social Psychology*, 37: pp. 1562-1577.

Miller, J. D., E.C. Scott and S. Okamoto. 2006. "Public Acceptance of Evolution". *Science*, 313: pp. 765-766.

Noveck, I. A., H. Mercier and J. Van der Henst. 2007. "To What Extent Do Social Contracts Affect Performance on Wason's Selection Task?". In M. J. Roberts (ed.). *Integrating the Mind*. Psychology Press: pp. 39-58.

Pinker, S. 1994. *Language Instinct*. New York: Morrow & Company (김한영·문미선·신효식 역. 2008.『언어본능』. 서울: 동녘사이언스).

———. 1997. *How the Mind Works*. New York: Norton (김한영 역. 2007.『마음은 어떻게 작동하는가?』. 서울: 동녘사이언스).

———. 2002. *The Blank Slate*. New York: Norton (김한영 역. 2004.『빈 서판』. 서울: 사이언스북스).

———. 2005. "So How Does the Mind Work". *Mind & Language*, 20(1): pp. 1-24.

Richardson, R. 2008. *Evolutionary Psychology as Maladapted Psychology*. Cambridge, MA: MIT Press.

Robbins, P. 2009. "Modularity of Mind". Retrieved from http://plato.stanford.edu/entries/modularity-mind.

Snow, C. P. 1959. *The Two Cultures and the Scientific Revolution*. Cambridge University Press (오영환 역. 2001.『두 문화』. 서울: 사이언스북스).

Tooby, J. and L. Cosmides. 1992. "The Psychological Foundations of Culture". In J. Barkow, L. Cosmids and J. Tooby (eds.). *The Adapted Mind*. New York: Oxford University Press.

——— and ———. 2005. "Conceptual Foundations of Evolutionary Psychology". In D. Buss (ed.). *Handbook of Evolutionary Psychology*. New York: Wiley.

Trivers, R. L. 1971. "The Evolution of Reciprocal Altruism". *Quarterly Review of Biology*,

46: pp. 35-57.

———. 1972. “Parental Investment and Sexual Selection”. In B. Cambell (ed.). *Sexual Selection and the Descent of Man: 1871-1971*. Chicago, IL: Aldine.

———. 1974. “Parent-Offspring Conflict”. *American Zoologist*, 14: pp. 249-264.

Wilson, E. O. 1975. *Sociobiology: The New Synthesis*. Cambridge, MA: Harvard University Press (이병훈·박시룡 역. 1992.『사회생물학』, 1 & 2. 서울: 민음사).

해리슨 화이트,
『아이덴티티와 컨트롤: 사회적 행위의 구조적 이론』

Harrison C. White,
Identity and Control: How Social Formations Emerge (1992/2008)

관계론적 사회이론의 구성[1]

한신갑
서울대학교 사회학과 교수

1. 이 글은…

1992년 『아이덴티티와 컨트롤: 사회적 행위의 구조적 이론Identity and Control: How Social Formations Emerge』의 제1판을 출간하면서 프린스턴대 출판부가 내놓은 소개의 글은 이렇게 시작된다.

> 이 책에서 해리슨 화이트는 다양한 사회과학 분야를 망라하는 포괄적인 사회이론으로서의 네트워크 이론을 제시한다. 그 이론은 종래의 위계적 이론 구성 방식을 거부하고, 마치 실타래처럼 엉켜 있는 행위유형들의 결합으로 그려지는 사회구조와 그 속에

1 2011년 3월 24일의 발표내용을 녹취해준 정인관과 <그림 1>의 자료를 준비해준 김영진에게 감사의 말을 전한다. 원고정리의 마지막 단계에서 오명석 교수님이 내용이 성긴 곳, 표현이 무른 곳들을 지적해주셨다. 발표에 쓰인 파워포인트 슬라이드는 사회과학연구원 홈페이지(http://css.snu.ac.kr)에서 찾아볼 수 있다.

서 이루어지는 행위자들의 관계형성에 초점을 두는 것이다.[2]

책의 뒷표지에 실린 이 글에는 출판사의 입장에서 가능한 한 많은 독자들의 관심을 끌기 위해 책의 내용을 쉽게 전달하고자 노력한 흔적이 나타나 있다. 책의 전반적인 흐름이나 저자가 의도하는 방향을 어느 정도 잡아내고는 있지만, 소개의 글로서 그리 성공적인 것으로 보이지는 않는다.

위의 글이 성공하지 못한 이유가 책의 내용을 몇 마디로 요약해 맵시나게 정리하는 데 실패했기 때문이라면, 여기 이 글을 읽기 전에 그 '실패'의 원인을 찾아볼 필요가 있다. 첫 번째 가능성은 글을 쓴 사람의 능력이나 시각의 한계가 문제일 수 있다. 하지만 프린스턴대 출판부의 그동안 전적前績을 보면 그럴 가능성은 적다. 이에 더해 이 책의 출간에 맞춰 여러 학술지에 경쟁하듯 실린 서평들을 보면, 단지 그 이유 때문이 아닐 것이라는 확신을 갖게 된다. 아래에서 더 상세히 다루겠지만, 서평을 쓴 당대의 대가들도 각기 책의 의도, 혹은 핵심을 다양하게, 즉 서로 다르게 읽어내고 있다. 이러한 서평의 다양성은 단지 책에 대한 이해의 부족 때문이라기보다는 이 책이 한두 가지 틀로 '요약·정리'되지 않는 책이라는 점에 대한 반증이다.

실제로 제2판을 낸 큰 이유 중 하나가 바로 '이 문제' 때

2 두 판본 모두 현재 국내에서는 번역되어 있지 않다. 따라서 이 글에 인용되는 부분들에 대한 번역은 필자에 의한 것이다. 글의 성격상 문장들을 그대로 옮기는 직역(直譯)보다는 그 뜻을 풀어 옮기는 의역(意譯) 쪽을 택했다.

문이었다고 저자 자신도 인정하고 있다. 2001년에 가진 인터뷰에서 이 책이 왜 이렇게 읽기 어렵냐는 질문에 그는 한마디로 '사회학 자체가 어려운 분야니까'라고 답한다.[3] 사회학이 분석대상으로 삼는 사회현상 자체가 깨끗이 금을 그어 나누고 쪼갤 수 있는 것이 아니라, 복잡다단複雜多端한 끈들이 서로 얽힌, 마치 '고분자 물질 polymer goo'처럼 구성되어 있는 만큼, 거기서 찾고자 하는 규칙성이 과연 어떤 모양을 지닌 것인가에 대해서도 다시 생각해볼 필요가 있다는 것이 그의 주장이다.

그렇다면 결국 앞서 언급한 '실패'의 근본적 문제(?)는 책 자체에 있다고 봐야 할 것이다. 잘 쓴, 그래서 잘 읽히는 '명저'들은 대개 상하로 이어지는 위계성과 선후로 이어지는 선형구조를 뼈대로 하면서, 하나의 주제나 소재를 차근차근 풀어내곤 한다. 따라서 이런 책들은 줄거리를 간명하게 요약할 수도 있고, 마치 학습서처럼 핵심 내용을 항목별로 정리하는 것도 가능하다. 그리고 이러한 특성들은 '효율적'인 독서를 가능하게 한다. 하지만 분명 이렇게 읽을 수 없는 책들도 있고, 그렇게 읽어서는 안 되는 책들도 있다. 만일 이런 조건들에 해당하지 않는 경우 좋은 책이 아니라고 한다면, 『아이덴티티와 컨트롤』은 명저, 혹은 '성공작'은 아니다. 그런 의미에서의 '좋은 책'은 아닐지 모르지만 '중요한 책'임은 분명하다. '야심작'이라는 표현이 더 어울릴 이 책이 읽기에 어렵다(괴롭다?)는 점에는 책을 읽은 대부분의 사람들이 동의할 것이다. 이 어려움의 이유는, 또 그 어려움에도 불구하고 이 책을 읽어야 하는

3 http://www.ssc.wisc.edu/theoryatmadison/papers/ivwWhite.pdf.

이유는, 이 책이 사회과학에 있어서의 '사회성the social'을 어떻게 잡아낼 것인가 하는 근본적인 질문을 하기 때문이고, 그렇게 새로운 틀에서 시작했을 때의 사회이론은 어떻게 짜여져야 하는가 하는 실질적인 질문을 하기 때문이다.

앞에 인용한 글보다 조금 더 지면의 여유가 주어지기는 했지만, 이 글에서도 '설명(책 소개)의 어려움', 그리고 그 실패의 가능성은 여전히 존재한다. 그렇다면 차라리 글의 방향을 조금 다른 쪽으로 설정해보는 것은 어떨까? 명쾌한 요약, 매끄러운 정리가 아니라 '이 책은 이런 식으로 읽을 수 있다', 또는 '이렇게 읽는 것이 좋을 것 같다'는 제안 쪽으로 방향을 틀어보고자 한다.

이어지는 글의 구성은 다음과 같다. 2절('이 저자는…')에서는 해리슨 화이트Harrison C. White의 경력과 주요 업적을 소개한다. 본문에 해당하는 3절('이 책은…')에서는 이 책의 이론사적 의의와 저자의 문제의식을 다루고, 『아이덴티티와 컨트롤』의 구성, 핵심이 되는 개념과 논지도 '어떻게 읽을 것인가' 하는 질문의 틀 안에서 논의한다. 마지막 절('갈무리')에서는 이 책이 갖는 함의 몇 가지를 생각해보면서 글을 맺는다.

2. 이 저자는…

2011년 해리슨 화이트는 미국사회학회가 주는 최고의 영예인 듀보이스 학술상W.E.B. DuBois Career of Distinguished Scholarship Award을 받았다. 이 상은 평생에 걸친 학문적 업적과 사회학계에 대한 그동안의 여러 기여를 기리는 상으로, 매년 한 사람에게만 수여된다. 그 업적과 기여가 사회학 전반에 걸친 것이든 또는 어느 한 분야에 대한 것이든, 사회학의 이론적, 방법론적, 제도적 발전의 전체적 방향과 틀을 재정립할 만큼 중요한 성과를 이루었다고 평가받는 학자들에게만 주어지는 상이다.[4] 이 상을 주면서 미국사회학회가 발표한 아래의 글은 화이트의 사회학자로서의 삶을 잘 정리하고 있다.

> 해리슨 화이트는 아마도 지난 반세기 동안 가장 영향력이 컸던 사회학자일 것이다. 조직, 계층, 문화와 시장 등의 영역에서 대담하고 독창적이며 도발적인 그만의 스타일로 그가 이루어낸 업적은 혁명적인 것이었다. 그리고 그의 이런 업적들은 각각의 분과를 뛰어넘는 것들이었다. 물리학으로 학문을 시작한 그는 사회현상의 근저根底에 깔려 있는 구조로서의 사회조직을 다시 보기 시작했다. 관계의 구조를 포착해내는 새로운 방법론의 개발을 이끌어가면서 기존의 네트워크 분석을 새로운 경지에 올려놓기도 했다. 세계적으로 널리 알려진 학자로서, 그는 제자들을 비롯한 수많은 후속연구자들에게 큰 영향을 미쳤다.

해리슨 화이트는 1930년생으로, 1955년에 MIT에서 이론물리학 박사학위를 받았고, 1960년에는 프린스턴대에서 사회학 박사학위를

4 1980년 제정된 이래, 머턴(Robert K. Merton), 벤딕스(Reinhard Bendix), 벨(Daniel Bell), 굿맨(Leo Goodman), 블로우(Peter M. Blau), 슈얼(William H. Sewell), 베커(Howard S. Becker), 월러슈타인(Immanuel Wallerstein), 스틴치콤(Arthur Stinchcombe), 틸리(Charles Tilly) 등이 이 상을 수상한 바 있다.

받았다. 1957년 카네기 공대(現 카네기멜론대) 경영대학원 조교수를 시작으로, 시카고대와 하버드대 교수를 거쳐 1988년에는 콜럼비아대로 옮겨, 현재는 그곳 사회학과의 기딩스 석좌교수Giddings Professor of Sociology로 재직하고 있다. 1975년에 국립과학원National Academy of Sciences과 미국학술원American Academy of Arts and Sciences 회원으로 선출되었다.

위의 약력에서 눈에 띄는 것들 중 하나는 박사학위가 둘이라는 점, 특히 그중 하나가 이론물리학 학위라는 것이다. 사회과학의 '과학화'에 대해 지금보다 훨씬 더 낭만적이고 적극적이었던 전후戰後의 시대상황을 반영함과 동시에, 화이트의 학문세계를 이해하는 데 중요한 단서가 된다.[5]

또 다른 하나는 그의 긴 학문경력을 크게는 하버드대 시기와 콜럼비아대 시기의 두 마디로 나눠볼 수 있다는 것이다. 약 25년간에 걸친 하버드대 시기의 저서로는, 당시 미국 학계를 풍미風靡하던 수학적 모델을 사용한 연구 중 가장 주목받는 업적의 하나인『친족관계의 해부: 중첩역할구조의 수리모형적 분석An Anatomy of Kinship: Mathematical Models for Structures of Cumulated Roles』(1963), 인상주의 화풍의 형성을 프랑스 화단畫壇의 제도적 변화에 초점을 맞춰 설명하는『화폭과 경력: 프랑스 화단의 제도 변화Canvases and Careers: Institutional Change in the French Painting World』(Cynthia A. White와 공저, 1965), 조직 내에서의 계층이동 구조를 '연쇄공석(連鎖空席, vacancy chain)'이란 틀을 사용해 분석한『기회의 연쇄사슬: 조직 내 이동에 관한 시스템 모형Chains of Op-

5 뒤에 언급될 제임스 콜만(James S. Coleman)도 1926년생으로 학부에서 화공학을 전공했다는 점에서 당시의 분위기를 잘 보여준다.

portunity: System Models of Mobility in Organizations』(1970) 등이 있다. 이 저서들에서도 그는 직·간접적으로 관계론적 시각의 이론적 기초와 방법론적 도구들을 개발해왔지만, 가장 명시적으로 네트워크 분석의 새로운 출발을 선언한 것은, 「복합연결망의 사회구조: 1부. 역할과 지위의 구역모형Social Structure from Multiple Networks: Part I. Blockmodels of Roles and Positions」(Scott A. Boorman, Ronald L. Breiger와 공저, 1976)으로 대표되는 1970년대 중반을 전후해 발표한 일련의 논문들을 통해서이다. 또 1980년대 초반을 기점으로 사회학적 구조주의의 시각에서 경제사회학 분야를 다시 세우려는 노력이 「시장은 어떻게 만들어지는가?Where Do Markets Come from?」(1981)를 비롯한 글들로 발표되기 시작한다.

1988년에 콜럼비아대로 옮긴 후에는 하버드대 시기의 작업들을 기반으로 그의 이론을 정리하는 작업을 하게 되는데, 그 결과물로 1992년에 발간된 책이 바로 여기에서 소개하는 『아이덴티티와 컨트롤: 사회적 행위의 구조적 이론』이다. 2008년에는 거의 새로 쓰다시피 한 개정증보판을 『아이덴티티와 컨트롤: 사회구성체의 생성Identity and Control: How Social Formations Emerge』이라고 부제를 바꿔 출간한다. 그 외에도 『화폭과 경력』에 이은 또 하나의 예술사회학 저서인 『경력과 창의성: 예술의 사회적 토대Careers and Creativity: Social Forces in the Arts』가 1993년에 출간되었고, 2002년에는 그의 경제사회학 분야의 연구들, 특히 사회학적 시장市場이론을 더욱 발전시켜 『연결망으로 만드는 시장: 생산의 사회경제적 모형Markets from Networks: Socioeconomic Models of Production』을 내놓는다.

그의 이런 일련의 작업들과 그것들이 갖는 의미를 많은 사람들이 '혁명'이라고까지 부르는 데는 크게 두 가지 이유를 들 수 있다. 그중 하나는 이 작업들에서 보여주는 근원적 문제들에 대한 관점의 코페르니쿠스적 전환과 그 전환에서 결과하는 이론적 시각의 낯설 만큼의 새로움이다. 그는 이에 더해 이러한 이론적 작업들을 실제 경험적 연구로 이어갈 수 있는 방법론적 틀까지 개발해냄으로써 단지 이론적 '파격破格'에만 머무르지 않고 혁명의 지속적 재생산을 가능케 하는 총체적 패러다임을 만들었다. 다른 하나는 이런 상부구조로서의 패러다임을 지탱할 하부구조로서의 조직 구축에도 성공적이었다는 점이다. 화이트는 대부분의 작업에 많은 제자를 공동연구자로 참여시켜왔고, 이들 신진학자들이 그 후 각자의 이론적, 방법론적, 경험적 연구를 통해 이 패러다임을 지속적으로 발전시켜가고 있다. 베버가 말하는 '카리스마의 제도화'에 성공한 것이다.

화이트의 저작들을 통해 그의 지적 궤적을 살펴보면 우선 매우 다양한 분야와 소재를 다루고 있다는 점이 눈에 띈다. 그럼에도 불구하고 연구의 방향성과 스타일 면에서는 놀라울 정도로 일관성을 지님을 볼 수 있다. 즉 항상 개인이나 개체보다는 관계, 조직, 구조에 초점을 두고 큰 얼개를 짜며, 그 기반에는 어떤 형태로든 수학적 사고가 녹아들어 있다. 후자의 경우, 때로는 명시적인 모델이나 예시로 나타나기도 하고, 때로는 논리전개의 틀로 쓰이기도 한다. 이러한 그의 연구 경향이 지닌 특색은 전형적인 미국식의 계량적 분석에서 나타나는 것과는 본질적으로 다른 것이다.

문제제기와 이론구성에 있어서 이런 그의 스타일을 잘 보여주는 예가 바로 『기회의 연쇄사슬』이다. 다음 절에서 다루게 될 이 글의 주제 『아이덴티티와 컨트롤』에도 그대로 적용되는 이 스타일은 하나의 소재에 초점을 맞춘『기회의 연쇄사슬』에서 더욱 선명하게 그 모습을 드러낸다.

이 책에서 화이트는, 조직 내 사회적 이동 기제의 구성과 작동 과정에서 중심적인 역할을 하는 것은 자리를 채우려는 '사람'이 아니라 빈'자리'라는 점에 주목한다. 조직 내에서의 상향이동을 개인이 높은 자리를 찾아 올라가는 것으로 보는 일반적인 시각을 뒤집어, 거꾸로 위에서 생긴 공석空席이 그 자리를 메울 사람을 찾아 아래로 내려오는 것으로 보아야 한다는 것이다. 기업의 예를 들어보자. 현재의 사장이 퇴임 또는 사임하기 전에는 누구도 사장이 될 수 없다. 자리가 비면 누군가가 그 자리를 채우기 위해 다른 자리로부터 이동할 것이고, 그렇게 되면 그 후임자가 있었던 자리가 비게 된다. 또 다른 누군가가 그 자리를 채우고, 다시 또 자리 하나가 빈다. 이 연쇄적인 과정은 이동고리의 맨 마지막 자리를 외부충원으로 채우거나 그 자리를 없앰으로써 종료된다.

이 과정에서 사람의 움직임과 빈자리의 움직임은 동시적이다. 하지만 이 체제를 작동시키는 실질적인 동력은 사람이 아니라 공석의 움직임이다. 빈자리가 생기지 않으면 개인의 능력이나 자격, 희망이나 필요가 어떤 것이든 어느 누구도 움직일 수 없다. 사람의 움직임은 공석의 움직임을 따를 뿐이고 그런 공석의 가능성은, 그리고 개인의 사회이동의 가능성은 전적으로 구조에 의해 주어지는 기회의 결과이다. 그렇기 때문에 개인의 의식적, 합리적 선택이 아니라 빈자리를 만들어내는 구조적, 역사적 우연성이 그만큼 더 중요해진다. 따라서 개개인의 차원이 아니라 구조 전체를 체계적으로 볼 때만이 빈자리 하나가 체제 전체에 미치는 영향을,

또 기회구조로서의 조직이 갖는 성격을 뚜렷하게 밝혀낼 수 있다는 것이다.

하나의 개체(개인), 또는 사건(이동)을 그것과 연결된 다른 개체나 사건과의 관계구조 속에서 이해하고 분석하는 이러한 시각은 그 뒤 본격적으로 개발되는 네트워크 분석의 토대를 제공했고, 『아이덴티티와 컨트롤』을 포함한 그의 모든 글에 깊이 배어 있다. 그는『친족관계의 해부』에서도 친족관계를 중첩되는 관계들과 그 네트워크 속에서 형성되는 역할의 구조로 보고, 그 구조를 대수학代數學의 모형을 써서 재구성해낸다. 이들 분석에서 보여준 새로운 이론적, 방법론적 시도들에 더해『화폭과 경력』에서는 역사적, 제도적 차원으로 분석의 시각을 넓힘으로써 네트워크 기제가 작동하는 맥락까지 고려한다. 이렇게 꾸준히 확대, 발전시켜온 구조주의적 접근의 시도와 업적들을 하나의 큰 틀 안에서 정리하고, 앞으로의 방향을 제시하고자 한 결과물이『아이덴티티와 컨트롤』이다. 콜럼비아대로 옮긴 후에 나온『경력과 창의성』,『연결망으로 만드는 시장』등의 저서도 이런 궤적의 연속선 위에 자리하고 있다. 최근에는 의미구조, 또는 담론구조를 사회구조와 연결시키는 새로운 언어학적 접근을 시도하면서 구조이론에 깊이를 더하고 있다.

이처럼 해리슨 화이트의 작업들은 '○○이론', '××설' 등으로 분명하게 나뉘기보다는, 그가 즐겨 비유로 사용하는 '고분자물질polymer goo'과 같이 하나의 중합적重合的 덩어리로 엉겨 있고, 이들을 하나로 엮는 것은 좁게는 네트워크 분석의 이론적, 방법론적인 틀, 나아가서는 관계론적 시각의 정립이며, 더 넓게는 사회학적 구조주의의 방향설정이란 굵고 성긴 가닥들이다. 그리고 바로 이

성김이 주는 자유로움이 지금까지의 사고방식을 해체하고, 새롭게 다시 짤 수 있도록 해주는 바탕이 된다.

3. 이 책은…

좌표座標찾기

『아이덴티티와 컨트롤』의 제1판이 출간된 1990년대 초는 미국 사회과학 전반에 걸쳐 여러 변화가 활발히 진행되던 시기였고, 이 책도 그런 흐름 속에서 읽는 것이 자연스러울 것이다. 그중 이 책의 이론사적 의의를 가늠하는 데 중요한 것으로 다음 몇 가지를 생각해볼 수 있다.

크게는 이론구성이나 연구 방법에 있어서 '개체'를 중심에 두고 그 개체들의 속성을 변수화해 분석하는 전후戰後 미국 사회과학의 지배적 틀에 대한 비판과 반성이라는 맥락이다. 제1판의 부제인 "사회행위의 구조적 이론A Structural Theory of Social Action"은 그런 의미에서 탈콧 파슨스Talcott Parsons와 그의 『사회적 행위의 구조The Structure of Social Action』나 『행위의 일반이론Toward a General Theory of Action』으로 대표되는 종래의 틀에 대한 대안의 제시를 시사한다. 가깝게는 정치학과 사회학을 포함한 여러 사회과학 분야에 나타나기 시작한 '합리적 선택이론rational choice'으로 불리는, 경제학적 사고방식을 원형으로 하는 이론과 모델들이 또 하나의 준거점을 제공한다. 사회학 내에서는 제임스 콜만James Coleman으로 대표되는, 그리고 그의

『사회이론의 기초Foundations of Social Theory』에 집대성된 '방법론적 개인주의methodological individualism'에 입각한 합리적 선택이론을 들 수 있는데, 이에 대해 대립각을 세운다는 의미가 있다.[6]

이런 개체 중심, 변수 중심의 이론과 방법론의 틀을 해체하고 새로운 틀을 짜려고 한다면 어디서, 어떻게 시작해야 할까? 이것이 해리슨 화이트가 추구하는 문제의식의 핵심이다. 그리고 이에 대해 그가 내놓는 답은 관계, 조직, 구조를 기반으로 하는 새로운 사회이론 구성의 틀이다.

이 틀의 구체적인 모습은 '네트워크 분석(SNA: Social Network Analysis)'에서 찾아볼 수 있다. 그동안 꾸준히 토대를 다져온 네트워크 분석은 1990년대에 오면 사회학을 중심으로 제도화의 단계에 이른다. 이 발전 과정에서 화이트가 차지하는 위치는 단연 독보적이다. 앞 절에서 본 것처럼, 그는 네트워크 분석이 현대 사회과학의 중심에 자리 잡을 수 있도록 이론적, 방법론적 기반을 개척했고, 그 후 이 분야의 중추가 된 후속세대들을 양성했으며, 물리학, 수학, 전자공학, 통계학 등 다른 분야의 학자들이 이 분야에 관심을 갖게 하는 데도 다리를 놓았다. 네트워크 분석의 발전에 있어서 중시조中始祖 역할을 했다고 볼 수 있는 것이다.[7]

---

6 수학적 모델이나 네트워크 분석 등의 분야에서 화이트와 콜만 두 사람의 지적 경력이 그동안 얼마나 겹쳐왔던가를 생각하면 한편으로는 이해하기 어려울 수 있는 일이지만, 그렇기 때문에 더더욱 두 사람의 입장이 선명하게 갈리는 것일 수도 있다. 콜만의 책이 1990년에 출간되었고, 2년 후인 1992년에 화이트의 『아이덴티티와 컨트롤』이 출간되었음을 고려하면 이 두 책을 두 사람, 또는 두 시각 간의 대화와 논쟁으로 이해하는 것도 이 책을 읽는 한 방법일 수 있겠다.

7 린튼 프리만(Linton C. Freeman)은 그의 『네트워크 분석의 역사: 지식사회학적 연구(The

비슷한 시기에 나온 『사회구조: 네트워크적 접근Social Structures: A Network Approach』(1988)에 실린 「구조 분석: 방법과 비유에서 이론과 내용으로Structural Analysis: From Method and Metaphor to Theory and Substance」란 글에서 베리 웰만Barry Wellman은 당시의 네트워크 분석 연구의 현황을 정리하면서, 이 분야가 해결해야 할 문제점 네 가지를 제시하고 있다. 그 가운데 방법론의 개발이나, 자료의 축적, 경험적 연구의 저변확대 등의 문제는 지난 20여 년의 괄목할만한 발전을 통해 거의 해소되었고, 최근에는 사회과학은 물론 많은 인접 분야에 빠른 속도로 전파되면서 부흥기를 맞고 있다.

이런 발전에도 불구하고 네트워크를 그저 유행하는 용어의 하나쯤으로, 또 네트워크 분석을 계량 분석 방법의 하나쯤으로 생각하는 경향은 아직 남아 있다. 그런 부분적인 이해를 넘어서서 네트워크 분석을 이론적 틀과 내용을 갖춘 하나의 대안적 패러다임으로 제시하려면 그것은 어떤 토대 위에 세워져야 하고, 어떤 모양으로 짜여야 하며, 어떤 내용을 담아야 할까? 웰만의 네 번째 문제가 바로 이 '이론'의 문제이고, 화이트가 『아이덴티티와 컨트롤』에서 보여주는 것은 그에 대한 답을 찾고자 오랫동안 고민해온 과정에서 나온 결과물이다.

화이트가 『아이덴티티와 컨트롤』에서 내놓는 이런 구상들은 사실 매우 오래전부터 준비된 것이다. 그 준비 과정의 한 축

Development of Social Network Analysis: A Study in the Sociology of Science)』(2004)에서 헌사(獻辭) 페이지에 두 사람의 사진을 싣고, 이 두 사람이 아니었다면 지금의 네트워크 분석은 있을 수 없었을 것이라고 쓰고 있다. 한 명은 네트워크 분석의 창시자인 제이콥 모레노(Jacob Moreno)이고, 다른 한 명은 화이트이다.

은 앞에서 다룬 그의 다양한 연구 작업들의 중심에 자리하고 있는 구조주의적 시각의 지속적인 발전에서 찾아볼 수 있다. 다른 한 가지, 보다 명시적인 축으로는 1960년대부터 사회학을 처음부터 다시 쓴다는 생각으로 시작한 그의 학부 개론 강의를 들 수 있다. 이 두 축을 중심으로 30여 년에 걸친 회태懷胎기간을 거쳐 1992년에 이 책을 내놓게 된다. 그 후로도 이 구상들을 계속 발전시켜, 2008년에는 거의 새로 쓰다시피 한 제2판을 출간한다. 이 제2판에서는 한편으로는 새로 고쳐 단 "사회구성체의 생성How Social Formations Emerge" 이라는 부제에서 보듯 자신이 지향하는 구조주의적 사회이론을 보다 확실하게 앞에 세우고 있고, 또 한편으로는 제1판과 제2판 사이의 기간에 그가 관심을 가지기 시작한 문화, 언어, 담론의 문제들을 가져와 이론의 틀을 더욱 확대, 심화시키고 있다.

뒤집어 읽기

『아이덴티티와 컨트롤』이 널리 알려지게 된 것은 그의 글이 잘 읽혀서도 아니었고, 그가 전하고자 했던 메시지가 대중적으로 명확하게 전달되어서도 아니었다. 오히려 그 정반대였기 때문이었던 것 같다. 제1판이 나왔던 1992년에 미국사회학회에서 발행하는 서평지『오늘의 사회학Contemporary Sociology』은 화이트의 성가聲價에 걸맞게 이 책에 대한 특집 심포지움을 기획하고, 찰스 틸리Charles Tilly, 마샬 마이어Marshall Meyer, 레이몽 부동Raymond Boudon과 크레이그 칼훈

Craig Calhoun으로 짜인 올스타 필진으로 하여금 서평을 쓰게 했다.[8] 이들의 글에서는 두 가지 점이 눈에 띈다. 그 첫 번째는 네 사람 모두 이 책을 읽기 어려운, 쉽게 풀어쓰지 못한 책이라고 비판하고 있다는 것이다. 『유럽 사회학 리뷰European Sociological Review』(9: 333-336)에 실린 아서 스틴치콤Arthur Stinchcombe의 글이나 『미국 사회학 저널American Journal of Sociology』(99: 1083-1085)에 실린 피터 에이블Peter Abell의 서평도 그 점에서는 일치한다.

그렇다면 '이 책을 어떻게 읽을 것인가?'하는 독법讀法의 문제가 제기된다. 박경리의 『토지』를 읽을 때의 독법으로는 박민규의 『지구영웅전설』을 읽기 어려운 것처럼, 이 책을 읽는 사람들의 독법도 책에 맞게 달라져야 할 것 같다. 그 새로운 독법이 어떤 것이라고 한마디로 잘라 말하기는 어렵지만 몇 군데서 접근의 실마리를 찾아볼 수 있다.

우선 이런 비판(불평?)의 가장 큰 이유는 때로는 새로 만들어내기도 하고, 때로는 이미 있던 것을 전혀 새로운 의미로 쓰기도 하는 그의 용어, 또는 개념들이 만들어내는 낯섦과 거리감에 있다. 이런 어려움은 책의 제목에서부터 시작된다. '아이덴티티Identity'는 무엇이고, '컨트롤Control'은 또 무엇인가? '아이덴티티'의 경우, 화이트의 용법에서는 개개인의 자아의식이나 집단의 범주적 정체성처럼 널리 쓰이는 기존의 뜻과 다른 함의로 쓰이고 있고, '컨트롤'이란 용어도 기계적인 제어나 푸코Foucault식의 구조적 통제의 의미와

8 이 네 개의 서평은 『오늘의 사회학(Contemporary Sociology)』 1993년 5월호(22권 3호)의 307쪽부터 318쪽까지에 실려 있다.

는 상당히 거리가 있는, 훨씬 더 넓고 원천적인 의미로 사용된다. 따라서 이 책을 지금까지 통용되던 의미로, 한 다리 건너 가공수입된 미국식 사회과학의 어법으로 읽으려 하면 뜻이 어그러지면서 혼란스러워지고, 마치 모르는 외국어로 쓰인 글을 사전도 없이 읽어내야 할 때처럼 막막해짐을 느끼게 된다.[9]

이런 측면에서, 제목의 두 개념과 정면으로 마주하기보다 오히려 부제 쪽으로 돌아가면 조금 더 핵심에 가까이 다가갈 수 있을 듯하다. 앞에서 언급한대로 제1판의 부제는 '사회적 행위의 구조적 이론'이고, 제2판의 부제는 '사회구성체의 생성'이다. 이 둘에 공통되는 키워드는 '구조' 또는 '구성'이다. 화이트에게 이들이 의미하는 것은 추상적 수준과 구체적 수준, 형식과 내용, 거시巨視와 미시微視를 아우르는 관점 또는 시각으로서의 네트워크이다. 이 이론적 맥락 안에서 아이덴티티와 컨트롤이라는 두 개념이 차지하는 자리는 네트워크 분석에서 네트워크 구성의 기본원소로서의 노드node와 링크link, 또는 점點과 선線이 차지하는 자리와 형식과 내용면에서 모두 대對를 이루는 것으로 볼 수 있다. 그리고 그 둘이 서로 맞물리면서 화이트가 '사회적 기초social footing'라고 부르는 가장 원초적인 사회구성체를 만들어낸다.

물론 이 비유가 물리적 공간에서의 점과 선으로 단순히 환치換置되지는 않는다. 사회학에서 이 의미를 가장 가깝게 담아내는 개념쌍(雙, dual)은 역할role과 관계relation이다. 예를 들면, '지도자leader'

---

9 책에 대한 반응이 영어권보다는 프랑스와 독일 등 다른 언어권에서 더 좋았던 것도 이와 무관하지 않은 것으로 보인다.

와 '추종자follower'라는 역할들과 그들 간에 맺어지는 관계를 보면, 두 역할을 하나하나 떼어놓고는 각각이 정의되지 않는다. 지도자가 없으면 추종자가 있을 수 없고, 반대로 추종자가 없으면 지도자도 있을 수 없기 때문이다. 이런 이들의 역할은 상호규정적이고, 그들 간의 관계는 동시적이다. 지도자는 그 아이덴티티가 요구하는 역할 때문에 대내적으로는 추종자들과, 대외적으로는 다른 조직들을 포함하는 조직의 환경과 관계를 맺어야 하고, 그 과정에서 컨트롤을 행사해야 한다. 이 컨트롤의 행사가 아이덴티티를 구성하고, 이렇게 구성된 아이덴티티는 컨트롤을 요구하고 생성한다. 이렇듯 아이덴티티와 컨트롤은 사회구조를 만드는 가장 근본적인 재료이기도 하고, 또 그 사회구조가 만들어내는 가장 원초적인 산물이기도 하다. 화이트에게 아이덴티티와 컨트롤은 이런 관계들이 엮여서 만들어내는 중층적인 것이고, 이 엮임 속에서 '의미'가 만들어진다.[10]

하나 더 예를 들어 보자. 화이트가 사회조직의 구성에 있어서 가장 기본이 되는 분자molecule에 해당한다고 부르는 것이 바로 '조직원칙organizing principle'의 뜻을 가지는 '기제(機制, discipline)'이다. 분자分子가 원자들이 결합되어 만들어지는 "물질로서의 특성을 가지는 가장 작은 입자"인 것처럼, 노드와 링크라는 두 원소를 결합시키는 원리로서 사회구성의 가장 근원적인 형태소形態素를 뜻하는 개념이다. 이 기제는 『아이덴티티와 컨트롤』에서 그가 만들어내는

10 이 점-선의 틀은 꼭 개인과 개인 간의 관계에 국한될 필요가 없다. 조직과 조직, 국가와 국가를 엮을 수도 있고, 범주영역을 넘어 개인과 조직, 국가와 상징을 엮을 수도 있다.

이론 틀의 토대가 되는 것들이기 때문에 이에 대한 논의는 도입부에서 전개부로 넘어가는 길목에—제1판에서는 제2장에, 제2판에서는 제3장에—등장한다. 기제를 구체화하면서 그가 꼽는 것들은 '접속interface', '각축arena', '협의council'의 세 가지이다.

이 세 기제 각각을 특징짓는 고유의 운동 과정과 그 과정들을 작동시키는 제어계수制御係數들을 <표 1>처럼 짝지어 볼 수 있다. 이 책을 포함해 그의 글들이 종종 듣는 비판이 글쓰기의 밑바탕에 깔려 있는 수학적 사고방식과 표현법에 대한 것인데, 여기서도 그는 이 세 가지 기제 안에서 일어나는 행위준거의 기본축을 함수관계로 표현한다. 접속 기제에서 접속면面의 양측이 맺어지는 방식은 행위자가 자기 측의 다른 행위자들로부터 얼마나 높게 또는 낮게 위치해 있는가에 따라 결정되므로 '분산'이라고 부를 수 있다. 그가 1981년의 논문에서 다룬 물적 생산을 주축으로 하는 시장市場의 경우를 가장 대표적인 예로 들 수 있다. 각축 기제를 특징짓는 과정은 집단 간의 구분과 그에 근거한 포섭과 배제의 각축에 의해 이루어지는 선발이다. 이 각축장場에서는 행위자 간의 일반적 등위성과 집단 내적 동질성을 전제로 하는 '평균'과, 집단 간의 구분으로 만들어지는, 메리 더글라스Mary Douglas가 말하는 '순수'의 결합이 추동의 축이 된다. 협의 기제에서는 분산이나 평균처럼 관찰된 값이 아니라, 앞으로 만들어질 결과를 목표로 관계가 맺어진다. 이 협의체體 구성의 근저에 깔려 있는 것은 지배, 또는 지위의 논리다. 이처럼 기제는 그 안에서 일어나는 과정과 그 과정들의 결과물로서의 구성체라는 의미를 동시에 지닌다. 화이트가 우리가 경험하는 사회조직, 또는 사회제도로서의 사회구성체들social formations을 찐득찐득한 고무와 같은 고분자 물질polymer goo에 비유하는 것이 바로 이런 의미에서이다.

표 1 세 가지 기제와 그 구동원리

Discipline	Interface	Arena	Council
Valuation†; Comparisons‡	Quality	Purity	Prestige†; Status‡
Process†; Activities‡	Commitment	Selection	Mobilization†; Mediation‡
Matching	Variances	Averages	Potentials

*제1판과 제2판 사이에 몇몇 용어가 바뀌는데, 그런 경우, 제1판에 쓰인 것에는 †을, 제2판에 쓰인 것에는 ‡을 붙여 표시했다.

이렇게 가장 기본적인 용어의 문제에서부터 다시 시작하는 독법이 있을 수 있다. 새로이 나름대로의 사전을 만들어가면서 읽거나, 제2판에 새로 더해진 마지막 장 「개관과 맥락Overview and Contexts」을 용어해설사전glossary 용도로 사용해가면서 읽는 것이 하나의 방법일 수 있겠다.

이런 용어의 문제를 건물을 지을 때 쓰는 벽돌 자체부터 기존의 것과는 다른 것을 쓰는 데서 생기는 문제라고 한다면, 또 하나의 문제는 이론이라는 구조물을 세우는 방식도 기존의 건축 방식과는 사뭇 다르다는 데서 기인한다. 화이트가 『아이덴티티와 컨트롤』에서 쓰는 방식은 밑에서부터 한 칸씩 쌓아올리기보다는 마치 조립식 주택을 짓듯 여러 조각을 동시에 서로 맞물려 세우는 방식이다. 따라서 책 전체를 목차의 순서대로 읽는 것을 고집할 필요는 없을 것 같다.

그렇다면 어디서 무엇부터 읽을 것인가? 먼저 이 책을 제1판으로 읽을 것인가, 아니면 그로부터 16년 뒤에 나온 제2판으로 읽을 것인가 하는 선택의 문제가 있다.[11] 이럴 경우 대개는 신간을 읽게 되지만, 이 제2판은 흔히 말하는 '개정증보판'이라기보다는 거의 새로 썼다고 할 만큼 두 판본 사이에는 많은 차이점이 있다.

제1판은 모두 일곱 개의 장으로 되어 있다. 「서장Introduction to Identity and Control」과 "행위유발(行爲誘發, Getting Action)"이란 제목의 제6장을 제외한 다섯 개의 장들은, 사회구성의 과정, 또 그 과정의 결과물로서의 '사회구성체social formations'에 대한 것이다. 일반적으로는 후자의 의미에 무게를 두고 그것들을 사회조직, 사회구조, 사회제도란 뜻으로 읽기도 하는데, 여기에서는 일상의 경험을 조직하고 이해하게 하는 틀을 일컫는 말이다.[12] 이 틀이 우리의 행위를 통제하고 규정하는 정학靜學에 관한 것이라면, 그 통제와 규정에서 벗어나기, 사회구성체의 틈 비집고 나오기, 또는 그 틀 깨기라는 동학動學의 가능성을 다루는 것이 「행위유발」이란 장이다.

제1판에서 특히 흥미를 끄는 것은 부록들이다. 그중에서도 "주제 백선One Hundred Topics"이라는 제목을 단 첫 번째 부록이 그렇다. 여기에서는 '그건 정말 왜 그럴까?' 하고 다시 한 번 생각해봐야 할 근본적이면서도 재미있는 질문 100개를 다양한 사회과학 분야의 구체적 상황설정 속에서 묻고 있다.[13] 이 중 하나를 화두話頭로 잡고, 책을 읽어 나가는 것도 하나의 독법일 듯하다.

---

11 제1판은 현재 절판되었지만 도서관을 통해 구해볼 수 있다.

12 따라서 80년대, 90년대에 있었던 사회구성체 논쟁의 '사회구성체'와는 별개의 의미이다.

13 예를 들면, "Why are wealth distributions always more concentrated than income distributions?", 또는 "Why do people keep attitudes which are losing, that is, are neither confirmed by events nor helpful directly to the holder?" 등이다.

표 2 제1판과 제2판의 구성과 판본 간의 변화

1st Edition(1992)	2nd Edition(2008)
Identity and Control: A Structural Theory of Social Action	**Identity and Control: How Social Formations Emerge**
Preface	Prologue: Preview of Themes
1. Introduction to Identity and Control	1. Identities Seek Control
2. Disciplines	2. Networks and Stories
3. Networks and Stories	3. Three Disciplines
4. Institutions	4. Styles
5. Styles and Persons	5. Institutions and Rhetorics
6. Getting Action	6. Regimes of Control
7. Rhetoric and Theory	7. Getting Action
	8. Overview and Contexts
Appendix 1. One Hundred Topics	
Appendix 2. Some Models	
Appendix 3. List of Software	
Works Cited	References

<표 2>에 정리한 것처럼 제2판은 새로이 배치된 제1판의 일곱 개 장에 논지를 정리하는 「개관과 맥락」이라는 장을 더해 여덟 개 장으로 구성되어 있다. 앞에서 언급한 것처럼, 이 마지막 장에서 출발하는 것도 하나의 방편이다. 또 하나 눈에 띄는 변화는 제1판에 대한 비판을 수용하는 한 방법으로 각 장마다 두 사람씩의 대학원생들을 '보조저자contributor'로 참여시켜 그들의 눈높이에 맞는 글을 만들어내려고 시도했다는 점이다.[14] 내용상 제2판에서는 그가 '스토리story'라 부르는, 의미와 문화, 언술이나 서사, 해석의 측면들이 제1판에서보다 더욱 강조되고, 사회적 구조와 안팎의 쌍을 이루는 것으로 배치된다. 실제적인 상황 속에서 네트워크는 스토리를 통해 연결된다. 화이트가 '넷덤netdom'이란 또 하나의 신조어로 표현하는 이들 간의 이중구조는 그 둘을 잇는 연결의 고리를 통해

14 이 시도가 얼마나 성공적이었는가에 대해서는 견해가 갈린다.

규정된 영역과 상황을 넘나드는 장면전환을 가능하게 한다.

어디에서 시작하든 공통적으로 유념해야 할 한 가지는 방대한 참고문헌이다. 제1판에서 무려 1,500개 가까이 되던 참고문헌들을 제2판에서는 삼분의 일 정도 정리하기는 했지만, 여전히 엄청난 숫자다. 이 참고문헌들의 양보다 더 중요한 것은 그 내용의 다양성과 현장성이다. 앞 절에서 소개한 그의 다른 저작들에서도 볼 수 있지만, 화이트의 관심 분야는 굉장히 다양하다. 자연과학과 사회과학을 아우르는 그의 지적 배경도 그 다양성의 한 요인일 것이고, 60년대부터 시작해 계속 이 책을 구상하고 준비하던 긴 과정 동안의 독서경험과도 관계가 있을 것이다. 이 책에 동원되는 분야들은 이론물리학과 사회학뿐 아니라 자연과학의 여러 분야와 수학, 제어공학과 경영과학Operations Research, 독일의 산업 발전사, 영국의 사회인류학, 프랑스의 언어연구, 미국의 실용주의 철학 등을 망라한다. 제2판에 가면 여기에 언어학과 문화이론, 담론 분석이 더해진다.

하지만 이는 그의 관심의 범위, 또는 독서의 범위가 넓다는 것 자체보다는, 그것들이 이 책에서 어떻게 사용되고 있는가에 초점을 두고 봐야 할 사안이다. 참고문헌의 양이 이렇게 많은 가장 큰 이유는 화이트가 이들 대부분을 자신의 논지를 펴기 위한 사례연구로 활용하기 때문이다. 그가 이런 다양한 분야에서 주로 빌려오는 것은 총론 수준의 이론이 아니라, 부족종교나 산업경영이념, 국가형성 과정이나 대중음악에 있어서의 양식 변화 등 구체적인 사례들이다. 그 결과 이 책에서는 다른 이론서들과는 달리, 특히 논지가 추상적이 되면 될수록, '이걸 봐라'라는 식의 경험적 사례를 통한 예시가 글쓰기의 주된 양식이 된다.

이런 방식의 다양성과 구체성의 결합은 화이트에게 있어서 글 쓰는 스타일 이상의 의미를 갖는 것으로 보인다. 『아이덴티티와 컨트롤』에서 그는 구조 대對 행위structure vs. agency라는 이분법적 사유구조에 의해 신화화된 사회myth of society나 신화화된 개인myth of individual은 모두 관계, 조직, 구조라는 맥락 안에서 펼쳐지는 과정으로서의 사회현상을 제대로 보는 데 장애가 된다고 주장한다. 이 장애를 극복하기 위해 그가 의식적으로 택한 이론 구성의 시각과 관점을 '네트워크(적) 현상학network phenomenology'이라고 부른다. 사회라는 집합체가 가진다고 상정하는 정형성이나 개개인이 갖는다고 상정하는 고유성 모두가 그들을 포착하기 위해 만들어 쓰는 수단일 뿐, 실제의 사회현상은 상황성과 가변성에 의해 특징지어지는, 끊임없이 구성-재구성되는 것이라는 의미에서의 현상학이다. 이 전략은 지나치게 심층적인 구조나 표면적인 규칙성regularity을 찾는 데 치우쳐, 사회현상에 내재하는 그 밖의, 또는 그 밑의 다른 것들을 보지 못하는, 또는 보지 않는 종래의 사회과학방법론에 대한 비판이고, 사회현상 자체를 보다 가까이에서 관찰하라는 요구로 받아들여야 한다.

또 하나의 독법은 관련된 다른 문헌들을 거쳐 가는 방법이다. 이는 이 책에서 화이트가 그려내는 이론의 틀을 화이트 혼자만의 독창적인 것이라기보다는, 그를 중심으로 제자, 동료들을 포함하는 넓은 의미에서의 '연구자집단invisible college'에 의해 그려진 밑그림에 바탕을 둔 것이라고 본다면 효과적일 수 있는 독법이다. 그중 하나가 앞서 언급한 웰만의 「구조 분석」(1988)이란 글이다. 이 글에는 특히 제1판이 출간될 당시의 상황이 잘 정리되어 있다. 무스타파 에머바이어Mustafa Emirbayer의 「관계론적 사회학의 요강Manifesto for a Relational Sociology」(1997)이 그 다음 시기를 폭넓게 조망했다면, 2009년에 나온 존 르비 마틴John Levi Martin의 『사회구조Social Structures』는 관계론적 시각을 보다 체계적으로 풀어내고 있다. 물론 이 각각의 저자들이 가지고 있는 시각, 관점이 정확히 화이트의 그것과 같거나, 바로 이어지는 것은 아니다. 주석서註釋書를 쓰는 것이 아닌 이상, 그럴 수도 없고, 그럴 필요도 없기 때문이다. 다만 길이 막혔을 때 뚫고 가는 방법도 있지만, 돌아가는 방법도 있다는 말이다.

삼인삼색三人三色

이 책의 독법에 대한 지금까지의 논의에 결론이 있다면, 그것은 그 독법이 하나가 아니라 여러 가지일 수 있다는 것이다. 그가 주장하는 관계론의 큰 원칙은 분명하다. 그리고 그것이 반복적으로, 지속적으로 제시되기는 한다. 하지만 그 원칙을 풀어내는 구체적 방법에 있어서는 일관성보다는 포괄성 쪽으로, 이야기를 추리기보다는 펴는 쪽으로 방향을 잡았던 것으로 보인다. 야심작野心作이라는 표현은 잘 맞지만, 성공작成功作이라는 표현이 꺼려지는 것은 그 때문이다.

앞서도 언급했듯 제1판에 대한 여섯 사람의 서평들도 그들의 해석이 각각 다르다는 점에서 공통적이다. 여섯 가지의 읽기가 가능했다는 것이다. 사회(학)이론 패러다임의 한 모형, 그 큰 틀의 대강大綱이 『아이덴티티와 컨트롤』에서 화이트가 추구하는 바이고, 이 책은 그런 그의 시도의 결과물이다. 그런 의미에서 '이게 맞다'보다는 '이렇게 할 수도 있다', 혹은 '이런 것도 된다'라고 생각하는 것이 읽기의 시발점이 되어야 할 것이다. 그렇게 보면 이론 수준에서 분석 틀을 어떻게 짤 수 있는가에 대한 이러한 그의 시도들이 때로는 삼인삼색三人三色의 읽기를 만들어내는 상황을 긍정적으로 받아들일 수도 있으리라 생각한다. 화이트의 기본적인 원칙에 대한 이해만 확실하다면 육인육색일 수도 있고, 백인백색일 수도 있다. 어떻게 보면 이 책은 그렇게 읽어야 하는 책일 수도 있을 것 같다.

4. 갈무리

이론구성에 있어서나 분석방법에 있어서나 개체를 중심에 두고 기본적인 얼개를 짜는 현대의 사회과학을 재정립하려고 한다면 어디서 어떻게 출발해야 할까? 『아이덴티티와 컨트롤』에서 해리슨 화이트가 묻고 답하는 것이 바로 이 질문이다. 질문이 도발적인 만큼 그의 대답하는 방식도 별나서, 읽기 어려운 책으로 더 유명해진(악명을 떨친?) 책이다. 이런 근본적인 문제들을 학계의 고정된 전통에 구애받지 않고 다룬다는 의미에서, '도발적인 질문던지기'는 그의 장기 중 하나다. 앞에서 상세히 다룬 『기회의 연쇄사슬』에서처럼 그가 그동안 생산한 업적 대부분이 이런 문제 자체의 재설정에서 시작하고 있고, 이 책도 예외가 아니다.

제1판 출간 당시의 비판들도 모두 이 점에 초점을 맞췄었다. 화이트 자신도 한편으로는 그 점을 어느 정도 인정하고는 있다. 하지만 아래에 인용한 2001년의 인터뷰에서 그가 했던 말의 전체적인 맥락은 탄탄한 자신감이 주조를 이룬다.[15]

> 나도 이 책이 다소 매끄럽지 않은 면이 있다고는 생각한다. 하지만 이 책은 지금까지의 틀을 깨고, 새롭게 다시 사회학을 시작하기 위한 시도다. 그런 복잡한 과제를 다루다 보니 책도 복잡해진 것 같다. 너무 많은 것을 넣으려고 했을지도 모른다는 생각은 들지만 거기에 큰 틀은 있다.
>
> 이 책을 통해 첫 발을 내디딤으로써 이런 문제의식을 갖고 작업을 하고 있는 다른 사람들, 특히 젊은 세대로 하여금 기존의 패러다임에 구속되지 않는 더 넓은 시야를 갖도록 자극을 주고자 했다.

이 도발의 깊이만큼 읽기에는 어려움이 따른다. 그의 글을 읽는 것이 마치 그동안 자신이 가지고 있던 생각하는 방식의 구조를 다시 짜는 것 같다고 말하는 사람들이 있는데, 말을 바꾸면, 이 책은 그렇게 다시 짜려는 준비가 된 상태에서 읽어야 한다는 뜻으로도 볼 수 있다. 그래서 그 준비는 어떤 것일까를 논의하는 데에 앞 절의 대부분을 할애했다.

이 마지막 절에서는 글을 시작하면서 했던 질문, '새로운

15 http://www.ssc.wisc.edu/theoryatmadison/papers/ivwWhite.pdf.

사회이론은 어떻게 짜여져야 하는가?'로 다시 돌아가 보려고 한다. 앞에서 소개한 베리 웰만의 글—「구조 분석」—에 달린 부제는 20여 년이 지난 지금도 그 질문에 대한 답을 어떤 방향에서 찾아야 하는가를 시사한다. 지금까지와는 다른 의미에서의 구조주의적 관점을 바탕으로 하면서 연구 프로그램으로서의 형식과 내용을 모두 갖춘 대안적 패러다임의 하나로 네트워크 분석을 세우는 것이 그것이다.

<그림 1>에서처럼, 네트워크 분석은 사회학을 중심으로 사회과학 전반에 걸쳐, 또 인접학문에도 엄청난 속도로 전파되어 가고 있고, 날로 그 비중이 커지고 있다. 하지만 그 성장을 이루어낸 물량적 기반의 대부분은 아직도 네트워크 분석을 유행하는 비유나 편리한 도구의 수준에서 사용하는 연구들이다. 이 시점에서

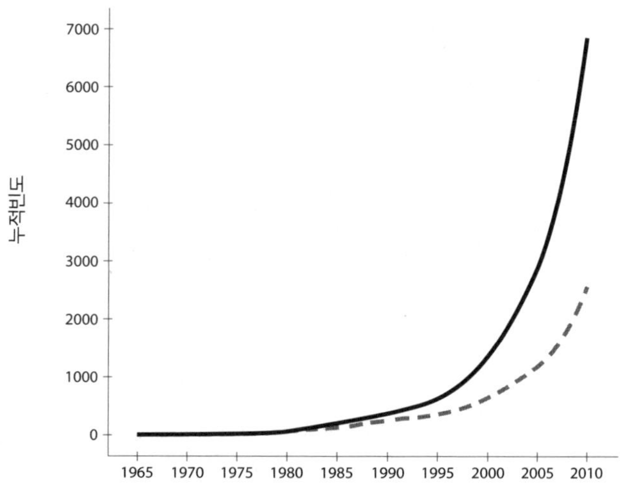

그림 1 사회과학 문헌에서 네트워크 분석의 증가 추세, 1965–2010

그것의 이론적 토대가 어떤 것인가, 또는 어떤 것이어야 하는가에 대한 제언提言의 필요성은 더욱 더 절실해지고 있다.[16]

『아이덴티티와 컨트롤』은 바로 그런 제언 중의 하나이다. 앞에서 논의한 대로 해리슨 화이트가 네트워크 분석에서 차지하는 위치나, 이 책의 이론사적 맥락을 고려할 때, 그의 제언이 매우 무게 있게 다루어질 것임은 당연하다. 그럼에도 불구하고, 또는 그렇기 때문에, 이 책을 한 줄기로 다잡아 요약·정리하기는 어렵다. 여기서 중요한 것은 화이트가 보여주는 것이 '하나'의 전형이고, '하나'의 예라는 점이다. 이 책에 제시한 전형보다 더 중요한 것은 그가 가졌던 문제의식이고, 그렇게 관점을 잡으면 다양한 읽기의 가능성이 열린다. 앞에서 삼인삼색의 읽기를 말했었는데, 결국 이 책을 읽는 가장 효과적인 방법은 쓰는 사람, 텍스트, 읽는 사람을 꼭짓점으로 하는 해석학의 삼각형에서 읽는 사람에 중심을 두는 것이다. 읽는 사람에게 맞는 것, 읽는 사람에게 필요한 것을 찾아 고리를 걸어야 시작하기에 좋은 것이다.[17]

그 고리 중 가까이 보이는 하나는 사회구성원칙으로서의 관계와 흐름이 종전에 비해 훨씬 두드러지게 나타나는 현대사회의 특성과 변화이다. 한편으로는 '전 지구화Globalization'에서부터 다른

16 이 곡선의 두 변곡점(變曲點)인 1992년과 2008년은 네트워크 분석이 성장 속도에 있어서 큰 변화를 겪은 시점들이다. 바로 그 시점에 화이트의 책이 출간된 것은 시사적이다. 한편으로는 그 성장에 원동력을 제공하되, 다른 한편으로는 그 성장의 방향을 잡고, 깊이를 더하려 했던 그의 의도가 엿보인다.

17 화이트가 제1판의 초고를 준비하던 기간에 그 초고를 가지고 진행했던 대학원 세미나에서 수강하는 학생들에게 직접 해준 조언이 바로 이것이다.

한편으로는 '페이스북Facebook'과 '트위터Twitter'까지 관계론적 시각이 아니고서는 접근할 수 없는 새로운 형식과 내용으로 기존의 사회 구조가 다시 묶이고 있다. 이렇게 네트워크화된 21세기의 사회를 볼 수 있게 하는 화이트의 시각은 15-16세기 독일 성화聖畵의 목판부조를 볼 때에도, 기원전 11-13세기의 이스라엘의 종교를 볼 때에도 적용되는 근본적인, 그리고 그런 의미에서 보편적인, 관계론적 시각이다. 이 점이 그의 이론이 갖는 매력 중 하나인 것이다.

그가 다루는 광범위하고 다양한 소재들, 자유롭게 넘나들며 전용轉用하는 학문 분야들, 낯선 용어 등은 읽는 사람에 따라서 멀미를 일으킬 수도 있고, 탄성을 자아내게 할 수도 있다. 하지만 그렇게 빚어낸 그릇이 이 책이라면, 그 그릇을 보며 우리가 놓치지 말아야 할 것은 모양이나 색깔, 질감보다는, 오히려 그릇을 이렇게 만들 수도 있다는, 또는 그릇은 이렇게 만들어야 한다는 생각의 울림일 것이다. 그 울림을 잡아내는 것이 바로 이 책을 읽는 독법이어야 하고, 이 책을 읽는 재미이다. 무엇보다 중요한 것은 그 그릇을 화랑의 전시대에 두고 보기만 할 것이 아니라, 부엌의 선반으로 가져와 사용하는 것이다.

참고문헌

Emirbayer, M. 1997. "Manifesto for a Relational Sociology". *American Journal of Sociology*, 103: pp. 281-317.

Emirbayer, M and J. Goodwin. 1994. "Network Analysis, Culture, and the Problem of Agency". *American Journal of Sociology*, 99: pp. 1411-1454.

Freeman, L. C. 2004. *The Development of Social Network Analysis*. Vancouver, BC: Empirical Press.

Martin, J. L. 2009. *Social Structures*. Princeton, NJ: Princeton University Press.

Wellman, B. 1988. "Structural Analysis: From Method and Metaphor to Theory and Substance". *Social Structures: A Network Approach*. B. Wellman and S. D. Berkowitz (eds.). Cambridge, MA: Cambridge University Press: pp. 19-61.

White, H. C. 1963. *An Anatomy of Kinship: Mathematical Models for Structures of Cumulated Roles*. Englewood Cliffs, NJ: Prentice-Hall.

______. 1970. *Chains of Opportunity: System Models of Mobility in Organizations*. Cambridge, MA: Harvard University Press.

______. 1981. "Where Do Markets Come From?" *American Journal of Sociology*, 87: pp. 517-547.

______. 1992. *Identity and Control: A Structural Theory of Social Action*. Princeton, NJ: Princeton University Press.

______. 1993. *Careers and Creativity: Social Forces in the Arts*. Boulder, CO: Westview Press.

______. 2002. *Markets from Networks: Socioeconomic Models of Production*. Princeton, NJ: Princeton University Press.

______. 2008. *Identity and Control: How Social Formations Emerge*. 2nd Ed. Princeton, NJ: Princeton University Press.

White, H. C, A. B. Scott and R. L. Breiger. 1976. "Social Structure from Multiple Networks: I. Blockmodels of Roles and Positions". *American Journal of Sociology*, 81: pp. 730-780.

______ and A. B. Scott. 1976. "Social Structure from Multiple Networks: II. Role Interlock". *American Journal of Sociology*, 81: pp. 1384-1446.

______ and C. A. White. 1965(1993). *Canvases and Careers: Institutional Change in the French Painting World*. Chicago: University of Chicago Press.

브로니슬라브 말리노브스키, 『서태평양의 항해자』

Malinowski, Bronislaw K., *Argonauts of the Western Pacific* (1922)

방법론적 혁명으로서의 토속지土俗誌와 유배지流配地의 천우신조[1]

—말리노브스키의 트로브리앤드 토속지에 대하여

전경수
서울대학교 인류학과 교수

1. "국가와 민족으로부터 사람을 구하라"

"민족(民族, nation)으로부터 역사를 구하라"(Duara, 1995)는 주장은 현대 중국이라는 문제의식의 틀에만 겨냥한 고함이 아니다. 민족이라는 이름의 이데올로기에 의해서 포로가 된 역사의 현실에 대한 이해를 촉구하는 일반화된 입장으로 이해할 수 있다. 삶을 바라보는 역사학자의 인식틀은 지금 이 세상을 살아가는 사람들이 공유해서 곱씹어보아야 할 과제라고 생각한다. 유럽에 의해 주도되었던

1 나는 이 글을 시작하면서, 이 글을 주도하고 있는 두 가지 키워드에 대한 한글화의 문제에 대해서 그동안 고민해왔던 부분에 대한 종지부를 찍는 의미의 언설을 풀어놓으려고 한다. 영어 스펠링으로 그 두 가지를 표현하면, 하나는 ethnography이고 다른 하나는 사람 이름인 Malinowski이다. 인류학 공부를 하는 한 이 두 단어는 피할 수 없이 부단히 사용해야 하는 문제이기 때문에, 이번 기회에 두 가지의 한글 표기에 대해서 나의 입장을 정리하려고 한다.

영어로 표현된 ethnography는 '에쓰노그래피'라고 한글로 적을 수도 있고, 경우에 따라서는 토속지(土俗誌)로 한자화할 수도 있다. 나는 ethnography를 '에쓰노그래피'라고 이해

근대화近代化 이후, 식민지에서는 근대화의 이데올로기를 만나면서 일정한 지역이 국가로 탈바꿈되었고, 사람들이 모인 집단이 근대화의 이데올로기에 물들면서 민족으로 변신하였다. 근대화의 이데올로기는 국가와 민족을 생성시키기 위해서 사람을 희생양으로 삼았다는 것이 나의 입장이다. 지금은 탈이데올로기 시대다. 그것을 진정으로 추구하는 것이 이데올로기의 포로가 된 사람을 구하는 첫걸음이라고 생각한다. 국가주의와 민족주의의 두 이데올로기에 의해서 포로로 변질된 사람들과 인본주의를 국가와 민족이

한다. 번역에서 비롯되는 오해와 몰이해, 그리고 그로부터 전개된 부질없는 언설들을 피하기 위해서 나는 ethnography를 '에쓰노그래피'라고 이해하고 그렇게 적는 것도 좋다고 생각한 적이 있다. 일본인들이 가타카나로 그렇게 적어서 표현하는 데 대해서 일리가 있다고 생각했다. 그런데 경우에 따라서는 ethnography를 한글이나 한자로 적는 것이 의미 전달상 편한 경우가 있다는 점을 착안하였다. 그럴 경우에는 ethnography를 "토속지"로 번역해서 사용하기로 하였다. 어떤 경우에는 그것을 '민속지'나 '민족지'라고 번역할 수도 있는데, 그러한 번역어들은 가급적 신중을 기해서 사용하는 것이 좋다고 생각한다. 그 이유는 위의 두 가지 번역용어마다 그것이 출발하게 되는 정치적 배경들이 있기 때문이다(전경수, 2011. 12. 31 참조). 학문적으로 중요한 번역어들이 어떻게 등장하였는지에 대해서 관심도 없고 배경도 모르는 상태로 사용하는 것은 무지와 무책임의 소산이다. 중요한 용어 번역어의 탄생 과정에 대해 고민하는 것이 그 단어에 조금이라도 더 가깝고 깊이 있게 이해하려는 태도이다.

"1884. 4. 7. 크라코우-1942. 5. 16. 뉴헤이븐"(Firth, 1957: 2)이라고 그의 수제자인 레이먼드 퍼쓰(Raymond Firth)가 생애를 적은 Malinowski 선생의 이름에 대해서 여러 가지의 한글 표기들이 돌아다닌다. 그의 이름을 어떻게 발음하느냐 하는 문제는 우리만의 문제도 아니었던 모양이다. 그에 대해서 독보적인 연구를 해온 마이클 영(Michael Young)의 바람이 담긴 글을 인용하고자 한다. "그의 이름을 미국식으로 '말리노우스키'라고 하는 것은 아예 잘못이고, 가장 가깝게 발음하는 방식은 (입술을) 좁게 하여 발음하는 '오프' 또는 '옵프'(a narrow 'of' or 'off')라기보다는 (입술을) 넓게 하여 발음하는 '오브'(an open 'ow')로 해야 한다"(Young, 2004: xviii). 즉 한글로 표기하면 "말리노우스키"나 "말리노프스키"나 "말라놉프스키" 또는 "말리놉스키"도 아니고 "말리노브스키"에 가까운 것으로 이해할 수 있다. 저자가 말리노브스키의 막내딸 헬레나를 만나서 모든 과정을 확인하고 정리한 책에서 이렇게 썼다는 것은 더 이상 그의 이름에 대해서 혼란스러운 발음을 남기는 일이 없기를 바라는 마음이라고 생각한다.

란 이념형의 감옥으로부터 탈출시켜야 한다. 그래서 나는 "국가와 민족으로부터 사람을 구하라"라는 인류학적 표제를 내걸고 싶다.

우리는 국가와 이념의 포로가 된 삶을 살아온 역사를 근대화라고 이름하고 있다. 근대화 이후 우리는 사람에 대해서 생각하는 입장을 저버리고, 국가라는 괴물과 민족이라는 이름을 칭송하는 이데올로기의 포로가 되어서 살아왔다. 그 과정에서 발발한 근대식 대규모의 전쟁으로 인하여 우리는 사람과 사람이 적대하는 대량살상의 인간관계를 만들어왔고, 현재도 이러한 과정은 도처에서 끊임없이 진행되고 있다.

사람은 자연自然의 일부이다. '사람 대對 자연'이라는 구도는 식민주의의 발로라고 생각된다. 자연을 자원으로 생각하는 식민주의적 사고방식을 정당화하는 인식구도가 '사람 대 자연'인 것이다. '자연으로 돌아가라'라는 루소의 선언은 자연으로부터 튀어나와서 자연을 식민화해온 인간사에 대한 경고라고 재해석하고 싶다. 자연의 일부인 사람이 자연으로부터 이탈하여 자신의 모체인 자연을 착취해온 역사가 진행하는 한, 우리는 잘못된 삶의 판도 위에서 살아가게 마련이다. 일단은 자연으로 복귀한 사람의 모습에 대해서 생각할 기회가 필요하다. 왜냐하면, 자연은 이것저것 구분않고 무한하게 연결된 모습을 실천으로 보여주고 있기 때문이다. 따라서 생태계生態系라는 것이 자연으로 돌아가는 실천 모델이 되는 셈이다.

인류학자 말리노브스키의 트로브리앤드 토속지(Argonauts of the Western Pacific, 1922, 『서태평양의 항해자』로 번역하며 이하 『항해자』로 약칭함)는 자연 속에서 살아가는 사람들의 모습을 *그리려고 노력한* 결과물이다. 자연 속에서 살아가는 사람들의 모습을 한마디로 축약한 단어가 쿨라kula이며, 이 세상에 로빈슨 크루소는 존재할 수 없다는 점을 현실적인 삶을 통해서 보여주려고 한 결과다. 쿨라가 행해지는 해역海域에는 여러 개의 섬들이 서로 연결해서 수년에 한 번씩 상대방을 상호방문한다. 상호방문의 과정에는 의례적 선물이 앞장서지만, 그 이면에는 일상적인 물건들과 혼인 체계를 통한 사람들의 교환도 이루어진다. 혼자서 살아가는 사람이 없음을 쿨라 관행은 보여주고 있다. 혼자서 모든 것을 갖추어서 살아가는 삶은 없다는 것이다. 내가 모자란 것을 네가 보충해주고, 네가 필요할 것이 있을 때, 나의 것이 너에게 도움이 되고…… 이것이 선물이란 것의 본질적인 의미다. 삶을 가능하게 하는 것이 선물인 셈이다. 선물을 받은 나는 선물을 준 당신의 존재에 대해서 생각하게 되고, 당신의 혼사를 위해서 나는 그에 걸맞는 선물을 준비한다. 그 선물을 받은 당신은 나의 부모님 초상 때 다시 나에게 선물을 보낸다. 이것이 사람이 살아가는 기본적인 구도이고, 선물을 교환하고 선물교환에 기초한 심성을 기반으로 공동체가 만들어지고, 그래서 한번 만들어진 공동체는 자생적으로 지속될 수 있다. 사회주의자 마르셀 모스Marcel Mauss가 저술한 『선물膳物』(Essai sur le Don, 1925)이란 저작물의 이론적 모델이다.

우리가 고고학考古學을 공부하는 이유는 과거에 사람들이 살았던 모습을 이해하고, 그러한 이해를 기반으로 하여 형성된 과거의 삶이란 거울을 앞으로의 삶을 위한 귀감으로 삼고자 함이다. 수천 년 전부터 동아시아에는 쿠로시오黑潮를 통한 선물교환 체계를 형성하고 있었다. 그러한 선물교환 체계의 삶은 쿠로시오라는 자연을 타고 이루어진 것이다. 아마미오오시마의 코미나토에서 제작된 야광패夜光貝로 만든 숟가락이 한반도의 고분에서 출토되었고, 거문도巨文島와 오키노시마 사람들이 울릉도鬱陵島에 가서 벌목을 하고 어선을 제작하였다. 제주도濟州島의 잠녀潛女들이 대마도對馬島와 울릉도를 거쳐서 사할린에 이르는 곳까지 어로활동을 하였고, 요나구니와 이리오모테 섬 사람들이 대만과 다오위다오(센카쿠 열도)로 항해를 하였을 뿐만 아니라, 오키나와의 이토 만 어민들은 동남아시아를 거쳐서 마다가스카르 해안까지 항해를 하였다.

북서태평양 캐나다 서부 연안에서 발견되는 토템폴totem pole은 알라스카의 남안南岸과 알류샨 열도를 거쳐 쿠릴 열도를 경유하여 북해도에 이르는 하나의 문화권을 보여주기에 충분하다. 그 문화의 내용은 곰과 연어를 배경으로 한 사람들의 삶이 공통적으로 신화와 전설, 그리고 토템의 모습으로 등장한다. 뉴질랜드의 마오리 사람들은 12세기경에 태평양의 섬으로부터 이주하였다는 신화가 있다. 화산과 지각변동, 그리고 츠나미로 인하여 고향을 탈출했던 사람들이 도착한 곳이 뉴질랜드라고 한다. 차마고도茶馬古道에서 이루어져온 교역은 사람들이 어떻게 서로의 모자라는 부분을 메꾸어주고 도와서 살아가는가 하는 점을 잘 보여준다. 티벳사람들은 차茶가 필요하고, 윈난雲南사람들은 소금이 필요하다. 소금을 실은 말들이 운남을 방문하면, 운남에서는 그 말에 차를 실어서 티벳으로 보낸다. 곳곳에서 교역에 의한 물물교환과 혼인에 의한 인간교환을 통해서 서로의 삶에 부족한 부분을 메꾸면서 살아온 역사를 보여주려는 작업이 인류학자들에 의해서 포착되어왔다. '여자의 교환'이 없으면 사람이 살아갈 수 없다는 점을 구조적 모델로 설명하는 레비-스트로스Lévi-Strauss의 견해가 수긍이 가는 부분이다.

언젠가는 닥칠지 모르는 위기상황에 대처하기 위해서라도 이웃과의 끊임없는 교류가 필요하다. 일상적인 상황에서 끊임없는 교류로 맺어진 인간관계가 위기상황에 처한 사람들을 구할 수 있다. 위기관리를 위해서라도 우리는 사람과 사람이 손을 잡은 끈을 놓지 말아야 한다. 위기가 감지될수록 손을 맞잡은 끈을 더욱더 공고하게 만드는 평소의 작업이 필요하다. 사람과 사람이 손을 잡고 살아가면서 만든 관계를 회복하는 것이 근미래近未來에 닥칠 위기대응 방식이라고 생각한다. 다가오는 위기는 국가도 민족도 책임지지 못하는 내용을 담고 있다. 기후변화의 조짐 앞에서 이데올로기는 무용지물일 뿐이라는 점을 우리는 잘 알고 있다. 인간관계의 회복으로 위기를 극복할 수 있을 것이라는 믿음을 실천하는 작업이 필요하다. 베를린 장벽은 사람들의 손에 들린 망치로 붕괴되었고, 망치를 손에 들었던 손들이 서로를 맞잡음으로써 독일이 통일대로統一大路를 형성하였던 최근의 뜨거운 역사를 우리는 알고 있다. 사람과 사람이 서로의 따뜻한 손을 맞잡도록 하는 구체적인 작업의 실천이 쿨라라는 의례를 배경으로 진행되고 있는 현장을 목격한 말리노브스키를 이해할 필요가 있다. 지금의 시점이 아니라 20세기 초, 1910년대 제1차 세계대전의 와중이라는 시점에 남태평양의 조그만 섬에서 "유배생활을 한" 말리노브스키의 입장을 이해할 필요가 있다는 말이다.

이 세상 대부분의 사람이 하루하루의 끼니를 찾고 자식을 먹일 생각을 하면서 살아가고 있을 때, 유럽의 일부 사람들은 "자본"이라는 이름의 영원히 배가 고픈 괴물을 앞세워 노략질을 시작하였다. 그래서 만들어진 것이 제국이란 것이고, 그것을 지향하고 유지하기 위하여 동원되었던 지식인들은 궁극적으로 노략질을 정당화하는 이데올로기를 생산하는 역할을 하였다. 그것이 진보progress라는 궤변으로 치장된 사회진화론이었음을 역사가 증언하고 있다. 진보한 것은 문명civilization이고, 진보하지 않은 것은 야만savage이라는 이분법을 두둔하는 사회진화론의 정교화는 제국주의와 식민주의로 발전되었음도 역사의 교훈이다. "문명"의 입장에서는 그것이 제국을 위한 행동으로서의 전쟁이고 지배였지만, "야만"의 입장에서는 그것이 생활과 생존의 모든 것이었다. 무엇이 진보라는 정확한 개념도 없이 진보에 집착한 사람들이 고안한 자본주의는 지금도 게걸스럽게 먹이를 집어삼키기에 혈안이 되어 있다.

노략질에 앞장을 섰던 유럽 사람들의 입장을 두둔하기 위해서 고안된 진보라는 개념은 사실상 허구이다. 무엇이 진보인가? 물과 산 대신에 기독교를 믿고, 삶은 토란 대신에 구운 빵을 먹는 것이 진보인가? 나귀를 타고 천천히 가는 것 대신에 자동차를 타고 빨리 가는 것이 진보인가? 지금 인류는 송두리째 삼백 년 진보 역사의 역풍을 맞고 있다. 기후변화라는 환경상의 역풍을 경험하기 시작하였다. 이것은 시작일 뿐이다. 그 다음은 어떤 과정이 전개될 것인지 아무도 예측할 수가 없다. 진보사관으로는 본질적으로 감당할 수 없는 문제이기 때문이다. 그 역풍의 원인제공자들에게만 불벼락이 떨어지도록 하는 것이 아니라 정치경제적 역풍의 일차적 피해자였던 사람들이 먼저 당하도록 자본이라는 괴물이 조종하고 있다. 저질렀던 사람들은 오염되지 않은 혹성惑星을 찾기 위해서 무한정의 자금을 쏟아붓기에 혈안이 되어 있고, 그 성과를 칭송하는 작업에 원천적 피해자들도 함께 동참하기를 미디어라는 이름의 또 다른 괴물이 세뇌시키고 있다.

인간관계의 회복을 위한 첫 단계는 국가와 민족이라는 통제체제로부터 사람을 구해내는 것이다. 그래서 사람을 자연으로 돌려주어야 한다. 사람으로 하여금 자연의 일부로서 살아가는 삶의 방식을 회복하는 것이 지구에 닥치는 재앙의 위기에 대한 유일한 대안이라고 생각한다. 혹성탈출 모델은 위기로부터의 탈출을 위한 대안일 수 없다. 그것은 가진 자들만을 위한 프로그램일 뿐이며, 인종주의의 21세기식 판본일 뿐이다. 지구를 위기로 몰아간 책임이 막중한 가진 자들이 혹성탈출 모델을 그리고 있지만, 가진 자들의 가지기 위한 노력의 역사적 과정에서 희생물이 된 없는 자들을 위한 대안은 아니다. 혹성탈출로 사라진 가진 자들이 떠난 빈자리에 없는 자들이 모여서 지구재앙의 위기에 대비하는 모델을 생각해야 한다. 혹성탈출 프로그램에 박수를 보내는 어리석음은 지구재앙을 구하는 모델이 될 수 없다. 그것은 희생물이 된 지구를 또 다시 희생시키는 어리석음의 반복이자 지구에 대한 배신행위일 뿐이다.

2. 브로니슬라브 말리노브스키: 방법론적 혁명아

『항해자』를 위한 제임스 프레이저James Frazer의 서문은 1922년 3월 7일 런던에서 작성되었고, 그 시기는 이 책의 출판 직전으로 보인다. 말리노브스키 자신의 서언이 1921년 4월 테네리페(Tenerife, 대서양의 섬)에서 작성된 점과 비교하면, 약 1년의 시간차가 난다. 즉 말리노브스키가 1921년 4월 완성된 원고를 출판사에 건넨 후, 약 1년이란 기간이 편집 측의 검토에 소요되었던 것 같다. 그 과정에서 책의 제목이 결정되었을 것이다. 말리노브스키는『항해자』로 일약 유명인사가 되었다. 1924년에 영국에서 유학하던 일본인 아키바 다카시秋葉 隆는 당시 명성이 자자하였던 말리노브스키를 먼발치에서 한 번 본 적이 있었는데, 직접 만난 적도 없는 말리노브스키의 저작물을 자신의 제자들에게 적극적으로 소개하였다. 그러한 과정에 소문이 와전되면서, "아키바는 말리노브스키의 제자"로 알려지는 웃지 못할 해프닝도 있었다. "말리노브스키로부터 직접 배운 적이 있다"는 "사실" 한 가지만으로도 주변의 시선을 끌 수 있을 정도로 1930년대 일본의 인류학계는 말리노브스키에 대해서 주목하고 있었고, 1940년대 일본의 번역서에서는 "남방토속학南方土俗學의 권위자 말리노브스키Malinowski"(鈴木 治, 1943. 3. 15: 9)라는 소개가 있다.[2]

"『항해자』의 첫 장은 사회인류학의 혁명을 선언하는 방법론적 매니페스토였다"(Stocking, 1991: 50). 혜성같이 나타난 약관의 말리노브스키는 영국의 사회인류학계에 지각변동을 일으키기에 충분하였다.『항해자』의 초판이 발간된 1922년은 말리노브스키 인류학 혁명의 출발점이라고 볼 수 있다. 말리노브스키의 방법론적 혁

2 레이먼드 퍼쓰(Raymond Firth)의 저서 *The Art and Life of New Guinea* (1936)을 "ニユーギニアの藝術"라고 번역한 서적에서 저자인 퍼쓰가 LSE에 근무하는 것을 "론던 대학에서 경제학을 강의"(鈴木 治, 1943. 3. 15: 1)하는 것으로 소개할 정도로 정보가 어두웠던 일본학계의 상황을 고려할 때, 말리노브스키에 대해서는 비교적 정통하게 알려졌음을 지적할 수 있다.

명은 볼셰비키의 노농혁명과도 맞먹는 질풍노도였다. 말리노브스키 이전에는 아무도 생각해보지 않았던 방법론이었기 때문이다. 볼셰비키 혁명이 유물론을 지향함으로써 새로운 인간상을 제시하였다고 말한다면, 인간의 문제가 밑바닥까지 드러났던 처절한 일차대전이 끝나는 시점에 인간을 바라보는 새로운 관점을 제시했다는 점에서, 말리노브스키의 혁명은 유심론의 정곡을 파헤친 최대의 사건이었다고 평가할 수 있다. 이제 말리노브스키라는 유심론적 혁명가의 일생을 살펴보기로 한다.

말리노브스키는 1884년 폴란드의 크라코우에서 태어났다. 슬라브 언어학자인 부친은 폴란드의 토속지와 민속학民俗學에 관한 작업도 하였다. 그는 크라코우의 자겔로니안Jagellonian 대학에서 박사학위를 받은 후(1908), 라이프치히에서 칼 뷔허Karl Bucher와 빌헬름 분트Wilhelm Wundt 아래서 공부했다. 건강이 악화되어 병원에 누워 있는 동안 프레이저의 대저 『금지(金枝, The Golden Bough)』를 읽을 기회가 있었던 것이 계기가 되어 1910년 LSE(London School of Economics, 런던경제학원)으로 유학을 가서 민족학 대학원 과정을 이수하기 시작하였으며, 웨스터마크Westermarck와 홉하우스Hobhouse, 그리고 셀리그만[3]으로부터 민족학과 인류학에 관한 수업을 받게 되었다. 말리노브스키는 리버스W. H. R. Rivers의 영향도 받았으며, 그의 첫 영어

3 찰스 셀리그만(Charles Gabriel Seligman, 1873. 12. 24-1940. 9. 19): 런던 태생 영국계 유태인으로 성 토마스 병원(St. Thomas Hospital)에서 의학을 전공하고 후일 민족학자가 되었다. 1898년 캠브리지 토레스 스트레이트(Cambridge Torres Strait) 탐험대에 참가하였고, 1904년 뉴기니 탐험, 1906-1908년에는 세일론, 1909-1912년과 1921-1922년에는 수단 탐험. 1913-1934 런던 대학의 민족학 교수를 지냈다. 주저서로는 *Melanesians of British New Guinea*(1910), *The Veddas*(1911), *Races of Africa*(1930), *The Pagan Tribes of Nilotic Sudan*(1932) 등이 있다.

논문은 경제인류학에 관한 것으로(1912), 핀란드 출신인 웨스터마크 교수의 50회 생일기념 논문집에 실렸다. 그가 대학원 공부를 할 당시에는 사회인류학이 흔히 경험사회학empirical sociology이란 명칭으로 불리기도 했으며, 뒤르켐과 스타인메츠Sebald Rudolf Steinmetz, 그리고 웨스터마크가 이 분야의 창시자들로 간주되기도 했다. 그는 1916년에 LSE에서 박사학위를 받았는데, 그에게 박사학위가 주어진 공적서에는 그가 1913년에 발표한 「오스트레일리아 원주민의 가족」이라는 논문과 1915년에 발표한 「마일루의 원주민」이라는 보고서라고 적혀 있다.

말리노브스키는 1914년에 셀리그만의 도움으로 뉴기니 해안의 마일루Mailu를 방문하는데, 그때 운명적인 일차대전이 발발하였다. 마일루에서는 사비유W. J. Saville 목사 댁에 기거하였고, 거기서 몇 주 동안은 원주민 경찰관을 동행하여 마을로 순방을 다녔다(Stocking, 1991: 38). "그것은 끊임없이 강조되어온 '조사자investigator'의 사회적 우월성에 다름 아니었다"(Stocking, 1991: 43). 그의 일기에 표현되어 있듯이(Malinowski, 1967: 235), "말리노브스키 자신도 사실상 순간적으로나마 자신이 연구하고 있는 동네에 대하여 일종의 주인 노릇 또는 소유의 느낌을 가졌던 것은 사실이다"(Stocking, 1991: 45).

셀리그만으로부터의 자금지원이 중단됨으로 인해서 그는 1915년 2월에 오스트레일리아로 갔다. 그해 5월에 뉴기니로 돌아가서 도부Dobu의 롯셀Rossel 섬으로 출발하였다가, 1915년 6월 트로브리앤드 섬에 도중하차하여 며칠 후 트로브리앤드 섬이 속해 있는 군도의 주섬이자 대추장의 거주지인 오마라카나Omarakana에 정주하게 되었다(Malinowski, 1935: 9; 13). 당시 그는 "1914년 6월 대영제국과학 발전협회British Association of the Advancement of Science 회의에 참가하는 마렛Marett 선생의 비서로서 (오스트레일리아에) 나갔다가, 일차대전이 발발하자 적국외인enemy alien 자격을 얻고, 알프레드 해든[4]의 추천으로 파푸아에 정착하게 되었다"(Young, 1988: 5). 말리노브스키는 영국의 적대국인 오스트로-헝가리제국Austro-Hungary의 신민이었으나, 영국 관료들의 선처로 2년간 트로브리앤드에 정주할 수 있었다. 1918년에 그는 오스트레일리아의 멜버른으로 옮겨 살다가 35세가 되는 1919년 3월 6일 엘시(Elsie Masson, 멜버른대 화학교수 데이비드 매슨(David Masson)의 딸)와 결혼하였다. 일차대전이 끝나면서, 유럽으로 돌아온 그는 폐결핵이 재발하여 일 년간 테네리페에 머물렀다. 1921년 그는 LSE의 사회학과에서 비상근강사Occasional Lecturer로 강의를 시작하였으며, 트로브리앤드 연구를 기반으로 하여, 1923년 LSE에 영구직인 사회인류학 리더(Readership in Social Anthropology, 이 타이틀은 그 자신이 제안한 것이며, 이미 타일러가 옥스포드에서, 프레이저가 리버풀에서 가졌던 것과 동일한 직함이다.)를 획득하였으며, 1927년에 정교수가 되었다. 사우쓰 티롤South Tyrol의 오버고즌Obergozen에 있는 그

4 알프레드 해든(Alfred Cort Haddon, 1855. 5. 24-1940. 4. 20): 동물학자로서 특히 해양생물에 관한 연구가 깊은 사람이다. 그는 산호초의 해양동물학 연구를 위하여 토레스 해협에 대한 탐험을 시작하게 되었고, 그 과정에서 인류학에 관심을 갖게 되었다. 1898년 4월 탐험대가 토레스 해협과 보르네오에서 일 년이 넘도록 작업을 한 결과, 그곳의 주민들에 관한 토속지적 자료들을 적지 않게 수집하였다. 그것이 기초가 되어서 캠브리지 대학의 고고학 및 인류학 박물관이 성립되었다. 그는 다년간에 걸쳐서 *Reports of the Cambridge Anthropological Expedition to Torres Straits* (vol. 1 Physical Anthropology; vol. 2 Physiology and Psychology; vol 3 Linguistics; vol. 4 Technology; vol. 5 Sociology, Magic and Religion of the Western Islanders; vol. 6 Sociology, Magic and Religion of the Eastern Islanders)라는 대작을 출판하였고, 이러한 배경을 바탕으로 1900년에 캠브리지 대학의 민족학 강사로 임명되었다. 1902년과 1905년 사이에 그는 대영제국 아카데미의 인류학 부문 대표로도 일을 하였다. 주저서로는 *Evolution in Art*(1895), *The Study of Man*(1898), *Head-Hunters, Black, White and Brown*(1901), *The Races of Man*(1909) 등이 있다.

의 여름용 별장에서 행해진 세미나에서는 쟁쟁한 제자들이 배출되었다. 에반스-프리차드Evans-Pritchard, 래이먼드 퍼쓰Raymond Firth, 마이어 포티스Meyer Fortes, 이안 호빈Ian Hogbin, 필리스 케이버리Phyllis Kaberry, 힐다 쿠퍼Hilda Kuper, 호텐스 파우더메이커Hortense Powdermaker, 오드리 리처드Audrey Richards, 아이삭 샤퍼라Isaac Schapera 등이 그들이며, 이들은 이후 영국 사회인류학을 이끌어가는 중추적인 역할을 담당하였다.

그는 1926년 버클리 대학에서의 강연을 위해서 처음으로 미국을 방문하였으며, 이때 푸에블로도 잠깐 들렀다. 1933년 코넬 대학의 메신저 강연Messenger Lectures을 위해 미국을 재방문하였고, 1936년에는 런던 대학의 대표자격으로 하버드 대학 설립 삼백주년 기념식에 참석하여 명예박사학위를 받았다. 1935년에 부인과 사별하면서 그의 건강은 악화되었다. 1938년에는 안식년을 맞아 미국의 아리조나 투손Tucson에 가서 요양을 했고, 이후 이차대전이 발발하면서 미국에 정착하게 되었다. 1940년에는 예일 대학의 방문교수가 되었고, 여기서 화가인 발레타 스완Valetta Swann과 재혼하였으며, 여름방학 동안에는 멕시코 와하까의 자포텍에서 농민시장 체계에 관한 연구를 실시하였다. 1942년 초 예일 대학의 교수로 임용될 계약을 마친 상태에서 5월에 공개강연을 하던 도중 58세로 사망하였다. 인간욕구로부터 충동된 제도들의 통합 체계를 문화로 정의한 그의 문화이론과 프로이트의 오이디푸스 컴플렉스에 대한 도전 및 경제인류학적 관심의 전개, 그리고 그의 섹스론論은 인류학이론사의 획을 긋는 작업들이었다(전경수, 1994 참조).

그림 1 말리노브스키가 손으로 그린 트로브리앤드 섬 지도 (Young 1998, 46)

마일루에서의 말리노브스키(1914)와 트로브리앤드에서의 말리노브스키(1915)는 방법론이라는 측면에서 완전히 다른 입장의 연구자라는 점에 주목하고 싶다. 즉 트로브리앤드에서의 말리노브스키는 적국신민으로서 정치적으로 유배지에 배소되었던 것이라는 점을 인식할 필요가 있고, 그러한 정치적 입장이 반영된 트로브리앤드의 말리노브스키라는 점이 방법론적 혁명의 갈림길이었다고 생각된다. 단 일 년 사이에 진행된 획기적 변화에 대해 설명하지 않으면 안 되는 우리의 입장에서는 그 일 년 사이의 방법론적 변화에 주목하지 않을 수 없다. 말리노브스키의 트로브리앤드 토속지가 주목을 받은 것은 세계대전이라는 초유의 대량살상을 경험한 유럽에서 나타난 인간에 대한 인식의 변화를 반영하는 것이라고 해석할 수 있다. 추상적이며 기계적이고 이념적인 인간에 대한 조망이 아니라 구체적인 삶의 모습을 통한 인간의 감정과 정서에 대한 이해를 선호하는 분위기와도 맥을 함께 하는 것이라고 생각한다. 여태껏 어느 누구도 시도해보지 않았던 방법으로 인간의 과학을 표현하는 말리노브스키의 인류학이 각광받는 것은 한걸음 더 나아가 광범위한 지역에서 장기간 진행되어온 식민지 지배와 자본주의적 착취에 의해 피폐된 인간상 너머에 존재하는 망가지지 않은 공동체적 삶의 모습에 대한 동경의 표현이라고 이해해야 할 것이다. 환언하면, 방법론적 혁명의 시발은 1915년 트로브리앤드에서 전환점을 맞았다고 약술할 수 있다.

3. 쿨라와 『항해자』 이후

"필드워크의 원점原點"(原尻英樹, 2006. 2. 28: 26)으로 칭송되는 말리노브스키의 『항해자』가 독자들에게 제공해주는 내용의 중심은 쿨라이다. 쿨라는 남태평양 도서문화의 핵심적인 키워드이다. 토속지로서의 의미를 넘어선 입장에서 지금 말리노브스키를 읽는 이유에 대해 피력할 필요성을 느낀다.

80년 만에 다시 찾아온 전 지구적인 금융공황으로 인한 경제적 어려움의 현실을 바라보면서, 시장실패로 인한 무대책 상황이 문제라기보다는 자본주의 또는 후기자본주의 사회의 미래에 대한 불안과 공포가 확산된 것이 오늘날 경험하고 있는 어려움의 저변에 깔린 문제의 본질이라고 생각한다. 팽창은 언젠가는 역풍을 수반한다. 그것이 순리인 모양이다. 팽창하였던 자본주의의 역풍은 이제 유럽이라는 당사자를 겨냥하고 있다. 자본주의 시스템에서 해결하지 못하는 문제를 바라보고만 있을 것인가? 답은 문제 속에 있다. 문제는 인간의 삶으로부터 비롯된 것이다. 따라서 답은 인간의 삶 속에 있다는 확신에서 여러 형태의 삶을 들여다보고, 대안을 모색하는 노력이 필요하다. 최대화에 의문을 거는 이론가(Graeber, 2001)가 추구하는 것은 사실상 최적화 논리다. 시장실패가 경제행위로부터 비롯된 것인가? 소위 경제 외적인 부문으로부터 비롯된 것은 아닌가? 경제행위로부터 비롯되었다면, 그것은 생산과 분배 그리고 소비의 과정으로 풀어야 하는 것이 아닌가? 도덕적 해이와 뇌물 등의 사회적 관계와 심리적 현상으로부터 연장된 문제에서 축적된 것이 시장복구와 회복의 기능을 무산시킨 것이 아닌가? 따라서 통합적 전체로 볼 수밖에 없는 것이 삶의 실체라고 말할 수 있다.

태평양 섬 사람들의 선물경제로부터 시장경제의 보완방법을 발견할 수 있다. 국가 간에 진행되고 있는 달러 스와핑이 그러한 아이디어의 일부가 아닌가? 비상시에 사람이 살아남아야 하는 최후의 보루로서 선물의 개념은 작동하고 있다. 물론 그것이 변질되어 뇌물이 되기도 하지만, 그 핵심은 교환경제이다. 이것은 칼 폴라니Karl Polanyi가 설명한 것과 같은 차원의 문제일 것으로 생각된다. 용어는 어떻게 만들어져도 좋다. 그 사례의 하나로서 우리는 트로브리앤드 섬 사람들의 삶을 들여다보는 노력에 의미를 부여할 수 있다. 당좌 부도로 인한 파산 때문에 감옥으로 가는 막다른 골목에 선 청년은 부친의 퇴직금으로 살아나는 실정이다. 산골 농촌의 상례는 운상계와 상포계로 운영되면서 삶은 이어질 수 있다. 파트너십은 평생 유지되기도 하고 대를 물려서 전승되기도 한다. 트로브리앤드에서 의례적 음식 분배는 사갈리sagali라는 이름으로 작동하고 있다.

모든 사람은 파트너십에 기초해서 살고 있는데, 파트너들 사이에 이루어지는 의례적 교환형태의 하나로 말리노브스키에 의해 포착된 것이 바로 쿨라이다. "파트너가 안전성의 가장 확실한 담보다"(Malinowski, 1922: 92). 물물교환에 해당되는 용어는 김왈리gimwali이며, 바가(vaga, opening gift)–요틸레(yotile, return gift)–쿠두(kudu, clinching gift)의 순서로 연속적으로 이어지는 김왈리의 행위가 호혜환(互惠環, prestation cycle: 마르셀 모스의 용어)이며, 상응하는 것이 없는 경우에는 중간선물인 바시(basi, intermediary gift)를 함으로써 호혜환을 유지하도록 한다. 그리고 쿨라의 시스템 내에서는 "지위가 높으면 높을수록 그들의 책임은 커지게 마련이다. (…) 노블리스 오블리제는 실질적으로 그들의 행위를 통제하는 사회적 규범이다"(Malinowski, 1922: 97). 북서태평양 연안에서 보고된 바 있는 포틀래취에서 이루어지고 있는 관행과 동일한 원리가 작동하고 있는 것이다. 따라서 "가치란 힘을 굴려내는 동력vehicle of power이 된다. 그것은 유용성utility이나 희소성rarity이 아니라 정서sentiment이자 감정emotion"(Malinowski, 1922: 172)과 관련된 것이다.

흥정하는 물물교환이 아니라 상대를 고려하는 가치의 경제학이라는 말이다. 흥정이 종결되고 거래완료의 신호로 물건이 손님에게 건네지고 값이 치러진 다음에 '덤'으로 넘어가는 약간의 부분에서도 느낄 수 있는 문제이다. 그것이 가치다. 그 가치가 동력이 되어서 덤을 받고 돌아가는 사람의 마음이 흐뭇해지고, 거래를 위해서 다시 찾아오게 되고, 궁극적으로 단골관계가 형성된다. 가치는 궁극적으로 인간관계를 겨냥하고 있어야 하는 것이며, 실제로 그렇게 되는 것이 일상생활의 모습이다. 그것이 그렇게 되지 않는 곳에서 문제가 발생하고, 인간관계를 배경으로 또는 목적으로 하지 않는 가치가 팽배하면서 수리數理를 수단으로 하는 경제학만이 살아남게 된다.

인간의 얼굴을 가진 경제학에 대해서 언급하는 경우를 종종 듣고 있지만, 지금 진행되고 있는 경제학이 선호하는 인간의 얼굴은 가치의 마음이 없는 페르소나persona일 뿐이다. 위선의 경제학이 가치의 경제학으로 전환하기 위해 무엇을 어떻게 해야 하는지를 말리노브스키의 저작물은 충분히 암시하고 있다. 인간관계는 진정한 의미의 가치 위에서 발휘된다는 점과 진정한 의미의 가치가 인간관계를 가능하게 한다는 두 가지의 순환론적 인과관계를 교육하는 것이 말리노브스키의 저작물이다.

1850년대 노동운동이 극에 달하면서 사회주의는 탄탄히 자리 잡았고, 노동조합은 사회적 역할뿐 아니라 산업적 충격도 배양하였다. 20세기 초에 오스트레일리아를 방문하였던 말리노브스키는 이 세상에서 오스트레일리아만큼 사회주의적인 지역은 볼 수 없었다고 술회하곤 하였다(Young, 2004: 452). 오스트레일리아라는 사회가 그렇게 된 이유가 있을 것이다. 영국이 부를 축적하는 과정의 그늘 속에서 착취가 강행되었던 식민지였기 때문이다. 자본의 냉혹함과 잔인함이 요구하는 잔학 노동의 결과로 안착한 오스트레일리아의 사회주의적 분위기를 체험한 말리노브스키임을 알 수 있다. 자본주의의 적나라한 착취가 진행되었던 식민지인 오스트레일리아의 격화된 노동운동 현장과, 감정과 정서의 가치를 존중하는 쿨라가 진행되는 트로브리앤드 사이의 일천 킬로미터를 왕복하면서, 그는 자본주의가 아닌 다른 방식의 삶을 그리고 싶었던 것이다.

나는 그것을 공생주의(共生主義, commensalism)라고 부르고 싶다. 쿨라가 진행되는 사회에도 대추장paramount chief이라는 계급이 있고, 그에 의한 지배의 현상은 엄연히 존재한다. 그러나 공생주의의 지배에서는 착취 현상이 일어나지 않는다. 지배가 곧 착취인 식민주의적 자본주의 속에서 인간을 구할 방법은 없다고 생각한 것이 말리노브스키라는 사회과학자다. 쿨라로 대표되는 공생주의의 치료법이 자본주의로 무너져버린 인간관계를 회복시킬 수 있다는 신념을 갖게 해주는 것이 그의 저술이다. 인류학은 궁극적으로 인간을 위해서 존재한다는 점을 실천한 것이 트로브리앤드의 토속지다. 그래서 인류학이란 학문은 인간관계 회복의 수단으로 자리를 잡아야 한다는 점을 언명할 수 있다.

말리노브스키는 1914년과 1920년 사이 6년간 트로브리앤드에서 토속지적 연구를 수행하였다(Malinowski: 1922, xix)고 진술하고 있다. 현지에서 직접 쿨라를 관찰한 구체적인 기간은 "① 1914년 8월-1915년 3월, ② 1915년 5월-1916년 5월, ③ 1917년 10월-1918년 10월"(Malinowski, 1922: 16)로 기록하고 있다. 즉 그가 1914년 8월부터 1918년 10월까지 쿨라를 관찰하기 위해 현지에 체류한 기간은 총 34개월임을 알 수 있으며, 그 기간은 거의 대부분이 제1차 세계대전(1914년 7월 28일-1918년 11월 11일) 기간과 겹친다는 점을 지적할 수 있다. 쿨라로 연결되는 역내의 분업은 역사가 되어 있다. 암플렛Amphletts은 그릇 만드는 곳, 도부Dobu는 농사를 짓고 코코넛이 주 생산물인 곳, 트로브리앤드는 주된 산업지구로, 서로 다른 방식의 생활을 하면서 서로의 다른 기능을 보완적으로 합침으로써 전체가 하나로 엮어져 살아가는 모습을 보인다. 페레스트로이카 이전의 소비에트에서 실시하였던 지역특화의 콤비나트와 상당히 유사한 양상이다. 다만 소비에트에서는 크렘린이라는 중앙통제소가 관제탑이 되어서 조정과 균형을 유지하였지만, 트로브리앤드에서는 오랜 시간 적응된 인간관계의 파트너십으로 이루어지고 있는 것이다. 중앙통제소가 해체되는 순간 소비에트는 해체되었던 역사적 경험을 생각한다면, 인간관계의 파트너십으로 이루어지는 교환관계의 안정성에 대해 관심을 갖게 된다.

도부 사람들이 시나케타 사람들을 방문하는 항해에 대한 정밀한 기록을 보면, 항해 자체보다도 항해를 위한 준비기간이 훨씬 더 길다. 항해 준비 기간의 삶이 쿨라와 긴밀하게 연결되어 있음을 알 수 있다. 도부 사람들은 1917년 10월부터 1918년 2월 사이, 즉 4개월간 항해를 위한 카누를 건조하고 항해 준비를 시작하였다. 3월 25일 출항하여 3월 31일 암플렛 섬에 도착하였으며, 여기서부터는 암플렛 군도 사람들이 합류하여 시나케타를 방문하는 항해를 시작하였다. 도부와 암플렛 사람들이 함께 4월 6일 말리노브스키가 체류하고 있었던 시나케타에 도착하였다. 상견례를 포함한 의례를 완료하고, 그들은 4월 10일 시나케타를 떠남으로써 한 순배의 쿨라가 완료되었다. 즉 항해 기간은 약 한 달이 되지 않았음을 알 수 있고, 카누를 제작하고 항해를 준비하는 기간이 훨씬 더 오래 걸린 것이다. 파트너를 만나기 위한 준비가 필요한 과정 그 자체가 트로브리앤드 사람들의 삶이고, 쿨라를 중심으로 한 전체 시스템이 이곳의 문화인 셈이다. 쿨라의 시스템 속에서 중요한 것은 이익이 아니라 순환이다. 자신이 갖고 있고, 상대가 갖고 있지 않은 것들을 적절한 교섭을 통해서 나누는 것이다. 나누기 위해서는 만나야 하고, 만남은 의례를 수반한다. 의례에는 선물이 포함되고, 선물을 통한 교환은 궁극적으로 공동체를 구성하는 기능을 하게 마련이다.

북서태평양 연안의 포틀래취와 남태평양 도서의 쿨라를 자료로 해서 교환이론의 기초적인 모델을 제시하였던 마르셀 모스는 사회주의 운동에 헌신하였던 사회운동가였다. 다른 한편으로 보면, 자본주의의 맹점을 파악하였던 그는 사회주의 사상을 실천적으로 전파한 이론가다. 그래서 그는 프랑스 협동조합운동에도 적극적으로 참여하였다. 볼셰비키 혁명에 동조하였던 그가 결국 사회주의에 대해서도 희망을 걸지 못하였다. 그러한 사상적 역정을 직접 경험하였던 마르셀 모스가 자본주의에서 사회주의 그리고 사회주의로부터 이탈된 변증법적 과정을 거쳐 제시한 사상서思想書가 바로『선물』이란 이름으로 등장한 인류학 이론서라고 생각한다. 변증법을 구성하는 정반합正反合의 합合에 해당되는 마르셀 모스의 제안에 대해서 나는 공생주의라는 이름을 적용한다. 쿨라는 인간이 발견한 공생주의의 원점인 셈이고, 말리노브스키는 공생주의의 원점을 우리에게 제공하고 있는 셈이다.

『항해자』를 비롯한 말리노브스키의 저작물과 업적에 대

한 부정적인 비판이 없는 것도 아니다. 말리노브스키를 기능주의자의 원조라고 평가하고, 기능주의가 안고 있는 약점을 들어서 말리노브스키를 비판하는 목소리가 있다. 나는 '말리노브스키=기능주의자'라는 도식에 동의하지 않는다. 기능론을 포함한 보다 더 큰 이론적 틀이나 안목으로 접근하지 않으면, 말리노브스키는 한 마리의 코끼리로 다가올 것이고, 우리는 그 코끼리를 앞에 두고, 다리를 만졌다가, 귀를 만졌다가, 코를 만져보고 제각기 자신이 옳다고 왈가왈부하는 장님이 되고 말 것이다.

기능주의적 입장을 잘 반영한 토속지란, 모든 요소가 아주 잘 맞추어진 모자이크와 같은 모습으로 그려지는 것을 말한다. 조금이라도 트러블이 있는 것들은 의도적으로 모두 배제한 완벽한 낭만주의적인 한 폭의 그림처럼 연출되는 작품을 말한다. 그렇게 짜 맞춘다는 것도 쉬운 작업이 아니다. 말리노브스키를 기능주의의 대표자라고 소개하는 경우가 흔하다. 아래의 문장은 말리노브스키를 소개한 글의 일부분이다. "기능주의機能主義는 그러한 제도를 인간의 생물학적이고도 파생적 욕구를 충족시키기 위해서 사람들의 행위가 조직화된 것이라는 관점으로부터 해석된다. 그러한 것에 대해서 보편적인 의미부여를 하는 것이다. 이상이 말리노브스키가 제창한 문화의 과학적 이론으로서 기능주의인류학이라고 생각하는 것이다"(富永健一, 1993. 10. 10: 326). 말리노브스키에 대한 기계적이고 이념형적인 이해의 한 사례로서 인용해본 것이다. 말리노브스키의 학문인생은 전반기와 후반기로 나뉘어야 한다는 것이 나의 주장이다(전경수, 2001). 그의 작품들을 전체적으로 섭렵한 뒤에 내린 나의 결론이다. 따라서 그의 전반기는 맥락론으로, 후반기는 기능론으로 구분해서 이해하는 안목이 필요하다고 생각한다. 『항해자』는 맥락론의 극치로 이해될 수 있다. 왜냐하면, 낭만적인 원시인의 그림에 가려진 자본침투의 흔적이 곳곳에서 삐져나오고 있기 때문이다. 그 그림은 기능주의만으로는 그려질 수 없는 그림이다.

말리노브스키에 대한 또 다른, 그러나 좀 큰 목소리로 구성된 비판의 하나가 역사성의 결여라는 주장이다. 나는 이러한 비판에 대해서 중요한 문제제기라는 점에는 동감하면서도 비판의 내용에 대해서는 유보적인 입장을 취하고 있다. 토속지를 재발명하려고 시도하였던 말리노브스키라는 문제의식으로 소급해서 이 문제를 고려할 필요가 있다고 생각한다. 1767년, 요한 프리드리히 쇠펄린(Johann Friedrich Schöpperlin, 1732-1772)에 의해서 제안되었던 토속지라는 용어(Stagl, 1998)와 개념은 출발점에서 역사라는 문제가 안고 있는 한계점을 생각하며 현재 삶을 살아가고 있는 주민들의 삶에 대한 리얼리티에 문제의식을 표현하면서 등장한 것이다. 말리노브스키가 갖고 있는 관심의 원점이 쇠펄린이 안고 있었던 역사성 속의 리얼리티 문제라는 점에 착목하면, 말리노브스키의 토속지는 이미 역사라는 문제가 심각하게 각인되어 있다고 생각하는 것이 나의 입장이다.

시드니 민츠의 비판은 식민성에 내재된 역사의 문제에 대해서 의도적으로 눈을 감은 말리노브스키를 겨냥하고 있다(Mintz, 1985). 나는 민츠의 비판이 균형을 잃은 것이라고 생각한다. 비판 이전에 왜 그러한 서술을 시도하였는지에 대한 이해의 시도가 선행되어야 한다. 자신의 삶 자체가 고립된 외지로 쫓겨나서 살지 않으면 안 되는 대전大戰의 상황이 전개되고 있는 유럽의 삶에 대한 회의에서 비롯된 인간상의 재발견 시도를 전제로 한 것이 말리노브스키의 작업이었다는 점은 숙고해보아야 할 문제다. 원주민의 관점이라고 강조한 것 자체가 서양인들에 의해 "더럽혀진" 원주민들의 삶의 모습은 원주민의 관점이라는 범주에 속하지 않는 것이라고 규정하려는 말리노브스키의 의도가 깔려 있다고 생각할 수 있다. 시드니 민츠의 비판은 비판이 아니라 말리노브스키라는 사람을 구성하는 전체에 대한 외면이다. 자기가 보고 싶은 것만 골라 보려고 한 결과의 소산이라고 말할 수 있다. 그렇게 하는 비판은 비판의 정곡이라고 말할 수 없다는 것이 나의 입장이다.

"말리노브스키는 쿨라에 사용되는 바기(bagi, 조개목걸이)가 트로브리앤드의 시나케타에서가 아니라 수디스트Sudest와 롯셀Rossel 지역으로부터 온 것이라고 진술하였다. 그 진술은 유럽인들과의 접촉 이후 상황이고, 접촉 이전에는 바기가 시나케타로부터 온 것임에 틀림없다. 말리노브스키의 진술은 식민지시대의 영향을 반영한 것이다. (…) 말리노브스키는 (정부개입의) 화평 정책 이후에 증가된 쿨라 참여에 대해서는 언급하지 않았다. (…) 그는 쿨라를 생각하면서 이론적으로 역사를 염두에 두지 않았다"(Berde, 1983: 436)고 비판받는 경우가 있다. 역사란 기본적으로 시간의 문제이다. 그렇다면, 말리노브스키가 과연 시간이라는 문제에 대해서 전혀 관심을 갖지 않았는가? 노스탈지어는 역사를 거부한다. 사실을 왜곡한다. 그럼에도 불구하고 말리노브스키는 식민지적 지배와 착취의 흔적이 보이는 부분들을 의도적으로 진술하지 않았음을 알 수 있다. 말리노브스키가 역사를 거부하였는지 아닌지에 대해서는 후일 전개되는 그의 저작들을 통하여 점검해볼 필요가 있다. 만약 그가 역사를 거부하였다면 그만한 이유가 있었을 것이라고 생각되며, 그 이유에 대해서 생각해볼 임무가 독자에게 주어져 있다.

왜냐하면 그는 방법론으로서의 토속지를 실천하는 목적을 분명히 하고 스스로 백인들로부터의 철저한 격리를 이상적으로 여기며, 자본주의에 의해 파괴되지 않은 인간상의 그림을 그리려고 노력하였기 때문이었다. 역사상의 지배와 착취의 과정 및 흔적에 대한 것은 그 다음에 진행될 수 있다는 자신감이 그에게는 있었다고 생각된다. 그가 후일 응용인류학에 관한 최적의 방법들을 정부 및 식민관료들에게 제안했다는 점을 상기할 필요가 있다 (Malinowski, 1929).

말리노브스키의 문장에서 명백하게 발견되는 몰역사성 dehistorization은 20세기 초 당시의 진화론에 대한 강력한 거부감으로부터 비롯되었다는 이해가 바람직하다. 그러한 표현이었지, 그 자신이 "역사"라는 문제를 거부한 것이라고 봐서는 지나친 해석이 될 수 있다. 어느 사회에서나 삶이 어렵게 진행된다는 것은 경험적으로 터득된 것이고, 말리노브스키 자신도 그러한 삶의 과정에 있었다는 점은 전화戰禍 속의 적국신민이라는 정치적 신분을 부여받은 스스로의 문제 속에서 터득되었을 것은 뻔한 이치다. 삶이라는 것은 그 자체가 어렵게 진행되는 것이고, 그 과정 속에서 살아가는 것이 문제라는 점을 그는 삶의 불가해성不可解性이라는 단어로 표현하였다. 따라서 그 문제에 대한 대안을 마련하는 것이 사람들의 노력의 결과이고, 그 과정이 적응이고, 어떤 경우에는 그러한 적응의 결과가 제도라는 전통으로 남게 되는 것이다. 전통은 근본적으로 역사성의 문제의식을 바탕에 깔고 있다는 점에 대한 선이해가 필요하다.

4. 기억하는 사람과 기록하는 사람: "관문참여법觀問參與法"

말리노브스키가 그의 인생살이 중에서 기록이라는 것을 얼마나 중요시했는가 하는 점은 그의 일기장에서 드러난다. "1909년 2월 20일 자에서 그는 자신과 관련된 모든 것이 끊임없이 추적되도록 날마다 일기를 쓸 것이라고 자신을 향하여 맹세하였다. (…) 그리고 그는 3월 12일부터 실천하였다"(Young, 2004: 131). "자신과 관련된 모든 것이 끊임없이 추적되도록 날마다 일기"를 쓴 연장선상에서 그는 트로드리앤드에서 작업을 하였다고 생각하는 것이 타당하다. 따라서 트로브리앤드에 거주하는 동안 트로브리앤드 사람들에 대한 험담을 담은 내용의 일기가 있는 것은 상상이 어렵지 않다. 그는 후일 언젠가는 그의 일기가 누군가에 의해서 읽힐 수 있을 것도 예상했으리라고 생각된다. 그것이 말리노브스키의 일기가 출판이라는 형식으로 세상에 알려지게 되는 이유일 것이다. 일기라는 형식을 빌린 꼼꼼한 기록의 실천이 말리노브스키에게서는 인류학적 방법론으로 연장되었다고 이해할 수 있다.

말리노브스키 이전에 이 문제에 대해서 분명하게 언급하고 기록을 남긴 사람은 19세기 말과 20세기 초 사이에 대만총독부에서 작업하였던 일본인 정부인류학자 이노 카노리(伊能嘉矩, 1867-

1925)다. 그는 현지작업 중에 있는 사람은 "날마다 그가 본 것과 들은 것을 모두 기록해야만 한다"(伊能嘉矩, 1894. 9: 500)고 강조하였다. 이노 카노리가 강조한 것은 일기식의 필드노트를 말하는 것이다. 이렇듯이 토속지를 준비하는 인류학자들은 기록이라는 방법에 초점을 맞추었음을 알 수 있다. 환언하면, 인류학이란 학문은 이노 카노리나 말리노브스키와 같은 꼼꼼한 기록자들을 만난 것이 방법론을 발전시킬 수 있었던 행운이었다고 말할 수 있다.

인류학자들이 질문이라는 수단을 통하여 관심을 갖는 기억은 개인적인 기억이 아니라 사회적 기억social memory이다. 그런데 사회화된 기억의 현상에 관심을 갖는 인류학자의 입장만을 생각하는 것이 아니라 이러한 현상을 기억하는 사람의 입장에서 본다면, 기록하는 대상으로서의 기억이라는 구도를 상정할 수 있다. 기록은 문자적인 행위이고, 기억은 문자적인 행위가 아니다. 20세기 초의 면접이라는 상황에 처한 인류학자와 주민 사이의 관계를 다른 방식으로 표현해본다면, 무문자사회의 기억이 유문자사회의 기록으로 전환되는 상황을 면접이라고 말할 수 있다. 그 작업을 하는 사람이 인류학자이고, 그러한 작업의 결과가 토속지라는 작품으로 남게 된다.

기록된 자료들을 연구하는 사람을 역사학자라고 한다면, 기억된 자료들을 연구하는 사람들은 인류학자인 셈이다. 무문자사회와 유문자사회의 경계가 뚜렷하였던 과거에는 양자의 경계가 뚜렷하였지만, 지금은 그러한 물리적 경계가 무용지물이 되어버렸다. 그렇기 때문에, 현재 학계에서는 역사학과 인류학의 관련성에 관한 연구 결과뿐 아니라 방법론상의 문제들에 대해 적지 않은 논의와 그 성과들을 제시하고 있다. 이 부분에 대해서는 아직도 많은 과제들이 남아 있다고 생각한다. 왜냐하면, 본질적으로 "말"과 "글"이라는 것은 시스템이 다르기 때문이다. 말을 기본으로 하는 사회와 글을 기본으로 하는 사회는 본질적으로 시스템이 다르다. 말과 글을 한꺼번에 묶어서 "언어"라고 표현하지만, 이미 "랑그langue"와 "파롤parol"에 대한 진전된 연구의 결과들에서 보여주는 것처럼, 양자는 본질적으로 다른 시스템이다. 조금 더 깊이 들어가 보면 이미 언어학 분야에서 잘 지적되어 있는 것처럼, "시니피앙"과 "시니피에"의 구분에서 보이듯이 말이라는 현상의 심층적인 현상들의 문제는 이미 말리노브스키에 의해서 트로브리앤드에서 감지된 것이었다.

말을 하는 사람과 그 말을 듣고 글이라는 수단으로 기록을 하는 사람 사이의 간극이라는 문제의식을 발견한 말리노브스키는 그 간극을 극복하기 위한 수단으로 "주민관점(住民觀點, native's point of view)"을 발명하였다. 연구자의 입장이 외부인이라면, 관찰을 하고 질문을 하는 대상으로서의 입장인 주민은 내부인이 되는 셈이다. 말리노브스키는 이 사이의 간극이 극복될 수 없는 본질적인 입장과 관점의 차이라는 문제의식을 감지하였고, 방법론상으로 이 간극을 연결하는 관점으로서 외부인이 갖추어야 할 내부인의 관점이라는 방법을 제시한 것이다. 후일 말리노브스키의 방법론을 좀 더 깨끗하게 정리한 용어로 등장한 것이 내관(內觀, emic)과 외관(外觀, etic)의 세트인 셈이다. 양자는 개념상 존재하는 추상적인 현상으로서 의미를 갖는 것이지, 구체적인 현상으로 달성 가능한 사회적 실재라고 말할 수 없다. 따라서 내관과 외관 사이의 간극이 현실적으로 극복 가능한 것은 아니다. 가능한 것은 양자 사이의 연결을 시도하는 과정일 뿐이라고 생각한다. 말리노브스키가 제시하였던 "주민관점"이라는 것은 외부인이 시도할 수밖에 없는 교량역할로서의 의미인 것이지, 그것이 달성 가능한 현실로서 존재하는 현상이 아니다. 그래서 에반스-프리차드Evans-Pritchard는 "근접approximation"이라는 용어를 제안하였다. 현지작업에 임한 연구자가 얼마나 주민관점(즉 내부자 관점=내관)에 근접할 수 있느냐의 문제라고 이해하였던 것이다. 이 내관의 문제는 인류학자들이 방법론상으로 도전해야 하는 영원한 과제인 셈이다.

말리노브스키가 트로드리앤드에 거주하면서 기록하였던 노트들은 그가 관찰하였던 것들과 함께 그가 들었던 주민들의 기억에 의존한 것이었다. 말을 글로 전환시키는 작업을 하는 인류학자는 서로 다른 시스템의 차이에 대해 문제의식을 갖지 않으면 안 된다. 그 전환을 우리는 번역이라는 현상으로 이해할 수 있지만, 하나의 글로부터 또 다른 하나의 글로 전환하는 번역과는 다른 종류의 번역 현상이다. 말리노브스키는 트로브리앤드의 말이라는 시스템을 영어의 글이라는 시스템으로 전환시키는 작업을 한 것이다. 그 과정의 복잡성을 직시하였던 말리노브스키는 맥락이라는 인식론적 현상에 대해서 깊이 있는 통찰력을 보여줌으로써 그의 작업을 성공적으로 마무리시킬 수 있었다고 생각한다. 문화적 맥락의 맥락context에 대해서 궁극적인 관심을 표명하고 그것을 풀어보기 위하여 "쿨라"라는 현상을 발견하고, 관찰하고, 질문하고, 참여한 것이 그의 트로브리앤드 토속지다.

현장의 관찰과 기억을 겨냥한 질문이라는 행위로 참여하

는 방법을 구사하는 사람이 인류학자이다. 모순과 애매모호함을 포함하는 "참여관찰participant observation"이란 미스테리일 뿐, 그 용어는 교정되어야 한다. 왜냐하면, 그 표현은 표현 자체로서 진실성을 상실하고 있기 때문이다. 그 단어는 "I-witness"(기어츠의 용어)의 알리바이를 강조하기 위하여 고안된 허구이다. 토속지를 작성하기 위하여 현지연구를 하는 인류학자의 작업 정황을 정확하게 표현하면, "관찰observation과 질문question에 의한 참여(參與, participation)"의 방법으로 교정되어야 한다. 나는 이것을 줄여서 "관문참여법觀問參與法"이라고 명명하고자 한다. "참여관찰"이라는 미스테리의 용어를 방법이라고 추종하였던 또 다른 이유는 번역에만 매달려온 제삼세계 학자의 관성에도 기인하는 점이 있다고 생각한다. 수입된 학문을 받아들이기에 급급한 나머지 수입된 것의 적실성에 대해서 깊이 있게 생각할 겨를조차 가지지 못하는 제삼세계 학문의 수준을 극복하지 않으면, 사실상 제삼세계의 학문이라는 현상의 의미는 그 자체가 식민성을 벗어나지 못하게 된다. 이른바 학문적 식민주의 academic colonialism에 매몰된 현상을 말하는 것이다.

인류학자들의 토속지들이 얼마나 많은 문제점을 내포하고 있을지에 대해서는 유문자사회有文字社會를 연구하는 인류학자들이 앞으로 심각하게 생각해보아야 할 문제이다. 대체로 무문자사회無文字社會를 연구해온 전통을 갖고 있는 서양의 인류학자들은 현지주민들이 알 수 없는 '해괴망측한' 문자라는 것으로 현지주민들의 삶에 대해 왈가왈부하고 있다. 과연 말리노브스키의 트로브리앤드에 대한 토속지 보고서들이 트로브리앤드 사람들의 언어로 정리되었다면, 얼마나 많은 오류를 지적받을까? 사후 출판된 그의 일기가 트로브리앤드 사람들의 언어로 녹음이 되어서 정리되고, 그 내용을 트로브리앤드 사람들이 듣게 된다면, 그들의 반응은 어떠할까? 생각만 해도 끔찍해진다. 무문자사회를 대상으로 토속지를 작성하는 인류학자들의 "토속지적 권위ethnographic authority"(Stocking, 1983: 45)라는 문제를 다시 한 번 생각해보지 않을 수 없다.

토속지적 권위를 지탱하는 기본적인 힘이 무문자사회에 대한 유문자적有文字的 표현일 수 있다. 인류학자가 토속지를 작성하는 과정, 즉 문자적 표현을 현지주민들과 공유한다는 점에 있어서 말리노브스키는 상대적으로 자유로웠을 것이다. 그러나, '브라질의 한국이민'들을 상대로 정리해서 출판된 토속지의 보고서(전경수, 1988)가 현지주민인 한국이민들이 읽을 수밖에 없는 상황, 즉 인류학자와 현지주민 사이의 문자적 표현의 공유라는 상황은 유문자사회를 바탕으로 한 소위 "자문화"를 연구하는 인류학자가 감당해야 할 몫이라고 생각한다. 유문자사회에서는 반드시 '네이티브'가 자신과 관련된 토속지의 내용을 꼼꼼하게 읽게 마련이다. 『브라질의 한국이민』의 단 한 줄 내용에 문제를 삼은 오응서 선생이 법적인 고발 시도를 할 정도의 상황을 경험했던 나는 토속지적 권위가 아니라 토속지적 자성ethnographic reflexivity이라는 과정을 생각하게 되었다. 자료를 수집하고, 정리하는 과정에서 인류학자는 끊임없는 자성의 과정이 반복되는 경험을 하게 마련이다. 그 자성의 과정이 마무리되는 최종의 단계가 바로 토속지적 자성이라고 생각된다. 무문자사회를 대상으로 하든 유문자사회를 대상으로 하든 상관없이, 토속지적 자성의 과정이 없는 토속지의 제작은 근본적으로 인류학자의 책임이라고 말하고 싶다. 그리고 과거의 무문자사회도 이제는 모두 유문자사회로 전환되었음을 생각해야 할 문제이기도 하다.

5. 방법론으로서의 토속지

트로브리앤드는 동경 151도와 남위 7도의 남태평양에 위치한 섬이다. 말리노브스키는 로빈슨 크루소가 아니었다. 기백 명의 주민들과 수년 동안 그곳에서 함께 거주하면서, 인류학이란 학문에 정진하는 과정을 경험하였다. 그 과정에서 그는 토속지라는 것의 문제점에 대해서 깊은 성찰의 기회를 갖게 되었다. 그가 그러한 성찰의 기회를 갖게 된 것은 트로브리앤드 주민들과 함께 한 삶을 배경으로 한다. 트로브리앤드식 삶을 배경으로 한 말리노브스키의 토속지라는 개념에 대한 성찰은 궁극적으로 토속지의 재발명에 이르는 계기가 되었다. 조지 스톡킹은 그 과정을 "방법론적 혁명"이라고 부르기를 주저하지 않았다.

"실제 생활의 불가해성(不可解性, the imponderabilia of actual life)" (Malinowski, 1922: 18). 이 진술은 말리노브스키의 인생철학이 농축된 용어다. 인생이란 원래 '도저히 풀어헤쳐볼 수 없는imponderable' 현상이라는 점을 전제하고, 그 문제에 도전하는 방법이 토속지라는 것이다. "단지 종교만을, 또는 기술만을, 또는 사회조직만을 연구하려는 에쓰노그래퍼Ethnographer는 하나의 자의적인 분야를 (전체로부터) 잘라냄으로써 결과적으로 자신의 작업을 함에 있어서 스스로를 심각한 불구자로 만들게 된다는 점을 알아야 한다"(Malinowski,

1922: 11)고 경고한다. 전체와 부분에 관한 하이젠베르그의 명제(전체는 부분의 합보다 크다)를 대하는 것과 마찬가지의 논리이며, 말리노브스키가 전체totality라고 하였던 문제의식은 토속지 작업의 기반이 되는 관점이다.

말리노브스키가 그토록 심각하게 토속지를 생각하고 궁극적으로 토속지라는 개념의 재발명reinventing ethnography에 이르게 되는 목적이 무엇이었을까? 말리노브스키가 연구에 열중하던 초창기에 명성이 높았던 두 소설가에 대한 대비로부터 우리는 말리노브스키의 인생관을 읽을 수 있다. 그는 "라이더 해거드(Rider Haggard, 1856-1925)가 되기보다는 조셉 콘라드(Josef Conrad, 1857-1924)가 되겠다" (Firth, 1957: 6)고 말하였다는 증언이 있다. 양자는 19세기 말 영국의 대표적인 소설가들이었지만, 전자는 모험을 중심으로 하는 판타지 계열의 작품을 주로 발표하였고, 후자는 로맨티시즘을 추구하였지만 궁극적으로 리얼리즘 계열의 대표적인 작가였다.[5] 후자는 말리노브스키와 마찬가지로 원래 폴란드 출신으로서 '요제프 콘라트Jozef Konrad'라는 폴란드식 이름을 갖고 있기도 하다. 소설읽기에 있어서도 판타지보다는 리얼리즘을 선호하는 말리노브스키의 입장은 오히려 당연한 것으로 받아들여질 수밖에 없다.

나는 그의 인생관과 학문이 일치되는 점이 있다고 생각한다. 모두가 사회진화론과 문화전파론에 몰두하고 있을 때, 그는 새

5 말리노브스키를 읽음에 있어서 조셉 콘라드의 입장에 착목한 인류학자는 현재까지 세 사람이 발견되었다. 레이먼드 퍼쓰(Firth, 1957: 6), 조지 스톡킹(Stocking, 1983: 104), 그리고 서로아(徐魯亞, 2005. 2: 428)이다.

로운 인류학을 모색하고 있었다는 가설이 가능하다. 구체적인 삶을 통한 방법론상의 혁명을 일으키는 새로운 인류학을 시도하였던 것이며, 그 방법론은 "에쓰노그래피ethnography"의 재발명이었다고 생각된다. "에쓰노그래피"의 영어 첫 글자인 "E"를 대문자로 강조하는 수단까지 동원하면서 토속지를 재발명하려고 하였던 목적에 대해 논의할 필요가 있다. 그 자신이 세계대전으로 인하여 자신과 함께 사회적 관계를 유지하였던 사람들로부터 격리된 유배생활을 할 수밖에 없는 상황에서, 그는 사람들 사이의 끈끈한 교류에 가장 심대한 감화를 받았다고 생각한다. 그 끈끈한 교류의 상황을 쿨라라는 이름으로 진행하고 있는 사람들의 모습을 그림으로써 자신이 상실한 부분에 대해 보상받으려는 차원에서 트로브리앤드 토속지를 작성한 것이라고 이해할 수 있다. 자신이 상실한 부분에 가장 깊은 애착을 갖는 것이 사람이라는 점을 상정한다면, 우리는 말리노브스키라는 개인의 입장에서 그가 전개하였던 토속지의 출현배경을 설명하는 것이 가능할 것이다.

"나는 에쓰노그래피Ethnography라는 단어는 인간과학the science of Man에 대한 경험적이고 서술적인 결과를 말하는 것으로, 에쓰놀로지Ethnology라는 단어는 추론적이고 비교적인 이론으로서 사용하고 있다"(Malinowski, 1922: 9 각주). 토속지의 재발명reinvention을 선언하는 진술이다. 에쓰노그래피라는 단어가 뇌르틀링겐 공학교(公學校, grammar school of Nordlingen) 교장인 요한 프리드리히 쇠펄린에 의해 1767년 제안된 이후, 그것은 '에쓰노ethno'에 대한 서술, 즉 민중들의 삶에 대한 기록이라는 의미로 사용되어왔다. '에쓰노'는 독일어의

'폴크Volk'와 전혀 동일한 의미로 채택되었음을 알 수 있다.[6]

그것을 구체적으로 어떻게 하는 것이라는 방법에 대해서는 어느 누구도 언급한 바가 없었기 때문에, 탐험가든 여행가든 장사하는 사람이든 선교사이든 자신들이 돌아다니는 과정에서 보고 들은 것들을 상세하게 기록하면 그것이 곧 에쓰노그래피가 되는 것으로 생각하던 시기가 있었다. 말리노브스키에게 인류학을 가르친 셀리그만이나 해든, 그리고 프레이저 등도 에쓰노그래피에 대해 이렇다 할만한 구체적인 진술을 한 적이 없다. 말리노브스키는 이 점에 착목하였다. 에쓰노그래피는 사람들의 삶의 모습을 그냥 기록하면 되는 것이 아니라 인류학이란 학문의 방법론으로서 제대로 자리를 잡아야 한다는 의지의 표현을 하고 있는 것이다. 그리고 에쓰노그래피와 에쓰놀로지가 혼용되고 있었던 20세기 초의 학계 분위기에 대해서도 분명한 입장을 밝히고 있다. 에쓰놀로지는 비교방법에 적용하는 것이라는 점을 분명하게 함으로써 에드워드 타일러 이래 비교방법을 중심으로 전개해온 인류학의 입장을 가다듬는 제안을 한 것이다. 따라서 일차적으로는 에쓰노그래

6 그 후 그것을 가장 즐겨서 사용한 측은 19세기 중반에 동쪽으로 정치적 범위를 확장하기 시작한 제정러시아였다. 광범위한 지역에 흩어져 사는 사람들의 관리가 필요하였던 정치적 현실성을 고려한 '에쓰노그래피아(ethnografia)'가 주목을 받았다. '에쓰노(ethno)'는 점령 또는 관리대상으로서의 집단이라는 의미로 정착되었음을 포착할 수 있고, 그러한 개념과 개념에 대한 해석은 19세기식 제국주의의 팽창과 맞물렸다고 생각한다. 제국주의의 물결에 편승한 일본이 그 단어를 대하였을 때는 이미 거의 자연스럽게 '에쓰노'는 "민족(民族)"이라는 점령대상의 집단으로 인식되기에 충분하였다. 그래서 '에쓰노그래피(ethnography)'의 '-graphy'를 '지(誌)'로 인식하여 양자를 결합해서 일본식으로 조어한 것이 "민족지(民族誌)"였다고 풀어볼 수 있다. 따라서 "민족지"란 단어가 조어된 배경에 깔린 정치적 색깔을 고려하면, 그것은 "점령대상집단에 대한 기록"이라는 의미의 이상도 이하도 아니다.

피가 선행되어야 하고, 여러 가지 에쓰노그래피가 작성된 이후에 그것들을 상호 비교하는 작업을 진행하는 것이 에쓰놀로지라는 의미를 분명하게 제시하고 있다.

2011년 2월 11일, 이집트의 시민혁명은 정치경제의 구도를 뒤엎은 시민생존의 힘으로부터 비롯되었다. 프랑스의 시민혁명 이후, 유사한 현상은 지구상에서 끊임없이 반복되어왔다. 정치경제와 생활생존이라는 구도는 본질적으로 상극인 모양이다. 정치경제는 생활생존을 착취하여 영양을 공급받고 있음을 지적할 수 있다. 일상의 지배와 억압을 구가하던 정치경제가 생활생존에 의해 전복되는 상황을 우리는 시민혁명이라고 이름해온 것 같다. 정치경제에만 매달리던 사람들이 생활생존에 대처할 방법을 찾을 수 없기에 혁명이라는 과정으로 자리를 내주고 만다. 양자는 혁명이라는 방식이 아니면 교체될 수 없는 모양이다. 역으로, 생활생존의 영역이 정치경제의 지배와 억압으로 인하여 벌어지고 있는 상황을 우리는 흔히 식민지적 상황이라고 말할 수 있으며, 그러한 구도를 주도하는 엘리트들이 발명한 이데올로기의 일종을 식민주의(또는 제국주의)라고 이름할 수 있다. 정치경제의 우월성에 의해 생활생존이 지배당하고 있는 상황을 제삼자의 입장에서 바라보는 경우에 발생할 수 있는 결과물은 여러 가지로 표현될 수 있다. 문학과 예술이라는 이름으로도 진행되었고, 학문과 운동이라는 이름으로도 표방되기도 하였다.

물론 그러한 상황을 구조적인 차원에서 바라볼 수도 있지만, 지극히 맥락적인 상황에서 재현해볼 수도 있다. 그러나 맥락적인 상황에서 식민지적 현상을 재현한다는 것은 실제로 그 현상에

젖어들어서 살아보지 않은 사람에게는 그림의 떡일 수밖에 없다. 상상은 가능하지만, 실제로 식민지적 현상의 맥락이라는 것을 그려낼 수가 없다고 생각된다. 사실 그러한 식민지적 상황을 재현해내는 목적이 불분명할 경우에, 식민지적 맥락의 일부가 되어서 삶을 살아본다는 것은 쉽지 않을 것이다. 더군다나 식민지적 상황의 일부로 삶을 살아봐야 하는 비식민지인의 경우에는 식민지적 상황이라는 것이 자신을 비추어보는 거울의 역할을 할 것이라는 예상이 가능하고, 이 경우에 식민지적 상황이라는 거울에 비친 자신을 포함한 외부인에 대한 관찰은 갈등과 비판의식 등으로 인하여 복잡한 국면을 맞을 수 있다.

"에쓰노그래퍼는 다년간의 끈질긴 노력으로 그 자신이 발을 디딘 순간, 그리고 주민들과의 최초 접촉을 만든 순간과 연구결과의 최종적인 집필을 시도하는 시간 사이에 존재하는 거리감을 극복해야만 한다"(Malinowski, 1922: 4). 말리노브스키는 현지작업이 진행되는 기간이라는 시간대와 그러한 작업이 종결된 이후에 보고서를 집필하는 기간이라는 시간대를 구분해서 생각하고 있음을 알 수 있다. 왜 말리노브스키는 이 두 개의 서로 다른 시간대에 대해 문제를 제기하고 있는 것일까? 두 시간대에 개입 가능한 문제는 어떤 것일 수 있는가? 두 시간대 사이에 존재하는 거리감의 의미는 어떤 문제를 내포하고 있는 것일까? 그리고 그 거리감은 어떻게 극복될 수 있는 것일까? 이는 거울이라는 물리적 현상과 관련된, 그리고 그것을 넘어선 인식론의 문제일 것으로 생각된다.

말리노브스키라는 한 개인이 식민지적 상황을 살아봐야 할 경우에는 '거울' 논리에 얽힌 문제가 더욱 복잡한 상황으로 다가올 수밖에 없다. 즉 양방에 있는, 또는 전후에 있는 거울을 통하여 자신을 비추어 보게 되는 상황을 말한다. 양쪽 거울에 비쳐 영원으로 치닫는 자신의 모습이 점으로 이어지는 상황을 말한다. 영원한 사람의 모습, 즉 구극에 존재하는 보편적인 인간의 모습을 대하게 되는 한가운데의 자신, 영원의 보편적 인간과 직접 대하게 되는 자신의 모습을 상상력을 통해서가 아니라 양방거울의 현실 속에서 발견하게 된다. 그러한 자신을 발견하는 수단으로 동원된 것이 토속지다. 런던에서는 결코 볼 수도 없었고 느낄 수도 없었던 인간의 모습을 토속지에서 대하게 되는 것(1), 그리고 더 중요하게는 트로브리앤드에서 대할 수 있는 인간의 모습을 대하는 자신이 투영된 인간의 모습을 그리려는 노력이 토속지를 작성하는 과정에서 말리노브스키 자신이 그 속에 함께 존재하는 것을 발견하는 것(2)이다. 만약 토속지적인 작업이 (1)의 단계로만 종결되면, 그것은 트로브리앤드 사람들의 삶을 타자화하게 된다는 점을 그는 양방거울 효과를 내포하는 자신의 입장을 통해서 알았던 것이다. 그렇기 때문에 그 자신이 정치적으로 '귀양'의 상황에 처해 있다는 점에 대한 자각을 바탕으로 태생된 것이 방법론적 혁명으로서의 토속지라고 생각하게 되는 것이고, 나는 그러한 배경 속에 위치하고 있는 유배지와 토속지의 상관성에 관한 심도 있는 검토를 강조하고자 한다.

"이런 형식의 작업에 있어서는 에쓰노그래퍼가 때때로 사진기, 노트, 그리고 연필을 제껴두고 진행되고 있는 상황에 자신을 참가시키는 것이 좋은 방법"(Malinowski, 1922: 21)이라고 제안하고, "주민관점, 즉 인생에 대한 그의 관계를 파악하고 *그의* 세계에 대한

그의 비전을 깨닫는 것"(Malinowski, 1922: 25, 이탤릭은 원저자)이 토속지적 방법의 목표라고 언명하였다. 이것이 말리노브스키가 설파한 방법론적 혁명공약인 셈이다. "*그의* 세계에 대한 *그의* 비전을 깨닫는" 과정이야말로 인류학자가 걸어야 하는 학습의 단계라고 말할 수 있다. 그 과정은 "조사하는inspect" 것이 아니라 "배우는learn" 과정이라는 점은 후일 클리퍼드 기어츠가 재론한 바 있다.

인류학자들이 현지에서 하는 작업을 한마디로 정리한 것을 흔히 "참여관찰participant observation"이라고 한다. 말리노브스키의 후예들은 그것을 돋보이도록 노력하였다. 말하자면, 말리노브스키의 혁명공약을 한마디의 키워드로 정리한 표현으로 선택된 것이 "참여관찰"이라는 것이다. 즉 관찰을 하는데, 멀리서 방관자의 입장에서 하는 관찰이 아니라 진행 중인 사건의 현장에 "참여"함으로써 진행하는 관찰이라는 것이다. 그런데 이것을 실질적으로 실천해보면 그 용어 내부에 상당한 모순이 개입되어 있음을 금방 알 수 있다. 관찰을 하는 대상과 참여를 하는 대상이 있고, 그 대상은 동일한데, 그 대상에 대해서 동시에 참여를 해야 하는 상황을 말한다.

굿이라는 현장에 참여하는 사람은 그 굿이란 현장의 일부를 구성하게 마련이다. 굿 현장에 참여하는 사람이 관찰하게 되면 어느 정도는 가능할지 모르지만, 참여하는 사람이 자기 자신을 제외시키고 그 현장을 관찰할 수는 없는 것이다. 따라서 참여하는 자신을 포함하여 관찰하게 되는 상황이 과연 가능한 것인가? 관찰하는 사람이 참여하는 상황과 관찰하는 사람이 참여하지 않는 상황은 다를 수밖에 없는데, 관찰하는 사람이 참여함으로써 벌어질 수 있는 현장의 왜곡 현상에 대해서는 어떻게 대해야 하는가? "참여관찰"이란 문제는 이러한 모순과 애매모호함을 포함하고 있는 용어임에 분명하다. "참여관찰"이라는 그 용어가 매력적으로 다가올 수도 있지만, 그것을 우리가 사용하는 용어로 쉽게 표현하면, "참관參觀"의 이상도 이하도 아니다. 그러면, 인류학자들은 "참관"만 하는 것인가? 그렇지 않다. "참여관찰"의 내용은 "참관"만을 의미하는 것인가? 아니다. 그럼에도 불구하고, "참여관찰"을 인류학적 방법의 중요한 자리에 놓으려는 시도는 무엇인가? 그러한 모순과 애매모호함을 감수하고라도 "참여관찰"을 함으로써 현상에 접근하지 않으면 안 된다는 것이 인류학자들이 부딪치는 방법론상의 문제이다.

이러한 모순과 애매모호함을 보정하고 방법론상의 엄밀성을 추구할 수 있도록 해주는 것이 면접interview이다. 그것은 사회학자들을 비롯한 일반적인 사회과학자들이 즐겨하는 구조화된 면접이 아니라 스토리텔링이 이어지는 자유분방한 대화, 즉 이야기를 나누는 방식이다. 이러한 형식의 면접은 상황에 따라 무한정으로 스토리가 이어질 수 있다. 그것도 효과적으로 진행할 수가 있는데, 나의 경험에 의하면 제보자들에게 "왜?"와 "어떻게?"의 두 질문을 번갈아 하는 것이 효율적일 수 있다. 그런데, 이러한 두 가지 질문을 포함한 다양한 상황에 대한 연구자의 질문이 겨냥하는 궁극적인 대상은 제보자의 기억이라는 현상이다. 기억의 조각들이 잘 이어지지 않을 때에는 관련된 사진을 보여주거나 사건과 물건을 상기시키면서 스토리를 이어가는 노력을 하게 마련이다.

문제는 기억이라는 현상이다. 그 기억을 회상시켜서 이

끌어내는 노력을 하는 사람이 연구자이다. 기억하는 사람과 기억된 부분들을 기록하는 사람 사이의 관계가 면접이라는 현장이다. "참관"만을 하는 것이 아니라 면접이라는 셋팅에서 진행되는 대화라는 과정을 밟는 것이 더욱더 중요한 문제라는 점을 지적할 수 있다.

자료를 수집하기 위해서 현지작업을 수행할 당시와 그 자료들을 가지고 토속지를 작성하는 단계의 시간차에 대해서도 생각할 필요가 있다. 이 시간차의 사이에 말리노브스키는 자신과 자신이 포함되어 있는 트로브리앤드 섬의 상황에 대해서 어느 정도 객관적인 입장으로 바라볼 수 있는 기회를 가질 수 있었다고 생각된다. 그는 자신이 수행한 작업이 여태까지 아무도 시도하지 않았던 것임을 확신했으며, 그 표현방법으로 동원한 것이 과거의 토속지들로부터 이어지는 전통의 재발명 시도였다고 말할 수 있다. 이 시간차 사이에 새로운 방법론을 창안하고, 재발명하며, 그러한 과정에서 차이가 나는 점을 인정함으로써 말리노브스키의 공헌에 대한 설명이 가능해진다. 선교를 포함한 식민주의적인 분위기 속에서 새로운 인류학을 창안하는 것은 새로운 방법론에 의지할 수밖에 없었던 것이다. 그 방법론을 입론하기 위해서 "the Ethnographer"라고 대문자로 표기함도 인지할 필요가 있다."e"와 "E" 사이의 미묘한 맥락적 차이점까지도 포착하여 독자들에게 전달하려고 노력함으로써 자신이 터득한 방법론을 재현하려는 선구적 인류학자의 작업에 대해 경의를 표하게 된다.

혁명은 또 다른 혁명의 산실 역할을 할 수 있다. '폴리네시아의 법과 질서'에 관한 호빈Ian Hogbin의 296페이지 짜리 책에 56페이지의 긴 서문을 쓴 말리노브스키는 "인류학이란 학문은 실질적인 유용성을 가져야만 하거나 아니면 게으른 정신게임에 만족하는 하급으로 전락하거나 둘 중의 하나가 되어야만 한다"(Malinowski, 1934. 3: xviii)고 주장하였다. 자신의 제자가 만든 저작물에 대한 비판을 포함하여 1930년대 중반, 인류학이란 학문에 대한 말리노브스키의 입장이 한마디로 정리되어 있다. "특히 현지작업이라는 방법을 고려한다면, 인류학적 이론이라는 것은 서둘러서 개혁되어야만 한다는 점을 확신하고 있다"(Malinowski, 1934: lviii). 그것은 자신을 겨냥한 화살이었음을 생각할 때, 끊임없는 방법론적 혁신을 지향하였던 방법론적 혁명아의 지위를 부여하기에 조금도 모자람이 없다. 방법론적 혁신만이 인류학이란 학문의 살길이라는 확신이 있었기에, 토속지적 방법론의 매니페스토를 내걸었던 말리노브스키였기에, 그 자신이 수립하였던 방법론에 대한 개혁의 방도를 모색하는 것이 그의 숙명이었다고 생각된다.

1934년 호빈의 작업에 대한 말리노브스키의 입장은 이어서 1936년에 그를 지도교수로 정하고 찾아온 중국 유학생 페이 샤오통Fei Shao-tong의 논문[7]을 지지하기에 부족함이 없었다. 페이가 제시한 방법론은 말리노브스키가 평소에 갖고 있었던 생각을 진전시키기에 모자람이 없었을 뿐만 아니라 강하게 자극하였을 것이다. 페이는 다음과 같이 적었다.

"나는 부족한 이 책이 출간되는 것을 원치 않는다. 이 책이

7 Fei Shao-tong, 1938. 6. 1, "Kaihsienkung: Economic Life in a Chinese Village", Ph. D. Dissertation in Anthropology, London School of Economics and Political Science: p. 325.

부족하고 미흡한 이유는 일본이 내가 묘사한 마을들을 점령하고 훼손해버린 탓에 내가 근세기 더 진일보된 실제조사를 할 수 있는 기회를 빼앗아버렸기 때문이다. 그러나 나는 여전히 이 책을 출간하여 서양의 독자들에게 현실적인 모습을 제공하고자 한다. 이것은 우리 인민이 짊어질 막중한 책임이며, 눈앞의 투쟁을 위해 쓰라린 대가를 치루고 있다. 이 점에 대해 나는 결코 비관적으로 생각하지 않으며, 이것이 길고도 중대한 투쟁이었다는 것을 확실하게 말한다. 우리들은 이미 최악의 상황에 대비하고 있다. 일본의 폭탄과 독가스보다도 극단적으로 더 열악해질 수 있는 상황을 받아들일 준비를 말한다. 그러나 나는 확신한다. 과거의 잘못이나 현재의 불행과는 관계없이 우리 인민들의 부단한 노력을 통해, 중국은 거듭 위대한 국가로서 세계에 우뚝 설 것이라는 것을. 이 책은 결코 사라져갈 역사의 기록이 아니다. 백만 인민의 선혈로 쓰여진 세계 역사의 새로운 장이 될 서언이다"(Fei, 1939: 序文). 착 가라앉은 트로브리앤드의 낭만적인 토속지가 아니라 제국주의의 침략전쟁에 맞서면서 끓어오르는 중국 민중의 목소리를 담은 페이의 논문을 대한 말리노브스키는 무슨 생각을 하였을까?

자신이 논문지도를 해야 하는 페이의 카이시엔쿵 토속지를 읽었을 때, 말리노브스키는 네 가지 장면을 한꺼번에 떠올렸을 것으로 추측된다. 트로브리앤드의 쿨라, 오스트레일리아의 노동운동 상황, 제국주의적 침략전쟁의 희생물이 되어 있는 카이시엔쿵이라는 중국 농촌, 그리고 자신의 고향인 폴란드의 농민이 서로 엇갈리면서 그의 뇌리를 복잡하게 조직하였을 것이다. 말리노브스키는 "인민의 선혈로 쓰여진" 페이의 토속지에 기꺼이 공감하였을 것이고, 자신도 폴란드의 농촌으로 돌아갈 뻔했던 과거를 회상하지 않을 수 없었을 것이다. "어느 정도 공부가 끝난 말리노브스키는 여러 가지 장래 문제를 생각하는 가운데, 1911년 11월 12일자로 말리노브스키가 알프레드 해든에게 보낸 편지(해든 문서에 보관)에 의하면, 고향인 폴란드로 돌아가서 '우리의 농민들 속에서among our peasants' 수행할 수 있는 연구를 계획하기도 하였다"(Stocking, 1983: 95). 그러나 1913년에 런던경제학원의 시간강사로서 미개사회와 사회심리학에 관한 강의를 하게 되면서 폴란드로 돌아간다는 생각은 정지되었던 것 같다.

"어떤 경우에라도 과학적 연구의 결과들은 절대적으로 솔직한 방식으로 표현되어야만 한다"(Malinowski, 1922: 2). "자료에 대한 솔직한 진술candid account이 필수적인 토속지를 생각하면, 불행하게도 과거에는 충분하게 그러한 자료가 공급되지도 못했고, 많은 저술가들이 방법적인 진실성을 최대한으로 발휘하지 못했다. 왜냐하면 그러한 저술가들이 우리들 앞에 지극히 모호한 것들을 제공하였기 때문이다"(Malinowski, 1922: 3). 즉, 말리노브스키는 토속지의 가장 기본적인 출발점이 솔직함이라는 인간현상을 대전제로 하고 있음을 언명하고 있다. 그 다음 순번으로 "관찰과 정보수집의 조건에 대한 기록이 필요함을 지적한다. 그러한 전제를 확보한 뒤, 직접적 관찰과, 주민의 진술과, 해석의 결과들과, 상식과, 심리학적 통찰력을 갖춘 저자의 추론 사이에 분명한 선을 그을 수 있음으로 해서 토속지의 원천에 대하여 무한한 과학적 가치를 고려할 수 있다는 점을 명확히 하고 있다"(Malinowski, 1922: 3). 방법론으로서의 토속지를 전개하기 전에 그는 절대적인 솔직함의 중요성을 재삼 강조하고 있다.

"나는 셀리그만 교수의 *화폐*currency라는 용어를 인정할 수가 없다. 왜냐하면, 그의 용어는 전혀 제대로 정의가 되어 있지 않기 때문이다. (…) *화폐*라는 것은 하나의 규칙으로서 교환의 중개 및 가치의 기준을 의미하는 것인데, 매심Massim에서 통용되는 가치재들valuables은 어느 것도 그러한 기능을 하는 것이 없다"(Malinowski, 1922: 499, 각주. 이탤릭 원저자). 말리노브스키는 그의 은사이자 유배지에서의 안식처를 마련해준 강력한 후원자였던 셀리그만 교수의 견해를 정면으로 반박하고 있다. 은사의 견해를 정면으로 반박할 수 있는 것은 그의 학문이 솔직함에서 출발하고 있기 때문이라고 생각된다. 학문을 하는 과정에 개입될 수밖에 없는 솔직함이란, 인간현상에 대해서 겸허한 자세를 유지하는 것이 지고선이라는 점을 재삼 느끼게 하는 대목이다.

솔직함이 전제된 학문의 "방법적 원리는 세 가지로 정리될 수 있다. 첫째, 자연스럽게 연구자는 스스로 실질적인 과학적 목적을 분명하게 한 다음에 자신이 하고 있는 토속지의 가치와 범주에 대한 지식을 가져야 한다. 둘째, 자신에게 맞는 좋은 현지작업의 조건을 갖추어야만 하는데, 가장 중요한 점은 스스로가 다른 백인들로부터 완전히 격리되고 주민들 사이에 거주해야 한다. 마지막으로 셋째, 그가 발견하는 증거들을 수집하고 조정하고 확정하는 특수한 방법들을 적용해야만 한다"(Malinowski, 1922: 6). 말리노브스키의 경우 특수한 방법으로 자신이 개발한 것이 일기다. "한 지역에서 자신의 작업이 이루어지는 전 과정을 체계적으로 정리한 토속지적 일기ethnographic diary는 연구를 위해서 이상적인ideal 도구라고 생각한다"(Malinowski, 1922: 21). 지극히 평범하면서도 일상적인 일기라는 형식의 방법론적 채용에 착목한 말리노브스키는 후일 등장하는 모든 인류학자들의 영원한 스승이 된 셈이다.

그는 자신이 별도로 기록해둔 일기의 존재에 대해 암시적인 언급을 하고 있는 것이며, 그것의 연구상 중요성을 "이상적"이라는 용어를 빌어 두둔하고 있다. 따라서 한 지역에 대하여 작성된 토속지와 일기를 대조하는 것이 해당 지역의 전체적인 그림에 다가서기에는 이상적일 수 있다는 예언인 것이며, 그 예언은 1967년 그의 일기(Malinowski, 1967)가 출판된 이후에 정확한 통로를 경유하여 진행된 바 있다. 현지연구를 실천해본 사람이라면, 누구나 공감할 수 있는 것이 야장(野帳, field note)과 일기(日記, diary)의 존재이다. 양자는 반드시 날마다 스스로에 의해 정리되어야 하는 인류학자의 작업과정이다. 양자를 명확하게 구분하는 것이 요구된다면, 전자는 인류학자가 보고, 듣고, 배운 것을 정리하는 것이고, 후자는 그러한 과정에 개입될 수밖에 없는 자신의 느낌을 적어두는 것을 말한다. 양자가 혼용될 수도 있지만, 가급적 별도로 기록하는 것이 후일을 위해 바람직하다는 생각을 하게 된다. 말리노브스키는 양자를 엄밀하게 구분하여 정리하였음을 양자의 대조를 통하여 알 수 있고, 양자가 긴밀하게 연결되어 보완되고 있는 점도 확인된다.

1904년 LSE에 민족학 강좌를 설치한 알프레드 해든은 말리노브스키의 인류학이 출발하는 시점에서 상당한 영향을 미친 사람이다. 그는 19세기 말부터 20세기 초 사이에 진행되었던 탐험을 선도하였던 인물로서, 탐험이라는 방법이 갖는 인류학적 한계를 터득하고 탐험을 넘어선 "심화연구intensive study"를 주장하며, 오스트레일리아와 뉴기니 사이의 토레스 해협에 관한 집중적인 탐험을 수행하였다(Haddon, 1901-1908). 그것은 광범위한 지역에서 단기간 내에 수행되는 탐험을 극복하는 수단으로 한 지역에 집중적인 연구를 하는 방법으로서 심화연구를 제안하였고, 해든의 심화연구라는 방법의 선상에서 말리노브스키의 트로브리앤드 작업이 시작되었다는 점을 확인할 필요가 있다. 따라서 해든의 심화연구와 말리노브스키의 토속지 방법은 일련의 방법론적인 연장선상에서 검토될 필요가 있다. 또한 말리노브스키와 거의 동일한 시기에 현지작업을 수행하였고, 『항해자』의 출판과 동일한 해에 토속지를 출판한 몽고메리-맥거번Montgomery-McGovern의 경우를 대조적으로 제시하게 되면, 우리는 말리노브스키의 작업이 가히 혁명적이라는 언술이 전혀 과장이 아니라는 점을 쉽사리 인정하게 된다. 또한 몽고메리-맥거번의 경우가 당시 일반적인 토속지적 작업의 상황이었음을 암시해줌으로써 말리노브스키가 이룩한 작업의 차별성을 부각시키기에 충분하다.

1916년부터 1918년까지 2년간 대만의 여자고등학교에서 영어를 가르치는 가운데 원주민 지역을 잠깐 방문하여 자료를 수집하고, 비서로 하여금 자료를 정리하게 한 몽고메리-맥거번이 그녀의 서문을 작성한 것이 "1922년 3월 오스트리아 잘츠부르크"(Montgomery-McGovern, 1922: 17)였다는 사실과, 몽고메리-맥거번의 책 앞부분에 "내부자 관점insider's point of view"(Marett, 1922: 14)을 언급한 마렛의 서문은 어쩐지 엇박자의 느낌이 든다. 전혀 내부자 관점을 보여주지 못하는 몽고메리-맥거번의 포르모사(Formosa, 대만)에 관한 책 서문에 나타난 마렛의 "내부자 관점"이라는 주문은 방법론상으로 천양

지차이다. 마렛이 포르모사에 관한 책의 서문 작성을 요청받았을 때, 그는 갓 출간된 말리노브스키의 트로브리앤드 토속지를 읽었을 것이라는 추정이 가능하고, 말리노브스키의 방법론적 혁명이 포르모사의 토속지에서도 적용이 되었기를 바라는 마음에서 "내부자 관점"을 언급하였다고 생각된다.

몽고메리-맥거번이 대만에서 원주민에 관심을 갖고 있었던 때와 동일한 시기에 말리노브스키는 트로브리앤드에서 작업을 하면서 오스트레일리아를 왕복하고 있었던 점도 지적하고 싶다. 말리노브스키의 방법론을 가장 먼저 두둔하고 나선 사람이 당시 옥스퍼드 대학의 인류학 연구실에 있었던 마렛이라는 점도 상기할 필요가 있다. 몽고메리-맥거번과 말리노브스키의 입장 차이가 지적되는 대목이다. 전자와 후자의 방법론적인 입장차이가 갈리는 부분이 후자의 정치적 입장을 포함하는 유배지의 생활에서 비롯되었다고 말할 수 있다.

6. 유배지流配地와 토속지

말리노브스키 연구자 영Young의 지적대로 말리노브스키는 "유형의 상태에서" 작업을 하였고, "그 상태는 완전히 봉쇄된 것이 아니라 가벼운 감시 정도였다"(Young, 1998: 3). 그 상태가 가벼웠든 무거웠든 관계없이 "유형"이라는 정치적 상황에 처한 연구자의 입장에 대해 심도 있는 논의가 필요하다. 과문의 탓인지는 몰라도, 여태까지 어떤 인류학자도 '유배지의 토속지ethnography in exile'란 구도에 대해서 논의한 적은 없는 것 같다. 그러나 이 문제는 토속지적 전통을 논의하기 위해 필수적으로 점검이 필요한 부분이라고 생각된다. 특히 말리노브스키를 논할 경우에는 유배 또는 유형이라는 문제가 갖는 정치성의 맥락이 제공하는 방법론상의 문제에 대한 주의를 환기시키고 싶다. 말리노브스키는 카메라와 방대한 부속장비들을 지참하고 탐험expedition을 감행할 수 있었던 행운의 유배자였다. "그는 사진기를 2대 지참"(Young, 1998: 245)하였는데, "1914년 6월 6일 뉴기니로 출발하기 이틀 전에 사진기를 빌렸다. 그중 한 대는 "벡무타르 렌즈와 슬라이드를 장착한 사각평면 모델 II 클리맥스a quarter-plate Model II Klimax camera, complete with a Beck Mutar lens and two slides"(Young, 1998: 275)였다.

유배지와 토속지의 관련성에 관한 논의는 일본의 사례에서 발견할 수 있다. 19세기 중반, 즉 아직 현대적인 학문의 틀을 갖춘 토속지의 차원에서는 아니지만, 토속지적인 안목을 읽어볼 수 있는 기록들이 남아 있는 사례다. 그러한 것들 중의 하나가 "도해민속지圖解民俗誌"(國分直一, 1984. 3. 22: 229)로 언급된 나코시 사겐타名越左源太(1820-1881)의 『남도잡화南島雜話』이다. 일본 인류학자 코쿠부 나오이치國分直一는 그 책의 저자를 "에쓰노그래퍼로서의 그彼"(國分直一, 1984. 3. 22: 239)라고 표현하였고, 그의 작품을 현대판으로 소개하면서 책의 부제로 "막말엄미민속지幕末奄美民俗誌"라는 용어를 썼다. 나코시는 가고시마 출신이며, 사츠마번의 번사로서 물두物頭라는 직책을 감당하였다. 『도진가열조제도島津家列朝制度』에 의하면, 물두라는 직책은 번의 병구봉행兵具奉行, 즉 무기를 관리하는 직책이었다. 그는 1850년 사츠마 번에서 발생한 유라소동由羅騷動에 연좌되어 아마미오오시마에 "원도(遠島, 유형)"되었다가, 1855년에 사면되었다. 『남도잡화』는 유배되었던 기간인 가영嘉永3년(1850)부터 안정安政2년(1855) 사이에 기록되었으며, 1934년 12월에 현대판으로 소개됨으로써 빛을 보게 되었다.

나는 코쿠부 나오이치의 의도를 훼손하고 싶지 않다. 그러나 그가 현대적인 의미의 토속지의 개념이 도입되지 않은 상태의 기록물에 대해서 "민속지民俗誌"라는 용어를 적용하는 것은 적지 않은 오해를 불러일으킬 수 있다고 생각한다. 만약에 『남도잡화』를 문자 그대로 "토속지"라고 한다면, 그와 유사한 정도의 기록들을 어디까지 소급해서 "토속지"라고 불러야 할지에 대한 문제가 발생할 수 있다. 『삼국지위지동이전三國志魏志東夷傳』의 내용까지 "토속지"로서 평가하게 된다면, 우리는 인류학이란 학문의 시발점에 대해서 어처구니없는 혼란을 경험할 수밖에 없다. 그러한 혼란과 불필

그림 2 트로브리앤드에서 사진을 찍고 있는 말리노브스키(Young, 1998: 52).

요한 논의를 원천적으로 배제하기 위해 『남도잡화』는 그 자체로서 토속지가 아니라 현대적인 의미의 토속지라는 틀 속에서 읽을 수 있는 내용이라고 말하는 것이 타당할 것이다. 코쿠부의 의도도 이러한 정도일 것이라고 생각한다.

그러나 여기서 내가 『남도잡화』에 대해서 관심을 갖는 것은 그것이 작성된 유배지라는 배경이다. 유배지의 특성상, 저자는 주민들과 밀접한 생활을 경험하였음을 알 수 있고, 그 경험에 대해서 작성한 내용의 상당한 정도는 주민들의 입장을 전해주는 역할을 하고 있다고 생각된다. 『남도잡화』는 1850년에서부터 1855년 사이에 기록된 아마미오오시마 주민들의 생활상을 전해주는 유배지의 기록이라는 점이 돋보인다.

19세기 후반에 달성되었던 토속지라는 인류학적 연구 방법이 적용된 결과물들은 대개 두 종류로 구분된다. 하나는 여러 분야의 연구자들이 탐험대를 조직하여 일정한 지역을 공동으로 탐험한 결과가 토속지의 형태로 나타난 것이 있고, 다른 하나는 주로 러시아에서 나타난 현상으로서 정치적 유배자가 장기간 원주민 사회에 정주하면서 주민들의 언어를 배우고 생활상을 기록한 결과가 토속지의 형태로 나타난 것이 있다. 즉, 19세기 말의 토속지는 탐험expedition계통과 유배exile계통으로 대별할 수 있다.

탐험계통으로 분류할 수 있는 대표적인 것으로는 얀 쿠바리(Jan Stanislaw Kubary, 1846. 11. 13. 바르샤바-1896. 10. 9. 폰페이)와 니콜라이 미클로-마클레이(Nicolai Mikloukho-Maclay, 1846. 7. 14. 노보고로드-1888. 시드니)의 경우이다. 쿠바리는 폴란드 태생의 독일인으로서 1869년부터 약 10년간 함부르크에 있었던 '고데프로이 박물관Museum Godeffroy'의 자연사와 토속지적인 현지채집자로서 서태평양에 체류하였다. 후원자가 도산하자, 1882년에는 독일대사관을 통하여 동경의 박물관에 단기간 일자리를 얻어 일본의 박물관을 위한 의견서도 제출하였다는 기록이 있다. 1882년 5월부터 7월까지 요코하마의 박물관에서 단기간 근무한 적이 있는 얀 쿠바리의 경우(Paszkowski, 1971; 西山輝昭, 2004: 5) 그의 포나페(폰페이) 섬의 경험이 일본의 학계에 공식적으로 전해진 바 있다. 1895년 1월부터 1901년 1월 사이에 3권으로 출간된 그의 저서Ethnographische Beiträge zur Kenntnis des Karolinen Archipels는 베를린의 '민족학 및 동아시아 문명 박물관Museum für Völkerkunde und Ostasiatische Kunstsammlung'에서 발행되었다.

동물학자였던 미클로-마클레이는 독일 예나 대학에서 유학하는 동안 칼 헤겐바우어(1826-1903) 교수로부터 비교해부학 강의를 수강하였고(1865-1866. Miklouho-Maclay, 1982: 370, 주 19), 1869년 귀국하여 페테르부르크 아카데미의 동물학 박물관에 근무할 당시 태평양의 동물학 조사계획을 러시아 지리학회에 제출하였다. 마클레이는 러시아 인류학 창설자 중 한 사람인 칼 폰 벨의 「파푸아인과 아프리카인」이라는 논문을 읽은 것을 계기로 하여 뉴기니 원정을 결심하였다. 그는 1871년 9월 20일 아스트로라프 만에 도착하여 15개월간 체류하였으며, 그곳에서 스웨덴 인 포경선원 올슨, 폴리네시아에서 구한 '보이'와 함께 살았다. 그 동안 남서부의 코와아이 해안에 상륙하기도 했다(Miklouho-Maclay, 1982; Tumarkin, 1982. 8, 4). 제정러시아에서는 1849년 러시아 지리학회Russian Geographical Society가 출범하였는데, 그 산하에 지형 및 토속지위원회Commission of Physical Geography and Ethnography가 설치되어 활동을 시작하였다. 그러한 배경이 있었기에

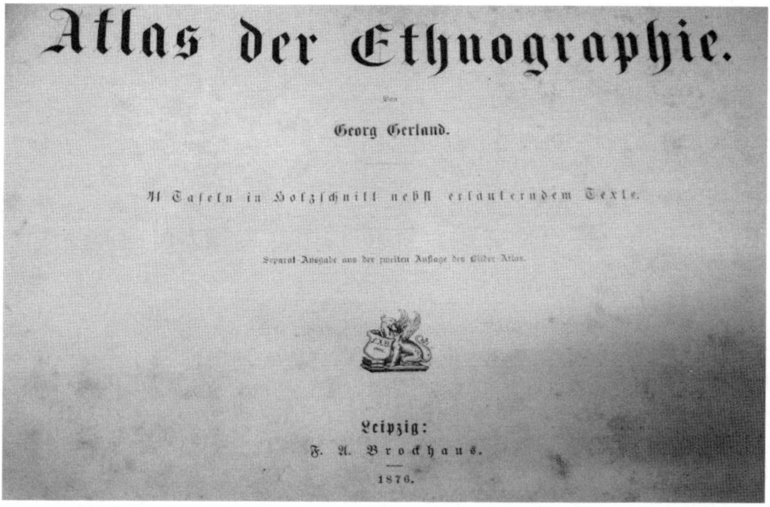
Atlas der Ethnographie.

Von

Georg Gerland.

44 Tafeln in Holzschnitt nebst erläuterndem Texte.

Separat-Ausgabe aus der zweiten Auflage des Bilder-Atlas.

Leipzig:
F. A. Brockhaus.
1876.

그림 3 <토속지 지도>(Gerlaub, 1876)의 사례: 서울대학교 중앙도서관 소장.

러시아 지리학회가 파견한 마클레이가 뉴기니에서 업적을 남긴 것이라고 생각된다.

유배계통의 토속지 제작자들은 모두 19세기 후반 제정러시아에서 일어난 정치적 유배의 결과로서, 대표적인 세 사람을 들 수 있다. 블라디미르 요헬슨(Vladimir Ilich Jochelson, 1855. 1. 26-1937. 11. 1), 레프 쉬테른베르그(Lev Yakovlevich Sternberg, 1861. 5. 4-1927. 8. 14), 블라디미르 보고라스(Vladimir Germanovich Bogoraz, 1865. 4. 27-1936. 5. 10)이다. 세 사람은 모두 유태인의 혈통을 이어받은 러시아 사람들이었다.

1880년 스위스로 이민한 요헬슨은 1885년 러시아로 재입국하려다가 '인민의지(人民意志, Narodnaya Volya)'에 참가한 죄목으로 체포되어 3년간 감옥생활을 하였고, 1888년부터 10년간 콜리마Kolyma 강의 야쿠치아로 유형되었다. 유배지인 캄차카에서 1894-1896 연간에 유카기르 사람들에 대한 자료를 수집하였으며, 감옥 동료인

블라디미르 보고라스, 레프 쉬테른베르그와 함께 평생 업이 된 시베리아 선주민에 관한 언어학적 토속지적 자료수집에 심혈을 기울였다. 특별사면령으로 러시아 지리학회가 실시하였던 야쿠트 탐험대(1894-1897)에 참가하여 베르호얀스키Verkhoyansky와 콜리마 지역의 야쿠트 족에 관하여 연구하였고, 미국 자연사박물관의 제숩 북태평양탐험대(Jesup North Pacific Expedition, 1900-1901)에도 참가하였다. 그 결과 코략Koryak, 유카기르Yukaghir, 알류트Aleut에 관한 전문가가 되었고, 1912년부터 1922년 사이에 미국 자연사박물관의 학예원으로 봉직하였으며, 볼셰비키 혁명 후 상트페테르부르크 대학의 민족학 교수가 되었다가, 1922년 미국으로 이주하였다. 1930년대 일본 민족학계에서는 요헬슨에 대하여 "반진화론적 입장으로 종교사를 연구하면서 영국 인류학자 앤드류 랑의 학설에 찬성한 요헬슨은 1911년 러시아제국 지리학회의 민족학부民族學部 제12회 회의에서 중요한 보고를 하였던 것"(杉浦健一, 1933. 1, 13)으로 소개하였다.

쉬테른베르그는 대학에서 수학과 물리학을 전공한 사회운동가인 동시에 마르크스주의자로서 활동하였다. 1902년 법과대학졸업증서를 받았다. 상트페테르부르크 대학 법학부에 입학했다가 퇴학당하고 1883년 오뎃사 대학으로 전학한 후 정치를 단념하였으나, '인민의지人民意志' 단체에서 활동하였던 전력으로 인하여 1886년 체포되어 3년간 오뎃사에서 감옥생활을 한 뒤 10년간 사할린으로 유배되었다. 그가 사할린의 알렉산드로프스크Aleksandrovsk 항구에 도착한 것은 1889년 5월 19일이었고, 항구에서 100킬로미터 떨어진 비악투Viakhtu로 배소가 정해졌다. 그는 여기서 선주민들에 대한 토속지적 연구와 선주민권리운동도 함께 시작하였다. "그의 글은『형무소통보刑務所通報』에 게재되었고, 1895년 허가를 얻어 화태樺太와 아무르 강 지방을 여행하면서 8년간 조사에 임하였다. 그의 수집물 대부분은 화태박물관樺太博物館에 들어갔다. 1896년 유죄만기 석방된 쉬테른베르그는 페테르부르크로 이사하였다. 라드로프 자레만과 함께 학사원부속 인류급 인종지학박물관學士院附屬人類及人種誌學博物館 창설자가 되었으며, 혁명 후 인종지학연구회人種誌學研究會와 고등인종지학 학원高等人種誌學學院을 개설하였는데, 이것이 후일 레닌그라드 대학에 지리학부를 신설할 때 합병되어 쉬테른베르그가 인종지학과의 주임이 되었다. 러시아 혁명 후, 그는 블라디미르 보고라스와 함께 상트페테르부르크 대학에 러시아 최초의 토속지 연구소를 설립하였으며, 미국 자연사박물관과의 협조하에 시베리아에 대한 연구를 하였다. 그는 특히 길리야크에 대한 언어와 생활에 관한 중요한 자료들을 남겼으며, 학사원 간행물인『길리야크族民族誌研究原本』와 또 다른『길리야크音聲及文法組織基礎編』가 유명하다. 그는 1910년 2명의 학생과 함께 화태와 흑룡강 지방을 다시 방문하였다. (…) 일본을 방문하여, 아이누 연구가 긴다이치 쿄스케金田一京助와 야나기타 쿠니오柳田國男를 만났다"(ネフスキー, 1927. 11: 103-104). 레오 쉬테른베르그는 "북극민족의 언어와 민속의 연구자로서 1926년 가을 동경에서 개최된 제3회 태평양학술회의에 러시아 대표로 참석하였으며, 그때 그는 유구琉球와 북해도北海道를 답사"(石田幹之助, 1927: 11)하였으며, "문헌을 위주로 하여 언어, 과학, 종교 등의 상부구조를 연구하는 역사학과는 완전히 달리 경제와 사회조직과 같은 하부구조는 물론, 도구 등에 대하여 광범위한 문화복합체로부터 새로운 역사적 연구를 하는 경향의 문화사학파에서 쉬테른베르그가 대표격"(杉浦健一, 1933. 1: 14)이라고 소개되었다.

블라디미르 보고라스는 상트페테르부르크 대학에서 법학을 전공하고 '인민의지'에 참가한 죄목으로 타간로그Taganrog 감옥에서 11개월 수형생활을 한 뒤, 1889년부터 1899년 사이 10년간 야쿠츠크Yakutsk 북동부에서 유배생활을 하였다. 이는 그곳의 축치Chukchi 사람들에 관한 토속지적 연구의 업적을 남기는 계기가 되었다. 후일 뉴욕의 미국 자연사박물관에 초빙되어 제숩북태평양탐험대에 참가하게 되었다. 이때 블라디미르 요헬슨과 함께 시베리아의 아나디르Anadyr 지역을 담당하여 그곳의 축치, 코략, 라뭇 사람들에 대한 자료를 수집하였다. 후일 미국으로 이민하여 자연사박물관의 학예원으로 활동하는 동안 축치에 관한 방대한 저술들을 생산하였다. 보고라스는 1904년 러시아로 귀향하였고, 제1차 농민회의의 조직에 참가하였으며, 1910년에 그의 작품들이 러시아에서 출판되었다. 1917년 그는 레프 쉬테른베르그와 함께 상트페테르부르크 대학의 민족학 교수가 되었다. 그의 필명은 탄N. A. Tan이다. 1930년대 일본 민족학계에서도 보고라스가 잘 소개되고 있다(黑田乙吉, 1936. 8. 1).

이상과 같이, 탐험계통의 두 폴란드 출신 연구자는 태평양의 도서 지방에 관한 토속지를 남겼고, 유배계통의 세 유태계 토속지 전문가들은 동부 시베리아의 소수민족들에 관한 불후의 작품들을 남겼다. 당시 탐험이라는 명목으로 태평양의 도서에 3년씩이라는 장기간 체류하였던 두 사람의 삶도 사실상 유배생활이나 거의 다름없는 것이었다. 나는 이러한 배경으로부터 유배라는 상황이 제공하는 토속지 작성의 분위기에 대해서 생각을 하게 되었다.

그리고 탐험계통의 두 사람과 유배계통의 세 사람이 보여주는 공통점은 모두 그들이 살았던 사회의 변방에 속한 사람들이었다는 점이다. 결과적으로 토속지에 대한 관심은 주류사회의 핵심에서 배제되었던 변방 그룹 속에서 성장한 사람으로부터 배태된다는 점을 지적할 수 있다.

"대영제국이 오스트리아-헝가리 제국에 대하여 선전포고한 날이 8월 12일"(Young, 2004: 297)이고, 오스트리아-헝가리 제국의 신민이었던 말리노브스키가 "뉴기니에 도착한 날이 9월 12일 토요일"(Young, 2004: 309)이다. 말리노브스키는 꼭 한 달 만에 대영제국에서 배려한 그의 유배지에 도착한 것이라고 말할 수 있다. 그는 "셀리그만에게 보내는 편지(1914년 9월 20일 자)에서 '약속받은 땅promised land'"(Young, 2004: 322)에 도착하였다고 보고하였다. 즉 인류학적인 연구가 보장된 유배exile라는 의미로 트로브리앤드의 '약속받은 땅'이 해석될 수 있다. 나는 말리노브스키의 트로브리앤드 연구 결과가 사실상 그의 정치적 신분에 의한 유배지에서 이루어진 것이라고 생각한다. 그가 폴란드 출신의 선배 토속지 연구가들에 대해 일단의 평가를 내리고 있음에 주목하고 싶다.

말리노브스키는 그의 일기에서, "어제 앞으로 발행할 내 책의 서문에 대해 생각하면서 산보를 하고 있는 동안 나는 초창기의 에쓰노그래퍼들에 대해서 다음과 같은 생각을 하였다. 얀 쿠바리는 구체적인 방법론자이고, 미클로-마클레이는 새로운 형식을 추구하였고, 마렛Marett은 비교론자"(Malinowski, 1967: 155)라는 결론을 내렸다. 그러나 그의 주저서이자 불후의 명작인 트로브리앤드의 토속지인 『항해자』에서, 말리노브스키는 쿠바리는 언급하면서 마클레이는 언급하지 않았다. 즉 그의 "일기"와 토속지(『항해자』)가 결합됨으로써 말리노브스키가 추구하였던 토속지의 전모가 더욱더 명확하게 드러남을 알 수 있다. 그러나 말리노브스키는 러시아 쪽의 유배자들이 남긴 토속지들에 대해서는 전혀 언급하지 않았다. 러시아 쪽에서 발간된 자료의 상당 부분은 일찍이 미국 자연사박물관에서 영어로 발간되었기 때문에, 그가 관심을 보이지 않았다고 생각할 수밖에 없다. 말리노브스키의 관심은 태평양의 도서지방이었고, 그는 시베리아 대륙에 대해서는 전혀 관심을 보이지 않았다고 생각할 수 있다. 그러나 러시아의 토속지 전문가들과 말리노브스키 사이에 보여주는 공통점을 다음과 같이 지적할 수 있다. 런던이라는 학문 중심지에서 바라볼 때 오스트레일리아라는 식민지의 배경과 상트페테르부르크라는 학문 중심지에서 바라볼 때 시베리아라는 식민지의 배경에 대한 토속지적 관심의 공통적인 구도를 생각해볼 수 있다. 그리고 그 작업을 한 사람들의 배경은 또한 모두 공통적으로 변방 그룹 출신들이라는 점이다.

"토속지"라는 문제의식을 갖고 있었던 말리노브스키는 쿠바리와 마클레이의 업적에 대해 깊이 생각했던 것 같다. 특히 그가 책의 서문을 구상하는 단계에서 쿠바리와 마클레이를 떠올린 것은 "토속지"라는 것이 가진 의미에 대해 숙고하였다는 증거라고 생각한다. 즉 마클레이의 활동 배경에는 분명하게 토속지가 뒷받침되어 있었기 때문에, 말리노브스키가 그 단어를 사용하면서 재정의하는 형식으로 그의 책 앞 부분에서 "ethnology/ethnography"를 논의한 것으로 이해할 수 있다. 특히 마클레이와 말리노브스키, 두 사람은 40년의 차이만 있을 뿐, 폴란드 출신으로서 오스트레일리아를 경유하고, 오스트레일리아에서 부인을 만나는 동일한 인생경로를 밟고 있었다.

"말리노브스키의 트로브리앤드 토속지는 오랜 전통의 영국 인류학에 혁명의 바람을 불어 넣었다. 말리노브스키 이전에는 원주민을 표본으로 하여 신체를 측정하고 사진을 찍고 인터뷰를 하는 것이 표준적인 토속지의 방법이었다"(Stocking, 1991: 43). 즉, 말리노브스키 이전의 토속지는 그것을 수행하기 위해서 필수적으로 소요되는 시간이 그렇게 길지 않아도 가능하였다. 인체측정과 같은 작업은 단기방문에 의해서 충분히 수행할 수 있었다.

그러나 주민들 속에서 장기간 거주해야 한다는 조건의 유배라는 상황은 단기간의 수행으로 끝나는 토속지를 허용하지 않는다. 장기거주하지 않으면 안 되는 조건에서 생산된 것이 유배계통에서 제작된 토속지와 말리노브스키의 토속지가 갖는 공통점이다. 장기라는 주어진 시간 동안에, 그 시간이라는 '공간'을 무엇인가로 채우려는 노력의 일환으로 실천한 것이 관문참여법觀問參與法에 의한 토속지적인 작업이었다고 생각된다. 그것은 '먹물'이라는 지식인이면 할 수 있는, 또는 해볼만한 작업이었을 것이다. 속세의 인연을 단념한 '먹물'이 유배지에서 무엇인가 소일거리라도 할 수 있는 것은 그것밖에 없었을지도 모른다. 따라서 우리가 생각할 수 있는 토속지적 방법이라는 것은 기간이라는 조건과 밀접한 관련이 있음을 지적하지 않으면 안 된다. '장기'라는 조건이 제공하는 절대변수에 의해서 유배상황에 처한 사람은 그곳에 '거주'하지 않으면 안 될 것이고, '거주'라는 것은 공간적인 변수로서 작용할 수밖에 없다. 따라서 시간적으로 장기, 공간적으로 거주라는 조건에 적응된 것이 토속지적 방법으로서의 관문참여법이라고 말할 수 있다.

7. 솔직함의 토속지

진정, 전쟁은 영웅을 만들어내는 역할을 하는가? 말리노브스키는 일차대전으로 인하여 트로브리앤드에 갇혀서 현지연구를 할 수밖에 없었고, 이차대전으로 인하여 영원히 미국에 갇혀버린 불운한 폴란드인이었다. 일차대전 진행 중 부여된 적국신민이라는 신분이 말리노브스키로 하여금 영국에 거주하는 것을 불가능하도록 하였다. 은사들과 주변의 배려로 그는 영국의 식민통치 지역인 영국령 뉴기니에 속한 트로브리앤드에 일종의 피난처를 마련할 수 있었고, 피난지에 갇힌 말리노브스키는 트로브리앤드의 일정한 지역 내에 거주할 수밖에 없었다. 환언하면, 그는 유배지exile에 배속된 일종의 구금상태에서 인류학적인 현지연구를 수행하였던 것이다.

인류학이란 학문 전체의 구도에서 조망한다면, 말리노브스키라는 개인의 위기가 인류학 발전의 기회로 전환된 것이다. 그 기회가 제공되지 않았더라면 방법론으로서의 토속지적 혁명은 배태될 수 없었을 것이라는 가정이 가능하며, 인류학이 사회인류학뿐만 아니라 체질인류학을 포함하는 광의의 학문으로 자리를 잡는 계기가 마련되지 않았을 수도 있다. 실패한 혁명가들이 죗값을 치르느라고 유배를 가는 것이 보통인데, 유배를 간 말리노브스키는 유배지에서 혁명을 일으킨 것이다. 그 혁명의 내용은 인류학의 방법론적 혁명이었으며, 70년만에 중단의 경험을 맞은 레닌의 볼셰비키 혁명에 비해 말리노브스키로부터 시작된 방법론 혁명의 힘은 한 세기를 향하여 계승되고 있다. 정치보다는 학문의 수명이 길다는 점을 확인할 수 있고, 학문의 매력은 이런 데서 찾을 수 있음을 알게 된다.

러시아의 토속지 연구가들과 말리노브스키 사이에는 분명한 차이점들이 존재한다. 첫째, 러시아 토속지 연구가들의 경우는 정치적으로 강제된 시베리아의 유배지에서 당해 지방에 거주하는 원주민들에 대해서 관심을 보이고, 그 사람들의 삶의 방식에 대해서 관심을 갖고, 그들의 언어를 배운 결과를 토속지로 작성하였다. 즉, 그들은 유배지에서 토속지라는 천우신조를 만났다. 반면 말리노브스키의 경우는 트로브리앤드라는 유배지 자체가 토속지를 재발명하는 천우신조의 계기였다. 둘째, 말리노브스키는 서구 자본주의에 대한 인간의 문제를 생각하였다. 정치적 이유로 유배를 갔던 러시아 사람들의 경우는 소수민족을 바라보는 러시아 중심의 관점을 갖고 소수민족들을 타자화한 면을 볼 수 있다. 말리노브스키는 유럽이 상실한 인간사회의 공동체성의 재발견이라는 문제를 천착한 것이며, 러시아의 토속지 연구가들은 러시아를 구성하는 소수민족 집단으로서의 사람들에 대한 정밀한 기록을 남긴 것이다. 이것은 인간을 바라보는 본질적인 견해차이라고 말할 수 있다.

"나의 인류학"을 하기 위한 출발점으로 말리노브스키의 원전읽기를 언명한 지(전경수, 2001: 2-3; fn 2) 십 년이 넘었다. 지난 십 년간 나는 '나의 인류학'을 하기 위한 작업으로서 또 다른 '너의 인류학'을 섭렵해왔다. 그것은 다름 아닌 식민지적 지배와 종속의 관계를 포착할 수 있는 일본 인류학에 관한 학문사적인 정리였다. 일본 인류학의 학문사를 정리함에 있어서 가장 문제가 되는 점을 한 마디로 제시한다면, 의도적이든 비의도적이든 간에 과거에 대해서 언급하지 않기가 광범위하고도 심도 있게 관례화되어 있는 학계의 경향이라고 지적할 수 있다. 환언하면 그것은 사실은폐, 즉 솔직함의 결여라고 할 수 있다. 말리노브스키는 이미 한 세기 전에 이 문제에 대해서 짧고도 분명하게 적기하고 있다. 그것이 전제되지 않고는 학문도 인생도 안 된다는 것이 방법론적 혁명아 말리노브스키의 고언이었음을 읽을 수 있고, 솔직함이라는 방법이 불가해성의 인생이라는 현상을 바라보는 그의 인생철학이었음도 이해할 수 있다.

인류학사를 정리한 조지 스톡킹은 『항해자』의 첫 번째 장을 일컬어서 "인류학을 포함하는 지적 공동체 내에서 말리노브스키를 방법론적 혁명의 대변자"(Stocking, 1983: 111)로 만든 작품이라고 극찬한다. 인생의 불가해성과 불가해적 인생을 대하는 방법론으로서의 토속지를 시작하기 전에 절대적 솔직함을 전제로 하는 말리노브스키의 『항해자』가 출판된 지 한 세기를 목전에 두고 있는 이 시점에서도 말리노브스키가 회자되는 이유는 명백하다. 그가 제시한 솔직함의 인생관과 학문관이 독자의 심금을 울리고 있기 때문이다. 살아감에 있어서 솔직함 이상의 가치는 없다는 점을 말리노브스키를 통해서 다시 한 번 배우게 된다.

오키나와의 신화를 구성하는 말에는 "니라이카나이"라는

구절이 있다. 좋은 것은 밖으로부터 오는 것이라는 의미다. 쿨라라는 현상을, 주는 쪽이 아니라 받아들이는 쪽에서 생각하면 동일한 현상의 결과에 대한 사람들의 인식이 만들어지고, 받는 사람의 입장에서 본다면, 쉽지 않은 항해를 하고 부단히 주기 위해서 다가오는 사람들의 입장은 현실이 아니라 상상력으로서 이해하게 된다. '주고-받고-되갚는' 과정의 스토리는 그러한 상상력이 반복되고 대를 물려 이어지면서 신화로 정착하는 것이라는 생각을 하게 된다. 그러한 신화의 과정이 제1차 세계대전 중 트로브리앤드에 배소가 정해진 말리노브스키의 관문참여법에 의해서 포착된 '쿨라'라는 지혜(슬기)이다. 교환과 협동에 의해서 영글어진 공동체의 모습을 말리노브스키는 '쿨라'로 이해하였고, '쿨라'와 같은 이야기는 호모사피엔스가 진화한 이래로 개척해온 삶의 골자임을 증언하고 있다. '쿨라'와 같은 공동체의 모습이 발명되었던 역사적 과정이 있었기에 호모사피엔스의 존재론이 가능하다는 인류사적인 문제의식이 말리노브스키에 의해서 발견되었음을 알 수 있다. 나는 '쿨라'(트로브리앤드)와 '포틀래취'(하이다) 그리고 '부주동우'(하사미)를 포함하는 '선물'에 초점을 맞추는 지혜인류학이 앞으로 진화생물학과의 대화를 열어감으로써 인류학이란 학문의 위력을 보여줄 수 있을 것이라고 예상한다.

토속지라는 과제에 몰두하고 있는 말리노브스키의 후예들은 이제 전 세계적으로 활동하고 있다. 그 장소가 어디든 관계없이, 그들이 토속지적 작업을 하는 한 가장 명심해야 하는 것은 '솔직함'이다. 우리는 말리노브스키로부터 '솔직함'의 의미를 선물로 받았다. 이제 우리는 무엇으로 말리노브스키에게 갚아야 할 것인가? 언제 어디에서 적용되든지 관계없이 그에게 갚아야 하는 것은 '솔직함'으로 영근 토속지이다. 솔직함의 가치가 동력이 되어 인류학의 시스템이 굴러갈 때, 인류학자는 인간에 대해 언급할 수 있는 자격을 얻는다.

후기 後記

(1) 나의 '말리노브스키 읽기'는 미네소타 대학(University of Minnesota)에서 유학하던 시절에 시작되었다. 1979-1980년 겨울 한 학기동안 스펜서(Robert F. Spencer) 선생의 세미나 시간에 소수의 대학원생과 인류학사에 관심을 갖는 교수 몇 분이 함께 일주일에 두 번씩 심도 있는 토론을 가졌다. 건물이 떠나도록 고함을 지르면서 말씀을 하시는 철학자 미샤 펜(Misha Penn) 선생의 집요한 공격에 항상 미소로 대응하던 스펜서 선생 덕분에 당시 미국의 학계에서 이해되고 있었던 말리노브스키에 대해서 어느 정도는 터득을 하게 되었다. 그 후 1980년대 중반에 한국의 인류학계에서도 관심을 갖는 동학 몇 분들을 중심으로 말리노브스키 읽기 모임을 만들어서 장소를 바꾸어가면서 일 년여 동안 세미나를 가졌다. 대우학술재단으로부터 세미나 비용을 지원받았기 때문에 가능하였다. 그러한 세월을 지내는 동안, 나는 은사들과 동학들 덕분에 그럭저럭 말리노브스키의 저서들을 거의 모두 읽을 수 있는 기회를 가지게 되었다. 말리노브스키에 관한 이론적인 논문도 한 편 『한국문화인류학』에 발표하였다. 앞으로 기회가 되면 눈을 감기 전에 '말리노브스키 제대로 읽기'를 또 한 번 하고 싶은 심정이다. 이제는 제대로 읽을 수 있을 것 같은 생각이 들기 때문이다.

(2) 서울대학교 사회과학연구원 김세균 원장으로부터 '현대 사회과학 명저의 재발견' 집담회에 말리노브스키의 『서태평양의 항해자(Argonauts of the Western Pacific)』에 대한 발표를 해달라는 주문을 받고, 평소에 읽어둔 것을 배경으로 구두발표는 땜질하였으나, 기간 내에 원고작성을 하지 못하였고, 결국 제때 출판되지 못하고 포기한 상태였다. 기회가 오면 한 번 정리를 하려는 마음만으로 위안을 삼고 게으름을 피우는 필자에게 다음 차례의 원장인 오명석 교수가 채찍을 들었다. 오 교수의 간단 없는 독려 덕분에 어떻든 한 꼭지의 숙제를 완료하고 보니 홀가분하다. 始와 終간의 세월이 길었다. 긴 세월 기다려주신 두 분에게 이 자리를 빌어 고마움의 말씀을 드리고 싶다.

참고문헌

Berde, S. 1983. "The Impact of Colonialism on the Economy of Panaeati". *The Kula: New Perspectives on Massim Exchange.* Jerry Leach and Edmund Leach (eds.). Cambridge: Cambridge University Press: pp. 431-443.

Duara, P. 1995. *Rescuing History from the Nation: Questioning Narratives of Modern China.* Chicago: University of Chicago Press.

Fei, S. 1939. *Peasant Life in China: A Field Study of Country Life in the Yangtze Valley.* With a preface by Bronislaw Malinowski. London: RKP.

Firth, R. 1957a. "Forward". *Man and Culture: An Evaluation of the Work of Bronislaw Malinowski.* New York: RKP.

———. 1957b. "Introduction: Malinowski as Scientist and as Man". *Man and Culture: An Evaluation of the Work of Malinowski.* R. Firth (ed.). London: RKP: pp. 1-14.

Fortes, M. 1953(1974). "Social Anthropology at Cambridge since 1900". *Readings in the History of Anthropology.* R. Darnell (ed.). New York: Harper & Row: pp. 426-439.

Gerlaub, G. 1876. *Atlas der Ethnographie.* Leipzig: Brodhous.

Graeber, D. 2001. *Toward an Anthropological Theory of Value.* New York: St. Martin.

Haddon, A. 1901-1908. *Reports of the Cambridge Anthroplogical Expedition to Torres Straits.* Cambridge: The University Press.

Malinowski, B. K. 1922(1961). *Argonauts of the Western Pacific.* New York. E. P. Dutton.

———. 1929. "Practical Anthropology". *Africa* 2(1): pp. 22-38.

———. 1934. 3. "Introduction". *Law and Order in Polynesia*, by H. I. Hogbin. London: Christopher: pp. xvii-lxxii.

———. 1935(1978). *Coral Gardens and Their Magic: A Study of the Methods of Tilling the Soil and of Agricultural Rites in the Trobriand Islands.* New York: Dover Publications.

———. 1967. *A Diary in the Strict Sense of the Term.* New York: Vintage.

Marett, R. R. 1922(1997). "Preface". J. B. Montgomery-McGovern. *Among the Head-Hunters of Formosa.* Taipei: SMC Publishing: pp. 1-14.

Miklouho-Maclay, N. 1982. *Travels to New Guinea.* Moskow: Progress Publishers(畑中幸子/田村ひろ子 譯. 1989. 8. 11. ニユーギニア紀行: 19世紀ロシア人類學者の記錄. 東京: 平凡社).

Mintz, S. W. 1985. *Sweetness and Power: The Place of Sugar in Modern History*. New York: Viking.

Montgomery-McGovern, J. B. 1922(1997). *Among the Head-Hunters of Formosa*. Taipei: SMC Publishing.

Paszkowski, L. 1971. "John Stanislaw Kubary: Naturalist and Ethnographer of the Pacific Islands". *Proceedings of the Royal Zoological Society of New South Wales*, 16(2): pp. 43-70.

Stagl, J. 1998. "Rationalism and Irrationalism in Early German Ethnology: The Controversy between Schlözer and Herder, 1772/73". *Anthropos*, 93.

Stocking, G. Jr. 1983. "The Ethnographer's Magic: Fieldwork in British Anthropology from Tylor to Malinowski". *Observers Observed: Essays on Ethnographic Fieldwork*. G. Stocking (ed.). Madison, WI: University of Wisconsin Press: pp. 70-120.

———. 1991. "Maclay, Kubary, Malinowski: Archetypes from the Dreamtime of Anthropology". *Colonial Situations: Essays on the Contextualization of Ethnographic Knowledge*. Madison, WI: University of Wisconsin Press: pp. 9-74.

Tumarkin, D. 1982. 8. "Miklouho-Maclay: 19th Century Russian Anthropologist and Humanist". *RAIN*, 51: pp. 4-7.

Young, M. W. 1988. *Malinowski among the Magi: 'The Natives of Mailu'*. London: Routledge.

———. 1998. *Malinowski's Kiriwina: Fieldwork Photography 1915-1918*. Chicago: University of Chicago Press.

———. 2004. *Malinowski: Odyssey of an Anthropologist, 1884-1920*. New Haven: Yale University Press.

伊能嘉矩. 1894.「科學的土俗研究の必要及び普通教育における關係」.『人類學雜誌』, 102: pp. 498-503.

ネフスキー. 1927.「故シュテルンベルグ氏:其小傳と著作」.『民族』, 3(1): pp. 101-106.

西山輝昭. 2004.「あるドイツ人博物學者が見た1882年の「博物館」:新発見のクバリー氏意見書から」.『名古屋大學博物館報告』, 20: pp. 1-13.

原尻英樹. 2006.『フィールドワーク教育入門:コミュニケーション力の育成』. 東京: 玉川大学出版部.

鈴木 治. 1943. 3. 15.「後記」.『ニューギニアの藝術(譯)』. 奈良: 天理時報社.

黒田乙吉. 1936. 8. 1.「死んだボゴラズ: 民俗學者タン」.『月刊ロシヤ』, 14: pp. 74-76.

石田幹之助. 1927.「シュテルンベルグ教授の訃」.『民族』3(1): 95-100.

杉浦健一. 1933. 1.「露西亞に於ける最近の民族學の傾向(一)」.『民俗學』, 5(1): pp. 11-15.

徐魯亞. 2005. 2.「馬林諾斯基与英國小說家 約瑟夫.康拉德」. 庄孔韶 主編.『滙聚學術情緣-林耀華先生紀念文集』. 北京: 民族出版社: pp. 425-435.

전경수. 1988.『브라질의 한국이민』. 서울: 서울대학교출판부.

———. 1994.『인류학과의 만남』. 서울: 서울대학교출판부.

———. 2001.「말리노브스키의 문화이론: 맥락론에서 기능론으로」.『한국문화인류학』, 34(1): pp. 3-27.

———. 2011.「'土俗學'에서 '民俗學'으로: 日本人類學史에 나타난 學名의 변천과 學問 正體性」.『비교민속학』, 35: pp. 56-88.

찾아보기

저자소개

윤영관(서울대학교 정치외교학부 외교학전공 교수)

서울대학교 외교학과를 졸업하고, 미국 존스홉킨스 대학(SAIS)에서 국제정치학 박사학위를 받았다. 주요 논저로는『전환기 국제정치경제와 한국』,『21세기 한국정치경제모델』, "Power Cycle Theory and the Practice of International Relations", "The Political Economy of Transition: Japanese Foreign Direct Investment in the 1980's" 등이 있다.

이제호(서울대학교 경영학과 교수)

미국 세인트루이스 대학에서 경영학을 전공하고, 미국 펜실베이니아 대학에서 경영학 박사학위를 받았다. 주요 논문으로는 "The Power of Imperfect Imitation", "Balancing Exploration and Exploitation through Structural Design: The Isolation of Subgroups and Organizational Learning", "A Hidden Cost of Strategic Alliances under Schumpeterian Dynamics", "Role of Network Structure and Network Effects in Diffusion of Innovations" 등이 있다.

안도경(서울대학교 정치외교학부 정치학전공 교수)

서울대학교 정치학과와 동 대학원을 졸업하고, 미국 인디애나 대학에서 정치학 박사학위를 받았다. 주요 논저로는『공공선택』(공저), *Foundations of Social Capital*(편저), "Expertise and Bias in Political Communication Networks"(공저),「공공선택의 관점에서 본 정부와 제도」등이 있다.

안상훈(서울대학교 사회복지학과 교수)

서울대학교 사회복지학과를 졸업하고, 스웨덴 웁살라 대학에서 박사학위를 받았다. 주요 논저로는 『현대 한국복지국가의 제도적 전환』, "Dynamic Cleavages of 'Welfare Rights and Duties' in Public Attitude towards Old-Age Pensions: A Comparative Study"(공저), "Static Numbers to Dynamic Statistics: Designing a Policy-friendly Social Policy Indicator Framework"(공저), "Explaining Korean Welfare State Development with New Empirical Data and Methods"(공저), 「복지정치 활성화 과정에서의 국민인식 변화 연구」 등이 있다.

박주용(서울대학교 심리학과 교수)

서울대학교 심리학과를 졸업하고, 미국 UCLA 대학에서 심리학 박사학위를 받았다. 주요 논문으로는 "Constructive Multiple-Choice Testing System", 「구성적 선다형 검사 방식에서 배점 조작의 효과」, "A Computerized Testing System that Reduces Backward Reasoning in Multiple-Choice Items", "Learning in a New Computerized Testing System" 등이 있다.

한신갑(서울대학교 사회학과 교수)

서울대학교 사회학과를 졸업하고, 미국 컬럼비아 대학에서 사회학 박사학위를 받았다. 주요 논문으로는 「새로운 사회운동 방식을 통한 집단기억의 형성과 유지: 스누라이프에서의 태그달기」, 「혼합식 조사와 웹패널의 (옅은) 빛과 (짙은) 그늘」, "The Other Ride of Paul Revere: The Brokerage Role in the Making of the American Revolution", "The Dichotomy Unspooled: Outlining the Cultural Geography of Seoul" 등이 있다.

전경수(서울대학교 인류학과 교수)

서울대학교 인류학과와 동 대학원을 졸업하고, 미국 미네소타 대학에서 인류학 박사학위를 받았다. 주요 논저로는 『일본열도의 문화인류학』, 『손진태와 인류학』, 「保存과 接神의 醱酵文化論: 통합과학의 시행모델을 지향하며」, 「食と共食主義: 飲食人類學の指向點」, "Living Past 100 Years: Perspectives from Anthropology of Longevity" 등이 있다.